本书为暨南大学本科教材资助项目

普通高等院校旅游管理专业系列规划教材

Scenic Area Management

旅游景区管理

（第二版）

主　编　傅云新

副主编　蒋　婷　曾　荣

暨南大学出版社
JINAN UNIVERSITY PRESS

中国·广州

图书在版编目（CIP）数据

旅游景区管理/傅云新主编；蒋婷，曾荣副主编．—2 版．—广州：暨南大学出版社，2022.10
普通高等院校旅游管理专业系列规划教材
ISBN 978－7－5668－3459－1

Ⅰ．①旅…　Ⅱ．①傅…②蒋…③曾…　Ⅲ．①旅游区—经济管理—高等学校—教材
Ⅳ．①F590.6

中国版本图书馆 CIP 数据核字（2022）第 119870 号

旅游景区管理（第二版）
LÜYOU JINGQU GUANLI（DI-ER BAN）
主　编：傅云新　副主编：蒋　婷　曾　荣

……………………………………………………………………………………………

出 版 人：张晋升
策划编辑：潘雅琴
责任编辑：潘雅琴　梁念慈
责任校对：孙劭贤　苏　洁
责任印制：周一丹　郑玉婷

出版发行：暨南大学出版社（511443）
电　　话：总编室（8620）37332601
营销部（8620）37332680　37332681　37332682　37332683
传　　真：（8620）37332660（办公室）　37332684（营销部）
网　　址：http：//www.jnupress.com
排　　版：广州良弓广告有限公司
印　　刷：广州市金骏彩色印务有限公司
开　　本：787mm×1092mm　1/16
印　　张：16
字　　数：395 千
版　　次：2010 年 10 月第 1 版　2022 年 10 月第 2 版
印　　次：2022 年 10 月第 3 次
定　　价：49.80 元

内容简介

本书基于管理学的理论，从旅游景区企业管理角度出发，结合旅游景区行业管理和产品管理等知识，系统地阐释了旅游景区管理的基础理论和基本方法。首先，概述旅游景区和旅游景区管理，对相关概念和知识作一个框架性介绍；其次，简要说明旅游景区开发建设管理的知识，这是对旅游景区进行经营管理的前提；再次，介绍有关旅游景区的战略管理、组织管理、人力资源管理知识，由此构建旅游景区经营管理支持平台；最后，阐述旅游景区有关经营管理功能的要素内容，包括旅游景区环境和卫生管理、旅游景区设施设备管理、旅游景区安全管理、旅游景区产品管理、旅游景区市场营销管理、旅游景区质量管理、旅游景区财务管理。本书注重对国内外旅游景区管理新知识的甄别与借鉴，重视理论联系实际，力图让本书兼具理论的系统性和实践的针对性。本书既可作为高等院校旅游专业的教科书，亦可供旅游景区从业人员和社会读者阅读。

前　言

旅游景区是旅游活动的载体和旅游吸引因素的源泉，也是展示旅游目的地形象的重要窗口，在旅游业中处于支柱性地位，其经济意义和社会作用十分突出。随着社会经济的发展、科技的进步以及人们旅游需求的增长，旅游景区开发建设不断推进，出现了一批批高品位的旅游景区，旅游景区经营管理工作也受到了广泛重视。旅游景区管理离不开高素质人才，有赖于旅游教育和旅游研究的发展，因此，需要有科学而规范的教材建设。旅游景区管理是高校旅游管理专业的核心课程，撰写教材历来受到高校师生的关注。目前，国内外学者已经作出不懈努力，出版了多种版本的教材。

编写教材，首先要把握教学内容的理论基础，明确旅游景区管理的专业定位、教学目标，再选定恰当的视角，对这门课程进行教学内容的构建。相对饭店、旅行社，各类型旅游景区差异大，旅游景区管理的理论知识系统还不完善，课程结构也不统一，因而相关教材的内容各有偏重。我们把各类差异悬殊的旅游景区当作统一的对象，努力提炼旅游景区管理的共性知识，借鉴前人的研究经验和成果，结合教学实践的需要，于2010年出版了《旅游景区管理》。旅游业实践在快速发展，高校教学改革在逐步深化，更新教材的工作也应不断推进。基于旅游业实践和教学发展的要求，我们经过重新修编整理，出版了《旅游景区管理（第二版）》。

在修编工作中，我们仍然秉承原有基本思路，重新审视以下几个问题：第一，关于旅游景区管理层次的问题。旅游景区管理涉及行业管理和企业管理两个方面，本书选择企业管理角度进行阐述，当然，旅游景区行业管理和企业管理不能完全分离，书中关于行业管理也有所阐述。至于旅游景区管理的产品层次，本书认为应该是旅游景区企业管理之下的层次，其内容包含在相关章节之中。第二，关于书名的问题。高校相关的教材有称“旅游景区管理”“旅游区管理”“景区经营管理”“风景区经营与管理”“旅游景区开发（规划）与管理”“旅游风景区管理”“景区运营管理”等，它们阐述的内容虽然各有偏重，但知识结构大体相似，可以认为它们的目标是相同的。我们确定用“旅游景区管理”这一书名，一是与国标定义用词“旅游景区”一致；二是考虑到很多旅游景区本身是一级“单位”，其管理当然是经营管理，因此书中统一用“管理”一词；三是书中包括了旅游景区建设管理，也部分涉及了行业管理的内容，很显然超出了经营管理的范畴。第三，关于内容选取的问题。实际上，旅游景区涵盖对象相差很大，包括旅游风景区、旅游度假区、主题公园、自然保护区、森林公园、风景名胜区等，它们的名称、设置目标以及内容都存在差异，确实难以用一个统一的模式阐述。这一方面给我们提供了广阔的研究空间，另一方面也给教学实践和教材编写带来了相当大的难度。如何在有限的授课时间里把千差万别的旅游景区介绍清楚，考验着教师的智慧；如何在有限的篇幅里将内容丰富的旅游景区管理知识厘清，也考验着编者的能力。本书在内容编排上，进行了充分的考虑。第四，关于本书特色的问题。我们根据课程教学的要求和管理实际的发展需要，注重对国内外新的成熟知识结构的引入，使本书内容具有科学性、完整性和前瞻性；注重理论联系实际，使本书体现对行业实践的针对性、实用性；在体系编排上，每章的开头设置了学习目标、学习要点，章后设置了本章小结、拓展阅读、思考与练习，注重新颖性、规范性和系统性。

在教材具体修编过程中，我们做了以下四个方面的调整和更新：一是吸纳旅游学以及旅游景区管理研究的最新成果，完善本书的理论结构体系；二是更新旅游景区管理实践发展的资料，与时俱进地展示旅游业新知识；三是关注社会、经济和环境变化，特别是旅游法制调整和技术进步，进行内容修改和完善以符合实际；四是根据教学改革实践的发展进行调整，注重理论联系实际，使本书体现对教学的适用性、阅读的习惯性。

本书是集体劳动的成果，由傅云新规划并统稿，蒋婷、曾荣、古丽扎尔·阿不都肉苏里、朱丽、孙小莉、郑沙沙参加了修编工作。我们希望本书能为教学实践服务并得到同行专家和读者的认可。

本书参考了国内外大量的相关教材以及其他研究成果，书后列出了主要参考文献，在此对原作者表示衷心的感谢。鉴于编者的水平有限，书中难免有错误或不妥之处，敬请专家学者和广大读者批评指正。

编　者

2022 年 5 月于广州

目　录

第一章　旅游景区管理概论

【学习目的】

通过本章的学习，熟悉旅游景区的概念和旅游景区管理的基本内容与方法，掌握旅游景区的等级和类型划分知识，了解旅游景区的发展简史，对旅游景区及其管理形成初步的认识。

【学习要点】

1. 旅游景区的概念
2. 旅游景区的特点
3. 旅游景区的等级和类型
4. 旅游景区管理的内容
5. 旅游景区管理的方法

【关键词】

旅游景区；旅游景区管理；旅游景区的等级；旅游景区的类型

旅游景区是旅游活动的主要场所，是整个旅游产业系统的核心，是区域旅游业发展的重要依托和动力之源。运用现代管理理念对旅游景区实施科学管理，是保障旅游景区良性运营的基础。本章从介绍旅游景区的概念入手，概述旅游景区管理的基本知识，从而让读者对旅游景区和旅游景区管理形成初步的认识。

第一节　旅游景区概述

一、旅游景区的概念

（一）关于“旅游景区”概念的表述

旅游景区是旅游业的重要组成部分，是旅游活动的主要载体和对象。但长期以来，人们对旅游景区的表述不尽相同，有称为“景区”的，亦有称为“旅游区”的，还有称为“旅游景点”“景点”或“旅游点”的。这是由于旅游景区的概念涵盖或交叉了世界遗产、国家公园、风景名胜区、森林公园、自然保护区、地质公园、旅游度假区、风景区等概念，并且人们对这一对象的理解存在差异，所以表述的概念不尽相同，但由于实践的需要，人们应对这一概念有一个明确统一的界定。

本书沿用“旅游景区”概念，一是尊重约定俗成的表述，方便理解；二是遵照使用《旅游景区质量等级的划分与评定》（GB/T 17775—2003）中的定义；三是强调其旅游功能，即旅游景区主要为游客服务；四是强调其效益功能，即或是经营性的，或是公益性的。当然，有时为了方便，也用“景区”简称，特别是在组合词汇中使用，如景区产品、景区节庆、景区演艺、景区营销、景区质量等。

（二）旅游景区的概念

关于旅游景区的概念，国内外学者有多种表述（见表1-1），虽存在着基本共识，但也有一定的差异。

表1-1　关于旅游景区概念的界定

编号	学者或组织	定义	要点或视角
1	苏格兰旅游委员会	一个长久性的游览目的地，其主要目的是让公众得到消遣的机会，做感兴趣的事情，或受到教育	功能
2	查尔斯·R.戈尔德耐	对于一个综合性的景区来说，重要的是向游客提供观光、购物、娱乐、博彩、文化和康乐的机会	功能
3	维克多·密德尔敦	旅游景区是一个指定的、长久性的、有专人经营管理的，为游客提供享受、消遣、游乐、受教育机会的地方	功能、场所
4	约翰·斯沃布鲁克	旅游景区应该是一个独立的单位、一个专门的场所，或者是一个有明确界线的、范围不可太大的区域，交通便利，可以吸引大批游客进行短期休闲游览，应是能够界定、能够经营的实体	管理、功能和场所
5	特里·史蒂文斯	旅游景区应该是有特色活动的地点、场所或集中地，应该具备以下特点：①吸引游客和当地居民来访，并为此而经营；②为游客提供获得轻松愉快经历的机会和消遣的方式，使他们度过闲暇时间；③尽量发掘游客潜在需求，并满足这种潜在需求的开发；④按旅游需求进行管理，使游客得以满足；⑤按游客的要求、需要和兴趣，提供相应水准的设施和服务；⑥可以是收费或免费的	管理、功能和场所
6	克莱尔·A.冈恩	旅游景区可以是地球上任意一个独具特色的地方，这些地方的形成可能是自然力量使然，也可以是人类活动的结果	形成方式
7	沃尔什·赫伦	景区应该是具有特色活动的地点、场所或集中地	功能、场所
8	岳怀仁	旅游景区是指一定区域范围内，旅游资源、旅游服务设施和机构、旅游交通设施等相互作用而形成的旅游地域系统	管理、功能
9	王德刚	旅游景区是指以旅游资源或一定的景观、娱乐设施为主体，开展参观游览、娱乐休闲、科学考察、文化教育等活动的一切场所和设施。在实践中，它们往往作为一个个独立的事业或企业单位，从事经营和管理活动	管理、功能和场所

（续上表）

编号	学者或组织	定义	要点或视角
10	张凌云	旅游景区是可以进行管理的吸引游客出游的吸引物，包括有限定地域的、永久存在的各类景区及暂时性的各类节事庆典，但不包括大多数体育运动项目和购物场所	功能、场所

我国国家标准《旅游景区质量等级的划分与评定》定义："旅游景区是以旅游及其相关活动为主要功能或主要功能之一的空间或地域。"其中，旅游景区是指具有参观游览、休闲度假、康乐健身等功能，具备相应旅游服务设施并提供相应旅游服务的独立管理区。该管理区应有统一的经营管理机构和明确的地域范围，包括风景区、寺庙观堂、旅游度假区、自然保护区、主题公园、森林公园、地质公园、游乐园、动物园、植物园及有关工业、农业、经贸、科教、军事、体育、文化艺术等的各类旅游景区。

综合以上定义，可以归纳为：旅游景区是指以旅游资源或一定的景观、设施为依托，开展参观游览、娱乐休闲、康乐健身、科学考察、文化教育等活动和提供旅游服务的场所。它具有明确的法定范围，设有独立管理机构从事经营和管理活动。旅游景区业是旅游业的四大支柱之一，旅游景区可能有多种功能，但主要是供人们开展旅游活动，许多类型的旅游景区专为旅游服务。

（三）旅游景区相关概念体系

从功能要素和法理视角来看，旅游景区概念涵盖、并行或交叉了国家公园、风景名胜区、自然保护区、森林公园、水利风景区、地质公园、世界遗产地、农业公园、主题公园、旅游度假区、旅游目的地等概念，且涵盖于旅游地之中，因此有必要了解这些概念，明确它们之间的关系。

1. 国家公园

国家公园，是指国家为了保护典型生态系统的完整性，为生态旅游、科学研究和环境教育提供场所，而划定的需要特殊保护、管理和利用的自然区域。

1969 年在印度新德里召开的世界自然保护联盟第十届大会作出决议，明确了国家公园的基本特征：一是区域内生态系统尚未因人类的开垦、开采和拓展居住地而遭到根本性的改变，区域内的动植物物种、景观和生态环境具有特殊的科学、教育和娱乐的意义，或区域内有比较广阔而优美的自然景观；二是政府已采取措施以阻止或尽可能消除在该区域内的开垦、开采和拓展居住地，并使其生态、自然景观及美学特征得到充分展示；三是在一定条件下，允许以精神、教育、文化和娱乐为目的的参观旅游。世界上最早的国家公园是美国于 1872 年建立的黄石国家公园。

2006 年云南迪庆藏族自治州通过地方立法成立香格里拉普达措国家公园，这是中国第一个冠以"国家公园"之名的旅游景区。2008 年 6 月 6 日，中国国家林业局批准云南为国家公园建设试点省，同年 10 月 8 日由中国环境保护部和国家旅游局批准建设中国第一个国家公园试点单位——黑龙江汤旺河国家公园。2013 年 11 月，十八届三中全会决定建立国家公园体制，并将其作为生态文明制度建设的重要内容。2015 年 5 月，发展改革委《关于 2015 年深化经济体制改革重点工作的意见》提出开展"国家公园体制试点"。

在九个省份设了十个国家公园体制的试点：三江源国家公园、东北虎豹国家公园、大熊猫国家公园、祁连山国家公园、神农架国家公园、武夷山国家公园、钱江源国家公园、南山国家公园、长城国家公园和普达措国家公园。到2020年，建立国家公园体制试点完成，整合设立一批国家公园，分级统一的管理体制基本建立。

2. 风景名胜区

《风景名胜区条例》定义：风景名胜区是指具有观赏、文化或者科学价值，自然景观、人文景观比较集中，环境优美，可供人们游览或者进行科学、文化活动的区域。风景名胜包括了具有观赏、文化或科学价值的山河、湖海、地貌、森林、动植物、化石、特殊地质、天文气象等自然景观，以及革命纪念地、历史遗址、园林、建筑、工程设施等人文景观和它们所处的环境以及风土人情等。

风景名胜区是一种资源保护性的社会公益场所，建设的主要目的是保护自然和文化遗产，在此前提下，积极开展旅游活动。截至2018年3月，我国分九批公布的国家级风景名胜区达244处，如八达岭—十三陵风景名胜区、庐山风景名胜区、井冈山风景名胜区、三亚热带海滨风景名胜区、西藏雅砻河风景名胜区等。按《旅游景区质量等级的划分与评定》的界定，风景名胜区是旅游景区的一种类型，源于我国对景观环境质量较佳的名胜地的管理名称，在管理归口上原隶属于建设部门。2018年3月，根据国务院机构改革方案，将自然保护区、风景名胜区、自然遗产、地质公园等的管理职责整合，组建国家林业和草原局，由新组建的自然资源部管理。

3. 自然保护区

《自然保护区条例》定义：自然保护区是指对有代表性的自然生态系统，珍稀濒危野生动植物物种的天然集中分布区，有特殊意义的自然遗迹等保护对象所在的陆地、陆地水体或者海域，依法划出一定面积予以特殊保护和管理的区域。

1956年，我国在广东省肇庆市建立了第一个自然保护区——鼎湖山国家级自然保护区。截至2019年底，已建立国家级自然保护区474个，其中34处国家级自然保护区已被联合国教科文组织发起的“人与生物圈计划”列入国际生物圈保护区。在类型上，我国的自然保护区可分为生态系统类、野生生物类和自然遗迹类三种类型；在布局上，则可分为核心区、缓冲区和实验区。自然保护区是旅游景区的一种类型，其建设的目的是保护自然本底、贮备物种、开辟科研和教育基地、保留自然界的美学价值，在保护的前提下，有条件地开展旅游活动。

4. 森林公园

《森林公园总体设计规范》（LY/T 5132—95）定义：森林公园是以良好的森林景观和生态环境为主体，融合自然景观与人文景观，利用森林的多种功能，以开展森林旅游为宗旨，为人们提供具有一定规模的游览、度假、休憩、保健疗养、科学教育、文化娱乐的场所。

我国第一座森林公园是张家界国家森林公园。截至2019年，我国共建立各级森林公园3 594处，其中，国家级森林公园达897处。森林公园是旅游景区的一种类型，其建设的主要目的是开展旅游活动，在开展森林旅游的同时，重点保护好森林生态环境，遵循开发与保护相结合的原则，应充分利用原有设施，进行适度建设，切实注重实效。

5. 水利风景区

《水利风景区管理办法》定义：水利风景区是指以水域（水体）或水利工程为依托，具有一定规模和质量的水利风景资源与环境条件，可以开展观光、娱乐、休闲、度假或科学、文化、教育活动的区域。水利风景资源是指水域（水体）及相关联的岸地、岛屿、林草、建筑等能对人产生吸引力的自然景观和人文景观。

水利风景区是旅游景区的一种类型，它以培育生态、优化环境、保护资源为目标，强调社会效益、环境效益和经济效益的有机统一。我国水利部于 2001 年 7 月成立了水利风景区评审委员会，开展水利风景区评审工作。全国的旅游景区中涉水的或水利旅游项目审批管理范畴的占一半以上，即属于水利风景区。截至 2019 年，我国已建立国家级水利风景区 878 个，如十三陵水库水利旅游景区、江都水利枢纽风景区等。

6. 地质公园

地质公园是以具有特殊的地质科学意义、稀有的自然属性、较高的美学观赏价值，以及具有一定规模和分布范围的地质遗迹景观为主体，并融合其他自然景观与人文景观而构成的一种独特的自然区域。

地质公园既是为人们提供具有较高科学品位的观光旅游、度假休闲、保健疗养、文化娱乐的场所，又是地质遗迹景观和生态环境的重点保护区，还是地质科学研究与普及的基地。截至 2020 年，全球分六批建立了 161 个世界地质公园，其中，中国有 39 个，如黄山世界地质公园、庐山世界地质公园、云台山世界地质公园、石林世界地质公园、广东丹霞山世界地质公园等。另外，中国分九批建立了 219 个国家地质公园，正式命名的国家矿山公园共 34 个。

7. 世界遗产地

世界遗产地是指被联合国教科文组织和世界遗产委员会确认的人类罕见的、目前无法替代的财富，是全人类公认的具有突出意义和普遍价值的文物古迹及自然景观所在地。狭义的世界遗产包括世界文化遗产（含文化景观）、世界自然遗产、世界文化与自然双重遗产三类。广义的世界遗产分为文化遗产、自然遗产、文化与自然双重遗产、记忆遗产、人类口述和非物质遗产（简称“非物质文化遗产”）、文化景观遗产。

1972 年，联合国教科文组织在法国巴黎通过《保护世界文化和自然遗产公约》。截至 2021 年 7 月 25 日，中国已有 56 处世界遗产，其中，世界文化遗产 38 处（含文化景观 4 处），世界自然遗产 14 处，世界文化与自然双重遗产 4 处。

8. 农业公园

公园是供公众游览、观赏、休憩、开展科学文化及锻炼身体等活动，有较完善的设施和良好的绿化环境的公共绿地。中国村社发展促进会将农业公园定义为：以原住民生活区域为核心，涵盖园林化的乡村景观、生态化的郊野田园、景观化的农耕文化、产业化的组织形式、现代化的农业生产，是一个更能体现和谐发展模式、浪漫主义色彩、简约生活理念、返璞归真的现代农业园林景观与休闲、度假、游憩、学习的规模化乡村旅游综合体。

农业公园既不同于城市公园，又区别于一般的农家乐、乡村游览点和农村民俗观赏园。农业公园以农业生产为基础，涵盖园林化的乡村景观、生态化的郊野田园、胶园、果园、茶园、菜园，景观化的农耕文化，产业化的组织形式，现代化的农业生产，体现现代农业产业融合、“农业＋旅游”的模式。《中国农业公园创建指标体系》包括了乡村风景美丽、农耕文化浓郁、民俗风情独特、历史遗产传承、产业结构发展、生态环境优化、村域经济主体、村民生活展现、服务设施配置、品牌形象塑造、规划设计协调十一大评价指数。

9. 主题公园

主题公园是以某一主题或综合几种主题于一体为内容，采用现代科学技术和多层次空间活动设置方式，用高投资打造人造旅游资源，集诸多娱乐活动、休闲要素和服务接待设施于一体的现代旅游景区。

一般认为主题公园起源于荷兰。1952 年，荷兰马都拉家族的一对夫妇为纪念在第二次世界大战中牺牲的独生子，兴建了一座微缩了荷兰 120 处风景名胜的公园，开创了世界微缩景区的先河。1955 年，美国的华特 · 迪士尼在加利福尼亚州兴建了世界上第一个现代大型主题公园——迪士尼乐园，将迪士尼电影场景和动画技巧结合机械设备，以主题贯穿各个游戏项目，让游客得到了前所未有的体验而风靡全球。现在主题公园已经遍及全球，如东京迪士尼乐园、美国迪士尼乐园、巴黎迪士尼乐园、美国迪士尼好莱坞影城、加拿大魁北克海洋梦幻乐园、西班牙冒险港主题乐园、英国奥尔顿塔主题乐园、意大利加达云霄乐园、新加坡环球影城等。

我国第一个主题公园是 1989 年开业的深圳锦绣中华微缩景区。从 20 世纪 80 年代至今，全国已累计开发主题公园式旅游点近 3 000 个。著名的有深圳世界之窗、广州长隆欢乐世界、珠海长隆欢乐世界、香港迪士尼乐园、上海迪士尼乐园、北京欢乐谷、台湾桃园小人国、大连发现王国、青岛极地海洋世界、郑州银基乐海水世界、北京环球影城等。

10. 旅游度假区

旅游度假区是旅游景区中的一种。旅游度假区的主要功能是度假，是以闲暇为目的，为满足游客娱乐、休憩需求而提供相关设施与服务的有机组合体，以为游客创造一种特殊的环境和经历。

1992 年，经国务院批准，我国建成了北海银滩、昆明滇池、三亚亚龙湾、武夷山、青岛石老人、西双版纳旅游度假区等 12 个国家级旅游度假区。2010 年以来，国家文化和旅游部先后制定了《旅游度假区等级划分》（GB/T 26358—2010）以及《旅游度假区等级划分细则》和《旅游度假区等级管理办法》，有序开展旅游度假区的建设和评审。我国于 2015 年、2017 年、2019 年分三批推出国家级旅游度假区共 45 个，其中河湖湿地类 16 个，山林类 8 个，温泉类 6 个，海洋类 5 个，冰雪类 3 个，主题文化类 5 个，古城古镇类 1 个，沙漠草原类 1 个。

11. 旅游目的地

旅游目的地又称旅游地或旅游胜地，是相对于客源地而言的，是指一定地理空间上的旅游资源和旅游专用设施、旅游基础设施及相关条件有机结合起来所形成的游客停留和活动的地域综合体。旅游目的地是吸引游客短暂停留、开展旅游活动的地方。旅游目的地一般需要完善的旅游服务功能，拥有旅游景区或旅游资源等吸引物，具有住宿、餐饮、娱乐、购物功能及其他辅助服务，还有内外联系的交通体系，能够满足游客的吃、住、行、游、购、娱等旅游活动需求。

旅游目的地的空间范围是分层次的，可以是一个城市、一个国家甚至一个大洲，旅游景区也是旅游目的地。有时，地理学者将旅游目的地按一定的空间规模来划分，如长江三峡旅游区、粤东潮客文化旅游区等，更大范围的如把全世界划分为欧洲、非洲等几大区域，把中国划分为东北、华北、华中、华东、华南、东南、西南、西北等几大区域。

二、旅游景区的特点

旅游景区是具有旅游功能、旅游设施及服务和管理职能的空间场所。旅游景区概念包含了几个方面的内容：第一，旅游景区具有明确的地域范围，可以设置管理机构进行专门管理；第二，旅游景区拥有审美、文化、科学考察等价值的旅游资源，能够激发人们的旅游动机；第三，旅游景区具有休闲、游览、康乐健身、科研教育等功能；第四，旅游景区的表现形式多样，内涵丰富。依照上述定义，可以明确旅游景区具有以下几个特征：

（1）资源的吸引性。

旅游景区以自然景观和人文景观等旅游资源为依托，对游客产生广泛的吸引力，其资源的吸引性是旅游景区存在的前提条件。旅游景区的旅游资源可以是自然天成的，也可以是人类历史遗留下来的，还可以是人工专门创建的，以此对人们产生旅游吸引力。

（2）设施的专用性。

旅游景区不仅仅拥有吸引游客的旅游资源，还具有必要的旅游专用设施，包括基础设施、接待服务设施和娱乐游憩设施，并依托这些设施向游客提供旅游服务。没有相应的设施，仅有旅游资源是不可能成为旅游景区的，旅游设施是旅游景区专有的内容。

（3）功能的多重性。

旅游景区具有参观游览、休闲度假、娱乐游憩、康乐健身、科研教育等功能，有的旅游景区还有保护资源和环境、传承文化等功能。当然，其核心功能还是旅游，这里涉及对旅游的界定问题。旅游功能是旅游景区吸引力的最终体现，是旅游景区作为一种旅游产品的价值基础。旅游景区依托旅游资源及旅游设施为游客提供开展旅游活动的场所，游客把它作为旅游目的地。不同类型的旅游景区具有不同的旅游功能，旅游景区的主体功能取决于景区的旅游资源类别和服务形式，多样化的旅游功能使得旅游景区活动丰富多彩。

（4）产品的体验性。

旅游景区提供的产品是综合产品，包括物质产品和服务产品，主要是依托旅游资源、设施设备和一定的物质产品向游客提供相应的旅游服务，游客获得的是一种体验和经历。旅游资源、设施与服务共同构成旅游景区产品的基础，这种产品是旅游景区功能的载体。没有旅游设施与服务，旅游资源只是资源，不能成为供游客消费的完整的景区产品，游客的体验也就不是完整的。

（5）地域的法定性。

旅游景区是一个地理空间或地域范围，具有明确界线的独立区域，即拥有固定的参观游览和经营服务场所。旅游景区的空间范围常表现为其大门门票所涵盖的范围，一般由政府部门或相应机构确定其法定范围。当然，也有人认为社会旅游景区不一定要用围墙圈起来，即不一定需要明确的范围。

（6）管理的独立性。

旅游景区是有统一的管理机构的独立单位，即在职能方面是独立的。也就是说，每个旅游景区有且仅有一个管理主体，对景区内的资源开发、经营服务进行统一管理。旅游景区要有专门的人、财、物、场所提供经营服务，同时还要具备独立的经营条件，能独立承担经营风险和责任。在实践中，旅游景区的管理主体可以是政府机构或具有部分政府职能的事业单位，也可以是独立的法人企业。

三、旅游景区的分级

旅游景区分级的目的主要是根据旅游景区资源的吸引力和保护的级别进行分级管理，这是国内外旅游景区管理的共性特征。由于旅游景区的所在国家、主管部门、类别等不同，其分级形式也会有差异，一般根据旅游资源、服务情况、规模大小等条件来划分等级。旅游景区有五级、四级、三级和二级等分级体系。

（一）旅游景区的五级管理

我国《旅游景区质量等级的划分与评定》按照旅游景区旅游交通、游览、旅游安全、卫生、通信、旅游购物、综合管理、年旅游人数、旅游资源与环境保护、旅游资源吸引力、市场吸引力、年接待游客人数、游客抽样调查满意率等条件，将旅游景区质量等级划分为五级，以 AAAAA 级（以下简称 5A 级）、AAAA 级（以下简称 4A 级）、AAA 级（以下简称 3A 级）、AA 级（以下简称 2A 级）和 A 级表示。

文化和旅游部组织设立全国旅游景区质量等级评定委员会，负责全国旅游景区质量等级评定工作的组织和管理。

3A 级、2A 级、A 级旅游景区由全国旅游景区质量等级评定委员会委托各省级旅游景区质量等级评定委员会负责评定。

4A 级旅游景区由省级旅游景区质量等级评定委员会推荐，全国旅游景区质量等级评定委员会组织评定。

5A 级旅游景区从 4A 级旅游景区中产生。被公告为 4A 级旅游景区一年以上的方可申报 5A 级旅游景区。

当然，旅游景区的评定要求也在与时俱进，如有关智慧旅游景区等内容也被纳入旅游景区质量等级评价中。对 A 级旅游景区实施严格管理，发现问题要求其认真整改，对不能达到标准的 A 级旅游景区实施取消旅游景区质量等级处理。

（二）旅游景区的四级管理

中国的地质公园根据其旅游资源吸引力及其重要性分为四级：县市级地质公园、省级地质公园、国家级地质公园、世界级地质公园。由联合国教科文组织安排专家实地考察，并经专家组评审通过，经联合国教科文组织批准的地质公园称为世界级地质公园。

中国有学者根据旅游资源吸引力、规模、重要性等因素，将旅游景区分为四个级别。

（1）世界级旅游景区。

世界级旅游景区旅游资源的吸引力是世界范围的，包括一国境内的世界遗产和联合国生物圈人与自然保护区。从旅游的角度来看，它们开发后就形成了世界级景区，如中国四川九寨沟、北京故宫以及美国黄石国家公园等。

（2）国家级旅游景区。

国家级旅游景区旅游资源的吸引力比世界级旅游景区低，是在一个国家有较大影响的旅游景区。如一些国家级风景名胜区、森林公园、旅游度假区和自然保护区等。

（3）省级旅游景区。

省级旅游景区旅游资源的吸引力比国家级旅游景区低，具有省级的影响力。如一些省级风景名胜区、森林公园和自然保护区等。

(4) 县市级旅游景区。

县市级旅游景区旅游资源的吸引力比省级旅游景区低，在一个地区具有一定影响。如县市级森林公园等。

(三) 旅游景区的三级管理

三级系统是一些国家旅游景区分级的特色，其分级的基础是纵向行政管理的三级管理体系。中国的森林公园就是这种分级体系。

我国《森林公园管理办法》依据森林景观优美程度，人文景物集中程度，观赏、科学、文化价值，地理位置，区域代表性，旅游服务设施齐全程度，知名度等，将森林公园分为三级：国家级森林公园、省级森林公园、市（县）级森林公园。

日本的《自然公园法》将自然公园分为三级：

(1) 国立公园。

国立公园自然景观非常优美，在全国范围内有一定代表性。根据《自然公园法》，由自然环境保全审议会（由地理、环境、历史等方面的专家组成）提出意见，最后由环境厅长官指定。

(2) 国定公园。

国定公园自然景观优美，但风景质量水平比国立公园略差。根据《自然公园法》，首先由都、道、府、县提出书面申请，再由自然环境保全审议会审查，最后由环境厅长官指定。

(3) 都、道、府、县立自然公园。

都、道、府、县立自然公园自然景观美丽，具有地域代表性。根据《自然公园法》及都、道、府、县有关条例，在听取都、道、府、县自然环境保全审议会意见的基础上，分别由都、道、府、县知事指定。

加拿大自然保护区亦分为三级：

(1) 国家级自然保护区。

国家级自然保护区有国家公园、国家海洋保护区、国家野生动植物保护区、国家候鸟禁猎区、国家首都保护地、加拿大遗产河流系统等。国家级自然保护区系统的选择和建立都基于科学研究，以自然生态环境的保护为主要目标。

(2) 省级自然保护区。

省级自然保护区有省立公园、荒野保护区、省立自然保护区、鸟类禁猎区和生态保护区等。省立公园系统的管理有四个具体的发展方向，即保护、遗产欣赏、娱乐和旅游。

(3) 地区级和地方级层次的自然保护区。

地区级和地方级层次的自然保护区有许多市级公园和用于户外娱乐的私人土地，严格来说，这类保护区不属于自然保护区的范畴。

另外，非洲南部野生动物保护区也分为自然公园、国家野生动物保护区、私营野生动物保护区三个层次。其中，自然公园主要以美丽的风景、远足步道而闻名，以高度个性化的服务吸引游客来观赏野生动物。

（四）旅游景区的二级管理

我国《风景名胜区条例》将风景名胜区划分为国家级风景名胜区和省级风景名胜区，实施二级管理。设立国家级风景名胜区，由省、自治区、直辖市人民政府提出申请，国务院自然资源主管部门会同国务院有关部门组织论证，提出审查意见，报国务院批准公布。设立省级风景名胜区，由县级人民政府提出申请，省、自治区人民政府自然资源主管部门或者直辖市人民政府风景名胜区主管部门，会同其他有关部门组织论证，提出审查意见，报省、自治区、直辖市人民政府批准公布。

我国自然保护区分为国家级自然保护区和地方级自然保护区。在国内外有典型意义、在科学上有重大国际影响或者有特殊科学研究价值的自然保护区，列为国家级自然保护区。除列为国家级自然保护区的外，其他具有典型意义或者重要科学研究价值的自然保护区列为地方级自然保护区。

《水利风景区管理办法》按照水利风景资源的观赏、文化、科学价值，水资源生态环境保护质量及景区利用、管理条件，将水利风景区划分为两级，即国家级水利风景区和省级水利风景区。国家级水利风景区，由景区所在市、县人民政府提供水利风景资源调查评价报告、规划纲要和区域范围，省、自治区、直辖市水行政主管部门或流域管理机构依照《水利风景区评价标准》（SL 300—2013）进行审核，经水利部水利风景区评审委员会评定，由水利部公布。省级水利风景区，由景区所在地市、县人民政府依照《水利风景区评价标准》提供水利风景资源调查评价报告、规划纲要和区域范围，报省、自治区、直辖市水行政主管部门评定公布，并报水利部备案。

另外，我国旅游度假区也分为国家级旅游度假区和省级旅游度假区两个等级。

以美国为代表的一些国家的国家公园也是二级分级管理，美国国家公园的纵向管理“联邦政府—州”二级体系，根据其质量分为国家公园或州立公园，如美国黄石国家公园和尼亚加拉大瀑布州立公园。

四、旅游景区的分类

划分旅游景区的类型，是为了充分认识旅游景区的特点，把握旅游景区的发展和管理方向。旅游景区的内涵比较丰富，涉及自然、社会和人文等多个方面。目前，旅游学术界对旅游景区尚未形成比较统一的分类标准，多数学者是从多元化的角度把旅游景区分为若干类型的。以下是几个具有代表性的分类系统，它们从不同角度划分了旅游景区类型。

（一）根据旅游景区景物或旅游资源的成因和内容分类

根据旅游景区景物或旅游资源的成因和内容分类是旅游景区类型划分中常用的方法。学者们根据这一分类标准，将旅游景区分为不同类型。

1. 三分法

根据旅游景区的景物内容特征或者旅游资源特点，把旅游景区分为以下三大类：

（1）自然型旅游景区。

旅游景区内的吸引物以自然景观或者自然旅游资源为主，因此也有人称为以自然景观为主的旅游景区。自然型旅游景区根据旅游资源的属性又可分为以山川风景为主的旅游景区、以湖泊风景为主的旅游景区、以海滨风景为主的旅游景区、以森林风景为主的旅游景区、以石林溶洞瀑布为主的旅游景区等。

（2）人文型旅游景区。

旅游景区内的吸引物以人文景观或者人文旅游资源为主，因此也有人称为以人文景观为主的旅游景区。人文型旅游景区根据旅游资源的属性又可分为以历史名胜或宗教名胜为主的旅游景区、以纪念革命历史为主的旅游景区、以民俗风情为主的旅游景区等。

（3）复合型旅游景区。

实际上，在具体划分中很难将旅游景区划分成自然型旅游景区或人文型旅游景区。大多数旅游景区同时拥有自然旅游资源和人文旅游资源，且无法判断是以哪一种旅游资源为主，因此，有人将拥有自然旅游资源和人文旅游资源的旅游景区称为复合型旅游景区或综合型旅游景区。

2. *四分法*

英国学者约翰·斯沃布鲁克根据景物景点的成因或内容将旅游景区大致分为四类，但与其说这种分类是旅游景区分类，不如说是景物景点分类，具体如下：

（1）自然环境景观。如海滨、瀑布、溶洞、野生动植物等。

（2）最初并非为游客而建的人造景观。如宗教场所、古代建筑、战场等。

（3）专门为游客而建的人造景观。如游乐园、主题公园、艺术中心、博物馆等。

（4）特殊活动景观。如观看体育比赛、艺术节、宗教仪式等。

3. *五分法*

美国学者查尔斯·R. 戈尔德耐等根据旅游景区形成的原因将其划分为文化景区、自然景区、节庆活动、游憩景区、娱乐景区五种类型。

另外，学者马勇根据旅游景区内的旅游资源特点，将旅游景区分为五类：自然类旅游景区、人文类旅游景区、复合类旅游景区、主题公园类旅游景区、社会类旅游景区。还有学者按照景点所依赖的吸引因素，将旅游景区分为自然资源旅游景点、人文旅游景点和人造旅游景点，或者按其展示内容，将旅游景区划分为单一性的旅游景点和集合性的旅游景点。

（二）根据旅游景区的管理目标分类

按旅游景区的建设和管理目标将旅游景区分为资源保护型旅游景区和经济开发型旅游景区两类。

（1）资源保护型旅游景区。

建设这类旅游景区的主要目的是保护自然资源和贮备物种，保护人文景观和文化古迹，开展科研和教育活动，以取得社会效益和环境效益，在保护的前提下，有条件地开展旅游活动，如风景名胜区、自然保护区、森林公园、文物保护单位等。

（2）经济开发型旅游景区。

投资者开发这类旅游景区的目的是获取旅游经济效益，旅游景区一般按公司制度运作，如旅游度假区、主题公园等。

另外，也有人按照旅游景区设立的性质目标，将其分为商业性的旅游景区和公益性的旅游景区。

（三）根据旅游景区的开发水平分类

根据旅游景区的构景特点和开发水平分类，也是旅游景区分类的方法之一。

1. 按旅游景区发展时间分类

有学者根据旅游景区景观的构景特点和文化内涵（主要指以人文景观为主的旅游景区），将旅游景区分为以下四代：

第一代旅游景区。具有历史的或传统的文化内涵和文化特点，以传统的城市园林为代表。其景观特征是“园小”“景小”，在现代旅游活动中一般只具有“游”的功能，如一些城市的“中山公园”。

第二代旅游景区。具有一定的现代特征，特别是在构景方法上使用了一些现代科技手段，景观内容以复制和移景为主，但仍未突破传统园林的局限，如河北正定的“西游记宫”等。

第三代旅游景区。具有一定的环境观念，即在旅游景区内部结构上一定程度地注意了生态环境的布局与匹配，其构景手法和景观内容以缩微、移植景观或仿古景观等为主，以深圳锦绣中华、中国民俗文化村、世界之窗、北京世界公园、无锡唐城等为代表。

第四代旅游景区。这是现代生态、环境观念的产物，具有典型的现代特征，以现代主题公园为代表，如新加坡绿地主题公园、广州长隆欢乐世界等。

2. 按旅游景区开发程度分类

根据旅游景区开发、利用的程度，一般分为深度开发的旅游景区和轻度开发的旅游景区。

还有学者根据旅游景区开发的程度，将旅游景区分为完全开发的旅游景区、部分开发的旅游景区、正在开发的旅游景区和待开发的旅游景区。

（四）根据旅游景区的功能分类

根据旅游景区的功能特征进行旅游景区的分类，也是一些学者采用的分类方法。不同的学者分类的角度不同，所得到的结果亦不同，总结起来主要有三种分类方式。

1. 七分法

按照景点的内容和功能形式将旅游景区分为以下七种类型：①观光游览型旅游景区；②历史古迹旅游景区；③民俗风情型旅游景区；④娱乐游憩型旅游景区，具体可以分为康体疗养型、运动健身型、娱乐休闲型旅游景区；⑤文学艺术型旅游景区；⑥科考探险型旅游景区；⑦综合型旅游景区。

2. 五分法

根据旅游景区的功能特征将旅游景区分为五类：供参观、游览的旅游景区；供科研、学习的旅游景区；供休假、疗养的旅游景区；供探险、开展体育运动的旅游景区；供娱乐、游玩的旅游景区。

3. 三分法

根据旅游景区的功能将旅游景区分为三大类：观光体验型旅游景区，此类旅游景区可以细分为观光游览型旅游景区、古迹寻访型旅游景区、文化修学型旅游景区、民俗风情体验型旅游景区、科学考察与探险型旅游景区；度假休闲型旅游景区，此类旅游景区可以细分为康体疗养型旅游景区、运动健身型旅游景区、娱乐休闲型旅游景区；综合型旅游景区。

除了以上这些依据一定标准划分的旅游景区类型外，还有其他一些分类方法，如以旅游景区的占地面积作为分类依据，分为大型旅游景区、中型旅游景区、小型旅游景区；根据旅游景区所处的地理位置，将旅游景区分为城市旅游景区和城外旅游景区。

第二节　旅游景区管理概述

一、旅游景区管理的概念

（一）旅游景区管理的定义

旅游景区管理是按照旅游景区固有的特点和规律，根据管理的基本职能和不同发展阶段的需要，通过计划、组织、控制、激励和领导等活动，有效地优化配置景区的各种资源和协调景区的各种关系，促进人力、财力、物力和信息资源的整合，实现旅游景区综合效益的最大化和旅游景区的可持续发展而开展的管理活动。

旅游景区管理具有多重性质，它既是对旅游资源本身的管理，又是对旅游资源开发、利用的经营管理。旅游景区是一个独立的法人单位，可以独立自主地进行经营活动，管理上具有企业管理的性质，同时它还是旅游地旅游服务体系的组成部分，受到旅游地综合服务系统运行规律的制约，必须实施社会化管理，受地方和国家行政部门管理以及行业协会协调管理，即包括内部管理和外部管理。本书对经营管理活动，统一用“管理”表述。在层次上，旅游景区管理包括三个层次：一是旅游景区产品管理层次，这是指对旅游景区有形商品和无形服务产品的基本功能进行配置的行为和过程；二是旅游景区企业管理层次，即对具有独立经营能力的经济法人进行内部的计划、组织、控制、激励和领导等活动；三是旅游景区行业管理层次，即对在社会供求关系和旅游景区经营活动中所形成的企业结构关系，包括结构转换和质量提升等方面进行协调、监控。

目前我国旅游景区行业管理涉及的部门较多，管理模式多样。30 000 多处旅游景区，原来从隶属关系上涉及旅游、建设、环保、林业、水利、交通、地质、海洋、文物、宗教、科技、教育、农业、体育等多个部门。例如，“风景名胜区”归口建设部门，“自然保护区”归口环保部门，“森林公园”归口林业部门，“地质公园”归口国土资源部门，“文物保护单位”归口文化部门，“寺庙观堂”归口宗教部门，“江河湖泊”和“水利工程”归口交通、水利部门等。从对旅游景区的微观管理机制上看，有的属事业单位编制，有的属企业性质。在企业化管理的旅游景区中，国营、合资、股份制、私有等多种所有制形式并存。为了提高旅游景区的管理和服务水平，我国不断完善旅游管理法律法规及旅游景区管理的国家标准，促进旅游景区的保护、开发、建设、经营和管理工作有序进行。随着国家公园体制试点完成，旅游景区行业管理体制也不断完善。

本书所指的旅游景区管理主要是旅游景区企业管理层次的内容，即旅游景区的开发建设及运营管理，当然会包含旅游景区企业的产品管理层次问题，也会涉及旅游景区行业管理层次的相关内容。

（二）旅游景区管理的职能

旅游景区管理涉及计划、组织、控制、激励和领导五项基本活动，也被称为旅游景区管理的五大基本职能，即旅游景区组织（企业）中人、事物或机构应有的作用。

（1）计划职能。

旅游景区管理的计划职能，是旅游景区管理工作的前提事项。开展旅游景区管理，首先要对旅游景区的发展趋势进行预测和判断，根据结果确定管理目标，然后制订各种工作方案、规划以及达到目标的具体实施步骤和相应措施，以保证旅游景区管理目标的实现。旅游景区的发展规划以及各种具体实施计划就是计划职能的成果。

（2）组织职能。

旅游景区管理的组织职能，一方面是指为了实施规划而建立起来的一种结构，这种结构在很大程度上决定着规划能否实现；另一方面是指为了实现规划目标进行的组织过程。根据管理原则设置旅游景区组织机构，根据岗位需要安排合适人员并进行分工与协作，对不同岗位有适当的授权，同时建立良好的沟通渠道等。组织是旅游景区正常运作的核心，对完成规划任务具有保证作用。

（3）控制职能。

旅游景区管理的控制职能是与计划职能紧密相关的，这一职能包括：第一，制定景区各种控制标准，以便指导行动；第二，检查景区各项具体管理工作是否按计划进行，并检查其是否符合既定的标准；第三，若发生偏差要及时反馈信息，分析偏差产生的原因，及时纠正偏差或根据实际情况制订新的计划，以确保目标的实现。如根据计划开展景区营销活动，在媒体上刊登广告，需跟踪调查以检查是否达到营销目标，如果没有达到目标，则分析原因，必要时调整广告内容或媒体形式，直至达到营销目标。

（4）激励职能和领导职能。

旅游景区管理的激励职能和领导职能主要涉及组织活动中的员工。旅游景区管理者要研究员工的需求、动机和行为；要对员工进行指导、训练和激励，以调动他们的工作积极性；要解决上下级之间、部门之间、员工与员工之间的各种矛盾，创造良好的人际环境；要保证旅游景区各部门之间的信息沟通渠道畅通无阻，保证命令能上传下达；通过良好的内部营销活动，保留优秀员工。另外，管理者自身要有人格魅力，能起到带头作用并履行好领导职能。

（三）旅游景区管理的目标

旅游景区管理的目标是有效整合人、财、物和信息资源，实现旅游景区的社会效益、环境效益和经济效益的统一，促进旅游景区可持续发展。

社会效益是指旅游景区对社会需求的满足程度。旅游景区内的旅游资源，尤其是自然旅游资源和历史人文旅游资源，属于社会的公共资源，应该利用它们为社会作贡献，承担社会责任。从这个意义上说，旅游景区要满足游客求知、观光或者度假的需求。旅游景区是社会生态环境的组成部分，必须担负保护社会生态环境的责任，旅游景区生态环境的好坏还直接影响旅游景区质量等级，影响旅游景区的吸引力。同时要追求经济利益。从旅游景区三重效益的关系来看，社会效益是前提，环境效益是基础，经济效益是结果。没有环境效益就谈不上社会效益；没有社会效益，经济效益也会大打折扣；经济效益要以环境效益为基础。只有经济效益没有社会效益和环境效益，是目光短浅的权宜管理，跟不上社会发展的需要，不能称为现代管理，更不可能实现旅游景区的可持续发展。

二、旅游景区管理的特点

旅游景区管理涉及产品、企业、行业三个层次。本书从旅游景区的企业角度介绍旅游景区开发建设及运营管理，在内涵上涉及旅游景区产品管理，在外延上涉及旅游景区行业管理。通过综合分析，旅游景区管理具有五个基本特征。

（1）内容的综合性。

旅游景区管理是一项综合性的管理工作，它涉及内容多、范围广，包括对游客活动的管理以及对旅游景区内部的战略、组织、人力资源等的管理，还包括对旅游景区内构成资源客观对象的管理等多方面的内容。因此，在运作内容上具有明显的综合性。

（2）形式的服务性。

旅游业的服务性决定了旅游景区管理的服务性。旅游景区内所有的人员、设施设备等都是为游客而安排和设置的，游客的满意度就是对旅游景区管理服务质量进行衡量的标准。

（3）内涵的文化性。

文化是旅游的灵魂，没有文化内涵的旅游景区是没有活力、没有生气的。文化对于旅游的作用表现在可以提升旅游吸引物的文化内涵，可以陶冶游客的审美情趣，还可以传承旅游地的文化。

（4）时间的动态性。

与旅游景区管理相关的人、物、财、信息资源等无不处于变动之中，这就决定了旅游景区管理的动态性。基于这种动态性，旅游景区管理必须以动态的眼光看待旅游景区的变化，依据具体情况作出正确的决策。

（5）目标的永续性。

进行旅游景区管理就是为了使旅游资源得到保护和合理利用，实现旅游景区效益的最大化，使旅游景区永存、旅游业可持续发展。

三、旅游景区管理的内容

旅游景区管理的内容来源于旅游景区管理实践的需要，而不同旅游景区的实践存在着差异，因此所管理的内容就会有一定的差别。一般而言，旅游景区管理包括旅游景区的经营战略管理、质量管理、营销管理、产品管理、效益管理、人力资源管理、设施设备管理、资源与环境管理、安全管理及开发建设管理等基本内容。

（1）旅游景区规划、开发与建设管理。

旅游景区规划、开发与建设管理的重要目标就是建立、保持和增强旅游景区的吸引力。因此，必须对旅游景区进行规划、开发与建设，形成新的旅游项目，构建旅游活动的空间载体。旅游景区规划、开发与建设是景区运营管理的前提，这一阶段的主要工作内容是：在全面分析旅游市场和旅游资源的基础上，明确旅游景区发展的总体目标和方向，并对目标和方向进行决策论证，进行新旅游项目的可行性研究，筹措新项目的资金，按规划进行施工建设等，并对这一过程实施有效管理。

（2）旅游景区战略管理。

旅游景区战略管理是从战略的高度审视旅游景区的发展环境和竞争优劣势，制定旅游景区发展目标，明晰发展定位及工作部署等。旅游景区战略管理对其整个发展阶段都非常重要，是旅游景区一定时期的导航线，决定着旅游景区运营的成败。

（3）旅游景区组织和人力资源管理。

任何组织都拥有一定的资源，如自然资源、人力资源、信息资源、时间资源、资本资源等，在这些资源中，人力资源是推动组织发展的关键资源。因此，在所有旅游景区管理问题中，人力资源管理是非常重要的一个方面。首先，员工的态度和能力等决定其向游客提供的服务的质量，从而也会直接影响游客旅游的兴趣及对旅游景区的看法；其次，对大多数旅游景区来说，劳动力成本可能是所有财务预算中较大的一个单项支出。旅游景区人力资源管理包括员工的招聘与培训、绩效与考核、薪酬与激励等内容。

（4）旅游景区环境和卫生维护管理。

旅游景区的环境管理包括旅游景区内部自然环境的管理和社会人文环境的管理。旅游景区内部自然环境的管理主要体现在游客容量的确定、污染物的管理与治理、内部环境的协调及内部卫生的维护。社会人文环境的管理主要包括员工服务意识、和蔼友善程度等。旅游景区所在地的自然环境和社会经济、文化环境深深地影响着旅游景区的经营和发展。对旅游景区环境和卫生的管理到位，在很大程度上能提升旅游景区的竞争力。

（5）旅游景区日常经营和游客活动的管理。

旅游景区的日常经营管理主要包括旅游景区售检票管理、咨询管理、导游活动管理、购物管理、餐饮管理、环卫清洁管理和消防管理等，它保证旅游景区正常经营活动的开展。游客活动的管理是一种与游客互动的管理，包括对游客的宣传教育、提醒提示服务、现场督导等，它需要游客的配合和理解，对游客的素质有较高的要求，通过对游客的引导教育达到建设一个和谐、环保、安全的绿色旅游景区的目的。

（6）旅游资源的保护和设施设备的维护管理。

旅游资源是旅游景区存在的基础，因此对旅游资源的保护显得尤为重要。旅游景区应该坚持在保护旅游资源的前提下进行合理开发，促进资源保护与开发的统一。旅游景区内的设施设备是构成旅游资源的重要元素，是旅游活动得以顺利开展的重要保障。它包括旅游景区的基础设施、接待服务设施和娱乐游憩设施。对这些设施设备的维护维修管理是延长设施使用寿命、防止意外事故发生、保障景区正常运营的需要。

（7）旅游景区财物及效益管理。

旅游景区财物是旅游景区运营的基础，也是经营的经济目标。应对旅游景区财物实施有效管理，保障财物的安全，努力增加经营收入，节省不必要的开支，提高旅游景区的整体经济效益。因此，旅游景区的财物及效益管理是旅游景区重要的管理工作。

（8）旅游景区营销和形象管理。

在激烈的市场竞争中，营销和形象管理关系到旅游景区的生存和发展。旅游景区要想成功地营销自己，就要全面调查和分析营销环境和旅游市场，从而确定目标市场，针对目标市场进行旅游景区产品设计和经营决策，制定有效的营销策略，适时促销旅游景区产品，及时有效地接受和处理好消费信息的反馈。

（9）旅游景区服务质量管理。

旅游景区主要提供的是服务性产品，服务性产品的一大特点就是生产与消费的同步性，因此游客在消费产品过程中的感受非常重要，将直接影响到游客对旅游景区的满意度和忠诚度。质量管理是旅游景区管理的中心，加强旅游景区质量管理不仅可以促进旅游景区人力资源的素质和产品质量的提高，而且可以提升旅游景区的形象，增强对外竞争力。

四、旅游景区管理的地位

（一）旅游景区的行业地位

旅游景区是旅游活动开展的主要空间场所，是促进旅游业发展的基础。旅游景区在旅游业中具有重要的地位和作用。

（1）旅游景区是旅游吸引的动力源。

旅游景区中优美的环境、丰富的自然旅游资源和人文旅游资源是旅游吸引力的根本来源，是产生旅游活动的直接动因。游客选择旅游目的地，首先考虑的是旅游景区的类型、内容及其吸引力程度，之后才考虑交通及其他服务配套。游客外出旅游目的往往指向旅游景区，很少是为了住酒店或坐交通车而外出。从这个意义上说，旅游景区是旅游活动产生的吸引要素所在，是旅游业出现的前提。

（2）旅游景区是旅游产品的价值源。

旅游业提供吃、住、行、游、购、娱六大服务要素，游客通过花费一定金钱、时间、精力和体力，购买这些服务而获得一段经历和体验，即得到一项旅游产品。旅游产品的组合成分中，“游”始终处于核心地位，有的旅游景区甚至提供吃、住、购、娱等其他服务。旅游景区产品是旅行社业产品组合和销售的主体，是游客旅游体验形成的主要依托，其他产品往往是旅游景区产品的辅助。

（3）旅游景区是旅游业的增长极。

旅游业是综合性的产业，而旅游景区和旅行社、旅游交通、旅游酒店构成了旅游业的支柱。旅游景区是旅游活动的主要场所，旅游景区业是旅游业的核心。没有旅游景区，就没有旅游的发展。旅游景区业的发展壮大带动了旅游业其他相关企业的发展。由此可见，旅游景区毫无疑问是整个旅游业的核心，与其他旅游企业是相辅相成的关系，共同构成了旅游业产业体系。正因为如此，旅游景区的开发建设和经营管理就成为旅游业扩张的着力点。

旅游景区是旅游消费的主要场所，它为游客提供游览娱乐服务，主要通过门票和其他服务获取经济收益，是旅游业经济的重要来源。旅游景区作为旅游目的地，还可提供餐饮、住宿、购物等多种服务，大大增加了旅游收入，是地方旅游经济的重要增长极，在地方经济社会发展中发挥着重要作用。

（4）旅游景区是地方形象的承载体。

一个地方旅游业的发展需要多个行业的配套。高星级酒店是地方接待服务能力的体现，而旅游景区是地方旅游形象的载体，是地方文明发展的重要窗口，也是地方历史文化的重要载体。一个好的旅游景区就是一张名片，向外界强烈展示着地方甚至国家的社会经济影响力。如泰山对于泰安，张家界对于武陵源，罗浮宫对于巴黎，金字塔对于埃及，富士山对于日本等，这些旅游景区无不是其所在地形象的代表。有的地方为了通过著名旅游景区促进地方经济发展，利用名山、名景展示地方形象而更名，如黄山市、香格里拉市等。特别是世界遗产地如长城、故宫等世界级的旅游景区，还是一个民族、一个国家的象征。

（二）旅游景区管理的学科地位

在旅游学科划分中，旅游景区管理是旅游学的组成部分。旅游学分为七个分支，其中旅游管理学是旅游学借鉴管理学的理论来研究旅游现象而产生的分支学科，它又分为两个方向，即旅游行业管理和旅游企业管理。旅游行业管理是把旅游业作为一个独立的产业部门来进行管理，是政府和旅游行业组织对旅游事业的宏观管理。而旅游企业管理是微观的管理，涉及旅行社、旅游景区、旅游酒店、旅游交通等相关企业，因此，旅游企业管理主要包括旅行社管理、旅游景区管理、旅游酒店管理、旅游交通管理和娱乐企业管理等。旅游景区管理通过研究旅游景区的产生、发展及其运行规律，丰富旅游学科的知识内容，完善旅游学科的理论体系。

实践中，旅游景区管理离不开高素质人才，旅游教育界也关注到了旅游景区是旅游业的核心部分，需要旅游景区教育和研究的发展。然而，旅游研究和旅游教育的历史不长，旅游管理专业还是一个发展中的专业，因此，旅游景区管理作为旅游管理专业的核心课程而受到了重视。随着旅游景区管理研究和教育的不断推进，旅游景区管理课程的教学内容也在不断创新，出现了多种教材，甚至引进了国外教材。相信在旅游学界的共同努力下，旅游景区管理的研究和教育工作将会得到不断完善与推进。

五、旅游景区管理的方法

旅游景区管理是一个实践问题，也是一个理论问题，需要通过理论研究，在具体的管理工作中去实践它。我们必须研究旅游景区管理的办法，加强旅游景区的运作管理，以谋求其持续发展。实际上，针对不同的旅游景区，只有根据具体情况作具体分析，采取不同的手段，因势利导运用好相关措施，才能起到事半功倍的效果。理论上来说，旅游景区管理的方法包括法律方法、行政方法、经济方法、宣传教育方法、技术方法、社会心理方法、咨询顾问方法等。

（1）法律方法。

法律方法具有概括性、规范性和稳定性的特点，适用于处理共性的、普遍性的问题。在旅游景区管理中，要依据国家和地方有关法律、法规、规章实施管理。在现代管理中，必须以法律手段为主，其他手段如行政手段和经济手段的运用必须在法律规定的宏观调控框架内进行。目前，我国与旅游景区管理相关的法律、法规、规章主要有《旅游法》《环境保护法》《森林法》《文物保护法》《野生动物保护法》《风景名胜区条例》《自然保护区条例》《水利风景区管理办法》《森林公园管理办法》等。此外，各地方立法机构和人民政府根据国家法律、法规，结合地方实际制定了实施细则和地方性法规，如《广州市森林公园管理条例》等。这些是旅游景区管理的基本依据，旅游景区管理机构在管理中应当依据相关法规和具体实际，有针对性地强化行政监督和处罚力度。

（2）行政方法。

行政方法是旅游景区管理中最常见的方法之一。在全行业，行业主管部门设置了专门的管理职能，充分运用多种具体的行政手段，如行政许可、行政征收、行政监督、行政处罚、行政强制和行政给付等，对旅游景区行业实行统一规划和监督管理，加强对旅游资源和环境的保护。根据行政级别和行政区划，实施“分级管理”与“分域管理”，使管理的责权落到实处。行政管理一定要注意理顺管理体制，明确国有资源性资产的所有权和经营权的产权关系，以及经营性资产的所有权和经营权的产权关系，使管理的责、权、利明确到位。在旅游景区内部，通过明晰责权，使组织机构命令上传下达，提高管理的效果。

（3）经济方法。

在旅游景区行业管理方面，政府通过建立健全的价格、税收、信贷、土地、财政和政府采购等政策体系，通过经济手段引导旅游景区维护社会效益和环境效益。如在旅游景区的环境保护中，政府要充分考虑资源的稀缺性和环境成本，通过价格调节实施有利于环保的监管。通过税收政策的改革在旅游中反映出资源环境的稀缺性，可以影响旅游景区的收费，进而引导游客开展低碳消费和节约消费，引导旅游景区改进服务流程，从而在消费和生产两个环节依靠经济手段达到保护环境、节约资源的目的。

在旅游景区内部，实施有效的工资、福利、奖励制度，利用经济手段引导员工按照要求实施管理工作，提高整体服务质量。对游客亦可采用经济手段，通过奖励或者罚款等途径鼓励他们开展有利于旅游景区和整个社会的旅游活动。

（4）宣传教育方法。

旅游景区管理，特别是其中的旅游资源保护、环境卫生管理及设施设备管理，需要广大当地居民及游客的参与。这就要求旅游景区管理机构利用各种宣传途径和方式加强宣传保护旅游资源、环境卫生、设施设备的重要性，培养大众自觉参与的意识；进行管理知识的宣传教育，推广有关管理技术，使当地居民和游客都知道如何有效参与，并在自己的言行中实施。同时还要充分发挥新闻媒体和社会各界的舆论监督作用，不断提高管理能力，强化旅游景区管理。

宣传教育还包括对旅游景区管理人员素质的教育培训。开展管理人员的岗位培训，特别是要加强景区保护知识与专业技能教育，改善和提高管理人员的综合素质，使之更加有效地开展旅游景区的管理工作。

（5）技术方法。

旅游景区的管理需要现代技术的支持，需要利用技术手段监测与分析旅游景区的情况。针对不同类型的旅游资源、设施设备采取相应的技术措施。如科学保护和修缮历史古建筑，确保其持续利用；科学监测和合理培育、保护旅游景区的景物、水体、植被和地形地貌；应用生物技术保护野生动物、古树名木；运用驱赶技术避免鸟类对古建筑产生危害；利用智能技术，提高管理效率。总之，在旅游景区管理中应用现代科学技术是必由之路。

第三节　旅游景区的发展

一、旅游景区的历史考查

旅游景区是何时诞生的无从追溯，世界上最早的旅游景区是哪里无法考证，古代什么样的场所才是旅游景区也很难认定。但自从旅游现象出现后，人类的旅游活动无不与某个场所相关联，这就是旅游资源所在地或旅游目的地。很显然，自然景观、出自非旅游目的的人文景观，在被人们利用为旅游活动场所时，无疑是早期的旅游目的地，它们是否称得上旅游景区有待讨论。随着社会的变迁和科技的发展，旅游也得到了发展，这些自然景观、出自非旅游目的的人文景观逐渐演变为旅游景区。王公贵族开始建造供自己游乐的场所，这应该是最早特意设计开发的旅游景区。当旅游逐步走向大众化的时候，为吸引旅游者而特意设计开发的纯粹的旅游景区也逐渐发展起来。另外，一些节事活动及其发生的场所也成为吸引游客的内容或变成旅游景区。

推断旅游景区的产生似乎是一种凭空猜想，但实实在在去考究旅游景区的发展历史也并不容易，首先遇到的问题是如何界定古代的旅游和旅游景区。我们不去作这些无谓的争论，只考究人们旅游活动的对象——自然景观、出自非旅游目的的人文景观以及历史上特意设计开发的旅游场所。历史文献对这些内容有不少的记载，一些旅游活动的场所留下了考古遗迹，它们是研究旅游景区发展历程的基本依据。当然，由于自然条件和人文因素千差万别，各地的旅游景区发展也会表现出很大差异，这里仅仅作简要回顾和总结。

二、国外旅游景区的发展

（一）早期旅游景区的发展

历史记载，古埃及人、古希腊人和古罗马人很早就出于消遣的目的游览艺术或建筑珍品的所在地。公元前3200年，古埃及修建了金字塔和阿蒙神庙，金字塔和阿蒙神庙以其雄伟的气势和精美的雕刻吸引人们前来观光游览，而经常举行的宗教集会也吸引了大批宗教朝觐者。公元前8世纪，古希腊就建成了奴隶制城邦国，公元前5世纪达到全盛，当时的提洛岛、德尔菲和奥林匹亚山成为宗教圣地，也是人们的游览胜地。奥林匹亚节祭祀宙斯活动最具影响力，其间还举行集会和体育活动，延续发展形成了今天的奥林匹克运动会。公元前3世纪，以帕特农神庙为代表的“神庙旅游热”在古希腊蔓延。腓尼基旅行家昂蒂帕克将地中海附近七个最宏伟的景观总结为“世界七大奇迹”，并一直流传至今。公元1世纪至3世纪，古罗马达到全盛时期，境内有古埃及、古希腊、古代西亚的历史遗迹，如世界古代“七大奇迹”及许多自然风景吸引人们开展旅行旅游。古罗马人利用滨水的房屋建筑来举行钓鱼、游泳等娱乐活动。

古希腊古罗马时期，欧洲人就形成了沐浴的传统。古罗马帝国征战所到之处，修建了许多斗兽场和浴场。德国巴登巴登的温泉和英国唯一的天然温泉城巴斯在公元1世纪由古罗马人开发出来，后来这两处温泉城直接用“沐浴”命名了。公元2世纪时罗马城里有浴室856间，到了4世纪时达千余间。著名的卡拉卡拉浴场一次性就可以容纳2 300人沐浴，而戴克里先浴场容纳量超过3 000人。公共浴室里一般设有冷水浴、温水浴、热水浴以及蒸汽浴，浴场成了重要的社交场所，也是豪门显贵消遣娱乐之处。

零星的历史资料显示的古希腊人和古罗马人（主要是帝王和贵族阶层）外出观光和游乐的海滨、斗兽场和温泉浴场等目的地以及宗教圣地，可以说是早期的旅游景区雏形。

（二）中世纪旅游景区的发展

中世纪指以罗马帝国解体的公元476年为起点，到公元15世纪文艺复兴为止的时期。中世纪欧洲兴起了宗教旅游，参与者较多，可以称为早期的“大众旅游”。宗教圣地成为朝觐者的目的地，是宗教型旅游景区，如中东地区的麦加和耶路撒冷、欧洲的梵蒂冈。宗教朝拜是出于信仰，不过这也是进行旅游活动的好机会。同时，为满足宗教旅游者的需求，旅店（客栈）和旅行指南等相关旅游服务内容也应运而生。为方便宗教旅游者旅行、访问旅游景区，人们设计出固定的旅游线路，将很多宗教圣地连接起来，如西班牙西北部城市圣地亚哥—德孔波斯特拉的圣雅各之路。

中世纪欧洲依然延续着温泉沐浴传统，温泉旅游主要是上流社会的享受，也有一些平民百姓参与。如文艺复兴巨匠乔万尼·薄伽丘所著的《十日谈》中就有多处讲述温泉沐浴的情景。

受文艺复兴的影响，文化旅游也比较盛行。异域自然风光和人文景观是吸引人们旅游的重要因素。宗教意义的圣地、美学意义的旅游景区逐步多样化，成为这一时期旅游景区发展的特点。

（三）文艺复兴后旅游景区的发展

中世纪的宗教旅游规模较大，而文艺复兴时期的非宗教旅游只是少数上流社会人士的活动。这一时期，人们所访问的旅游目的地有美学意义的旅游景区，也有宗教圣地，还有异域自然风光目的地。

从 17 世纪后期到整个 18 世纪，社会名流十分关注康体健身型旅游，文化旅游也比较盛行，这促进了几种主要类型的旅游景区的发展，一是矿物质温泉疗养地旅游景区，如巴斯、坦布里奇韦尔斯以及布达佩斯“温泉之城”的开发。二是海滨浴场，如斯卡伯勒和马盖特的海滨度假胜地。特别是德国、比利时、法国、捷克、斯洛伐克等国进行了大量旅游景区的开发。三是文化型景点的利用，以参观法国和意大利的历史文化遗迹景点为基础的固定路线“大旅行”活动，成为一些富裕家庭中年轻人受教育的方式，这些文化型景点也因此受到重视。

19 世纪，欧洲国家的工业化造就了一批中产阶级，同时铁路的建设发展给中产阶级访问旅游景区带来了机会。海水浴成为很多人的娱乐活动，海滨旅游景区得到了发展。此时，在一些大城市以及工业化城镇中开始出现博物馆、美术馆、城市公园等新的旅游景区，这些旅游景区往往是由一些家族式的工业家们建造的。1851 年，英国万国工业博览会的举办是旅游景区工业化的标志性事件，英国用钢铁与玻璃打造出“水晶宫”，陈列超过 13 000 件展品，吸引了超过 600 万名观众。1889 年，第四届世界博览会在巴黎举行，同年，埃菲尔铁塔落成。1893 年在芝加哥世博会上，摩天轮、旋转木马、过山车等出现，景点机械化的程度进一步提高。

与此同时，贵族阶层发现了两种新的旅游吸引物，一是欧洲南部冬季的温暖气候、地中海海滨的充足阳光，因其适合人们在冬季活动而获得了较大规模的开发，一些地方通过发展赌场来满足人们冬季的休闲娱乐；二是阿尔卑斯雪山的终年积雪，为人们进行登山、滑雪活动提供了场所，这些地方从而开发了大量旅游景区。此外，温泉旅游依然盛行并不断创新，如 1877 年开业的德国腓特烈温泉秉承古罗马泡温泉的传统流程，整个温泉浴过程多达 17 项内容。

19 世纪末和 20 世纪初，以事件为基础的旅游景区比较盛行，如奥运会和大型博览会，形成了一些特色旅游景区。近代旅游业出现后，专门设计的旅游景区快速发展。19 世纪末，在欧洲出现了国家或私人投资开发旅游资源的现象，掀起了一股兴建游乐场、运动场、赌场、疗养地、浴场以及博物馆、美术馆和城市公园等旅游设施的热潮；在美国，修建了许多野营地来满足人们游憩的需要，1872 年创建了黄石公园，开始了国家公园系统的建设。旅游的发展拉动了旅游景区的建设，而旅游景区建设又推进了旅游向大众化方向发展。

（四）现代旅游景区的发展

自第二次世界大战以来，随着航空业和包价旅游的发展，人们可以自由到达他国的旅游景区，汽车数量的增长使人们在本国旅游更方便，旅游景区的种类和数量也迅速增加。由于现代旅游的发展及其带来的经济效益猛增，专门吸引游客和刺激旅游消费的旅游景区大量建造，给人们提供消遣和娱乐的主题公园因此出现并风靡全球。1955 年华特·迪士尼在美国加州建造的迪士尼乐园，开启了主题公园时代。主题乐园可以满足消费者娱乐、休闲、度假等多重需求，声、光、电等高科技手段得到了充分运用。

这一时期，改造传统景区，创建新兴景区，形成了一些有代表性的景区类型，如以国家公园为代表的自然景区、以博物馆为代表的文化景区、以主题公园为代表的人造景区以及以海岛海滨和山地为主的休闲度假景区和以乡村和工厂为主的产业特种景区。

20 世纪 80 年代是旅游景区发展的转折期。生活方式的改变、闲暇时间的增多、技术的进步及消费时尚的出现，使所谓的后现代主义的种种迹象日益显露。在这一时期，欧美等发达地区诞生了许多集休闲购物中心、大屏幕电影院、滨海度假游乐区等于一体的新旅游景区。世界范围内的遗产型旅游景区增加了，尤其是那些与社会史和近代史有关的旅游景区。这一时期欧洲的旧式博物馆得到了改进，其展出更加贴近观众的特点，并增加了互动性。

20 世纪 80 年代，美国、日本等发达国家进入旅游景区的鼎盛时代，并逐步走向成熟。20 世纪 80 年代和 90 年代初期，世界各国政府把发展旅游景区作为城市振兴和地区发展的途径，如英国政府曾经把开发“园艺节”作为扭转经济低迷的一项政策。

然而，这一时期的发展是不平衡的，一些地方的旅游景区依然处在初级阶段。20 世纪 80 年代，东南亚、中东、南美和非洲地区都没有大型主题公园，大部分博物馆保持着原样，参观者不多。但 80 年代以后旅游景区的发展迅速，东南亚的海滨旅游度假区、亚洲的主题公园、非洲的野生动物世界、南美的自然景区和文化景区的发展较快。

21 世纪，世界遗产旅游地保护与旅游利用受到重视。随着互联网和信息技术的进步，现代科技在旅游开发中得到广泛应用，旅游景区的智能化、智慧化快速推进。技术进步也催生了旅游景区的新业态、新消费的发展。

三、中国旅游景区的发展

（一）古代旅游景区的发展

在夏、商、周三代，狩猎活动成为贵族常见的游乐形式。甲骨文就记载了以商王为首的商朝贵族经常开展田猎消遣活动。3 000 年前，临潼骊山就开辟了温泉。西周的周穆王巡游规模庞大，影响深远，他巡游过西北、华北，据传他曾西巡狩猎至波斯。帝王贵族为了狩猎游乐，兴建了“囿”。秦汉时期，供帝王游乐的宫苑具有相当规模。魏晋南北朝时期，园林艺术受到重视，士大夫的私家园林纷纷出现，奠定了中国古典园林发展的基础。

历史上出现了一些世界著名的商业都会，如汉唐的长安、洛阳，宋代的汴梁、临安，元朝的大都、泉州、广州，明清的北京、苏州、杭州、广州。城市及近郊兴建了供游乐的场所，如唐长安的华清池，明清北京、苏州、杭州、广州的古典园林等，逐步形成了以北京园林为代表的北方园林、以苏杭园林为代表的江南园林和以广东园林为代表的岭南园林体系。

宗教旅游景区是古老而长期盛行的形式，道教、佛教等重视自然之道，宗教场所多建在风景优美的地方，这些地方是宗教人士的朝觐之处，普通民众也可前往观赏、游览。如四川的青城山、湖北的武当山、江西的龙虎山、安徽的齐云山合称为“中国道教四大名山”，山西的五台山、浙江的普陀山、四川的峨眉山、安徽的九华山合称为“中国佛教四大名山”。

观光型旅游景区是各时期上层人士的旅游至爱，名山大川等自然风景和古迹建筑等人文景观成为人们追寻的去处，谢灵运、李白、苏辙、徐霞客、顾炎武等是这些观光游客的代表。“五岳”（北岳恒山、西岳华山、中岳嵩山、东岳泰山和南岳衡山）是观光型旅游景区的雏形。

（二）近代旅游景区的发展

中国近代旅游业发端于19世纪中叶。随着英国发动鸦片战争及远洋航运业务的发展，西方的商人、传教士、学者和一些冒险家纷纷来到中国，在中国建立租界和修筑别墅。旅行社也入驻中国，为来华的外国人和出国的中国人办理各种旅游业务。

在旅游资源开发和景区建设方面，主要是在庐山、北戴河、莫干山、鸡公山、峨眉山等名山和海滨建设避暑度假区。20世纪30年代，上海和杭州分别举办国货博览会和西湖博览会，会奖、会展旅游开始与景点互动发展。

（三）现代旅游景区的发展

中国国土面积辽阔、山川秀丽、历史悠久、民族众多，旅游资源丰富多样，旅游景区发展迅速。特别是改革开放40多年来，旅游景区业日益兴盛，各地大力开发旅游资源，兴修旅游基础设施，建设了大批的旅游景区。截至2020年底，A级景区13 332家，包括5A级景区302家，4A级景区4 030家。目前，中国已拥有世界遗产56处、国家级风景名胜区244处、国家级自然保护区474处（其中34处被联合国教科文组织的“人与生物圈计划”列入国际生物圈保护区）、国家级森林公园897个、世界地质公园41个、国家级重点文物保护单位5 058处，通过试点已正式建成了5个国家公园。省级及省级以下的风景名胜区、文物保护单位、度假区以及其他各类旅游景区数量更多，覆盖面积更广。

随着社会经济发展，旅游消费结构也在发生变化，由以吃住消费为主向以娱乐消费、健康消费、文旅融合为主转变，生态旅游、康养旅游、文化旅游、探险旅游等模式受到关注，促进了红色景区、文化景区、生态景区、休闲度假景区以及冰雪类、避暑类景区的发展。乡村振兴也给乡村的旅游转型和提质建设带来机遇。随着旅游景区深度开发，景区新业态、新产品不断涌现，夜间旅游产品特别是演艺产品成为旅游景区产品的新蓝海。

近年在推进全域旅游发展的同时，旅游景区开发不断规范化，旅游景区的布局更加合理，旅游景区类型结构日趋多元化，产业融合形成“旅游+”“景区+”的发展局面。借助信息技术的进步，“互联网+”在旅游景区中全面应用，旅游景区智慧化迅速推进。与此同时，我国旅游景区的管理和资源环境保护水平不断提升，旅游景区的开发建设与管理在旅游业中的重要作用日益突出。

四、旅游景区的发展倾向

现代社会旅游需求呈现出多样性、个性化的总体特征，这种旅游需求的趋势，加上技术的进步和人们景区开发与管理思想的加强，预示了旅游景区在开发、运营管理方面的发展倾向。

（1）注重景区消费的时尚化。

人们对旅游不断求新求异，即持续追逐旅游时尚。旅游景区时尚产品，总是游客光顾的热点，一些时尚景点成为游客争相到达的“网红打卡”点。景区开发和运营管理者十分关注市场需求的动向，紧跟时代步伐，开发和组合新奇产品，营造旅游时尚氛围，满足游客追求时尚的需要。

（2）注重景区产品的个性化。

大众旅游时代，由于人们的体验追求不尽相同，旅游市场的需求极其复杂。旅游景区产品的设计和开发必须灵活多样，针对不同的特定人群，开发适销对路的旅游景区产品，以满足旅游市场多层次、多方面、个性化的要求。景区产品需要挖掘景区特色，避免同质化，打造专属 IP，增强旅游产品辨识度。可以在原有旅游项目的基础上，设计符合游客需求的复合型产品体系，注重旅游产品的参与性。还可以根据游客的偏好，增加沉浸式体验内容，增强游客个性表现。

（3）注重景区内涵的文化性。

现代旅游发展反映到旅游市场需求上，单纯的观光旅游逐步走向娱乐消遣型及文化旅游，文化性、知识性、娱乐性并重的旅游景区项目深受游客欢迎。在旅游景区开发和经营中，人们意识到旅游景区文化主题的重要性，一个合适的文化主题、深入挖掘的文化内涵，是旅游景区运营成功的基本因素。旅游景区有了独具特色的文化内涵，才会激发游客的兴趣，在市场上获得竞争优势。

（4）注重产品组合的新颖性。

人们按照一定的文化主题，对旅游景点以及各种配套服务进行编排组合，就形成了一条旅游线路。线路的编排，要按照文化主题的发展顺序，把各大旅游景点有机地组合进去，应按照事物发展的规律设计旅游线路，巧妙安排，避免走重复的线路。尽量提供多种服务，合理安排游览、休闲、娱乐，避免游客产生枯燥、单一的感觉。因此，旅游景区产品的巧妙组合、旅游线路的精心设计是开发与管理者持续关注的事情。

（5）注重景区项目的娱乐性。

旅游服务六要素中的游览、娱乐和购物消费，很大程度上是在旅游景区实现的，这几类消费是游客享乐性和愉悦性的体验。人们旅游的动机总是会包含快乐因素。旅游景区要上档次、上等级，其产品需要体现快乐元素，因此，娱乐性消费、愉悦性景观、刺激性项目总是能得到游客的青睐，也是旅游景区设计、开发和管理中一直受到关注的重点。

（6）注重景区旅游的健康性。

人们越来越关心健康，运动、健身、绿色、养生、医美类旅游产品及旅游景区将得到较多的关注。老年人口增多，养老、银发旅游产品对健康的要求较高，健康元素不断融于相关产品中。旅游景区建设和运营中将更加重视健康旅游项目的打造和服务管理。

（7）注重景区服务的低碳化。

低碳经济模式是人类面对全球气候变化、寻求经济可持续发展的新模式。在旅游业的转型中，景区低碳发展是主要环节，通过食、住、行、游、购、娱各要素的低碳化，减少景区的“碳排放”。所以，了解低碳景区的概念，明晰景区低碳化的路径，建设低碳化景区成为共识。

（8）注重景区管理的智慧化。

旅游景区的吸引力往往离不开技术的支持，特别是人造旅游资源型景区，技术的先进性决定了旅游景区产品的生命力。如造园技术提升景区的体验性，游乐技术提升体验的刺激性，现代智能技术更是景区氛围营造和服务支持的基础，通过5G、数字化、AR、VR等技术的结合，可为景区演艺带来沉浸体验，促进景区管理的智慧化发展。

【本章小结】

旅游景区是以旅游资源或一定的景观、设施为依托，开展参观游览、娱乐休闲、康体健身、科学考察、文化教育等活动和提供旅游服务的场所。旅游景区根据其资源吸引力和保护的级别等进行分级管理和分类管理。旅游景区管理具有内容的综合性、形式的服务性、内涵的文化性、时间的动态性、目标的永续性等特点。旅游景区管理包括旅游景区的经营战略管理与质量管理、形象与营销管理、产品和节庆演艺管理、财物及效益管理、人力资源管理、资源与设备管理、环境与卫生管理、安全管理及旅游景区开发建设管理等基本内容。针对不同的旅游景区，根据具体情况，可以采取法律方法、行政方法、经济方法、宣传教育方法和技术方法等手段实施管理。

【拓展阅读】

旅游景区未来的发展方向

（一）以A级景区为核心的中国景区的发展道路

人们历来喜欢园林，因为在那个空间里，有山有水，有亭台楼阁，可享受自然，同时舒适、安逸、方便、卫生、安全。从先秦到两汉时期，中国就有苑、囿、圃、园的概念，这些字都暗含封闭的意思。到明清时期，造园理念达到了顶峰，出现了《园冶》这样的巨著，于是有了借景、障景、叠山理水等一系列造园理念。

新时代，人们对旅游的理解不再囿于封闭的空间，而要到更大的范围去旅游，于是A级景区等级划分标准应运而生。该标准上承我国2 000多年形成的以人为本的造园理念，下接当前人们到更大的范围去旅游的需求，把以人为本的造园理念推广到名山大川、古村古镇、城市休闲区，甚至博物馆、纪念馆等。把中国传统以人为本的造园理念推广，让人们在A级景区旅游方便、舒适、安逸、卫生、安全，是一种非常先进的理念。在这个理念下创建的A级景区标准，是可以推广到世界的。这是中国旅游人对世界的贡献。

（二）景区未来的发展方向

一是以人为本。不能简单照抄标准，人的需求才是衡量标准的最高尺度。A级景区秉承中国2 000多年以人为本的造园理念，这和单纯以自然为本的思路是不一样的。A级景区吸收了尊重自然的元素，把对自然的尊重和对人的尊重有机地结合在一起，这也是A级景区标准最大的特点。

二是不能过度建设。很多景区过度规划，如本来是自然风景很好的景区，非把景区填满内容。过度规划势必带来过度建设，有的景区游客中心建到三十多米高，有的风雨桥建到五层，实为喧宾夺主。

三是尊重旅游资源的属性。一些景区为了增加收入，促使游客进行二次消费。提倡二次消费可以，但是要和景区相适应。现在部分景区都有园中园、票中票，即二次消费，实际上这种二次消费在一定程度上会导致一个完整的景区被分割，破坏了旅游资源的整体性，也影响了游客的体验感。

四是公共服务建设要合理。在景区建设中，公共服务尽管很重要，但要明确其是附属服务，不能反客为主，以公共服务建设为核心，那就失去了建设 A 级景区的意义。在尊重自然、以人为本的前提下，如何突出自己的特色，如何更好地满足游客的公共服务需求，这是景区未来要解决的一个重要问题。

总之，我国传统在于重视人的舒适度，国外则更注重自然资源的原真性。A 级景区综合了这两个方面，是一种理念创新，也是未来应坚持的。

（资料来源：戴学锋《景区未来的发展方向问题》，有删改）

说一说：

1. 我国造园理念有什么先进之处？
2. 旅游景区未来有哪些发展方向？

【思考与练习】

1. 旅游景区的基本概念体系。
2. 旅游景区的特点有哪些？
3. 旅游景区的等级划分与管理机制。
4. 旅游景区的分类体系。
5. 旅游景区管理的内容、特点、任务与方法。

第二章　旅游景区开发建设管理

【学习目的】

通过本章的学习，了解旅游景区开发的基本思想和主要模式的演进，对旅游景区可行性研究有初步认识，熟悉旅游景区规划的相关概念和基本内容，明确旅游景区开发建设的基本程序和管理内容。

【学习要点】

1. 旅游景区开发的基本思想和主要模式
2. 旅游景区开发建设的基本程序
3. 旅游景区开发项目可行性研究的目的和内容
4. 旅游景区规划的概念和内容
5. 旅游景区开发建设管理的内容

【关键词】

旅游景区开发；可行性研究；旅游景区规划；旅游景区开发管理

旅游景区管理包括行业管理和企业管理，本书主要从企业管理角度介绍旅游景区管理。从时间上说，旅游景区的管理包括前期的开发建设管理和经营运作管理。本章主要介绍旅游景区开发建设管理的基本知识。

第一节　旅游景区开发的思想和模式

一、旅游景区开发思想与模式的演变

区域旅游开发就是通过对旅游资源与市场的优化配置，为游客塑造美好的经历，为开发商创造良好的经济效益，以此来促进旅游地经济、社会的发展和保护自然环境。旅游景区生产和销售的产品就是提供给游客的一种经历，它是旅游主体（游客）和旅游客体（旅游吸引物、旅游设施、旅游服务和服务人员）角色互动的产物。旅游开发的关键是如何将旅游资源与旅游市场进行优化配置。因此，旅游景区的发展受制于旅游资源的开发程度和旅游市场的开发规模，而旅游市场拓展和旅游资源开发又必须以游客时空动态规律为重要依据。旅游景区的发展不仅要从资源供给、产品设计方面进行研究，更要从旅游市场

的需求方面进行探讨。纵观世界旅游开发的发展历程，经历了资源导向型、市场导向型、产品导向型与体验导向型等模式，体现了大众旅游开发思想、可持续旅游开发思想和体验旅游开发思想等旅游开发思想。

（1）大众旅游开发思想。

大众旅游缘于20世纪中叶，由于旅行成本的降低、生活水平的提高、交通技术的创新和度假产品的开发而带来了大规模的旅游客流。在大众旅游的发展浪潮中，资源导向型模式得到了极大的体现。

资源导向型模式以资源为核心，其开发的根本依据是所拥有的资源，不考虑或较少考虑旅游市场需求等因素。在这种模式的指导下，开发者着眼于已有的旅游资源，对旅游资源的特征和价值进行详细研究，依据资源状况确定开发旅游产品的类型。总体而言，资源导向型旅游景区开发模式的基本思想是以景区资源分析为出发点，景区发展的各种因素都来自景区本身，即旅游供给的一方，最终的规划结论主要以景区旅游资源为中心、主体、导向而推演决定。这种模式是早期景区旅游开发的模式，在一些地区旅游开发刚起步时具有较大影响。这种模式在旅游产品供不应求、旅游景区处于发展初期时起到了指导作用。但由于对市场、政策、开发配套条件等方面的考虑相对较少，在买方市场的背景下，这种模式有很大的弊端，不考虑市场需求，往往是一厢情愿的景区开发理念。

随着旅游业的进一步发展，各地都迫切意识到了发展旅游业的必要性。一些地区凭借区位和客源优势，通过人工创造旅游吸引物获得了成功，这使人们开始思考：区域旅游开发和规划真的必须从旅游资源出发吗？另外，市场经济的发展大大提高了人们的市场意识，旅游景区需要新的开发模式，市场导向型模式应运而生。市场导向型模式是根据旅游市场的需求进行开发的，其产生于旅游景区开发与规划的发展时期。它的基本思路是：从市场分析出发，针对市场需求，对旅游资源进行筛选、加工或再创造，然后设计、制作、组合成适销对路的旅游产品，并将其推向市场，基本模式为“市场—资源—产品—市场”。市场导向型模式强调旅游景区开发与规划要以市场研究为核心，以市场的需求分析为前提，相对于资源导向型模式而言，这种模式有很大的进步。

市场导向型旅游景区开发模式扩展了人们对旅游资源的认识。特别是人造旅游景点开发所获得的高经济效益，使人们意识到即使不具备先天自然风景与人文资源优势的地区，通过策划和开发适应市场需求的旅游产品，也能够获得较好的旅游收益，从而发展为重要旅游目的地。

然而，并非所有的旅游景区开发都能做到以市场为导向。有些景区规划往往不以市场导向为标签，在对旅游资源进行评估、分析时，仍然就资源论资源，缺乏对旅游资源的市场价值的评估，旅游开发的市场导向名不副实；有的景区在开发过程中对旅游市场的分析过于简单化，缺乏对目标旅游市场和市场定位的细致研究，或片面地从市场的角度去考虑景点的开发，对影响市场的环境因素分析不足，导致景区不能成功开发。

（2）可持续旅游开发思想。

可持续发展问题的研究始于1962年美国人卡逊《寂静的春天》一书的出版。经过20多年的研究，至1987年联合国世界环境与发展委员会在其著名的《布伦特兰报告》中正式提出“可持续发展”这一概念，可持续发展观受到广泛重视。旅游业的生存和发展既依赖环境，又可能破坏环境，这一事实迫使人们不得不认真思考旅游业长期发展的途径，以获得持续的经济和非经济利益。从旅游业对自然环境和文化遗产的依赖来看，旅游业是最需要贯彻可持续发展思想的产业，也是在可持续发展方面直接受益最为明显的产业。

1990 年在加拿大召开的全球可持续发展大会提出《可持续旅游发展行动战略》草案，对可持续旅游发展的概念作了阐述，即“可持续旅游发展是在保持和增强未来发展机会的同时，满足外来游客和旅游接待地区当地居民的需要，在旅游发展中维护公平，使人们在保护文化的完整性、基本生态过程、生物多样性和生命维持系统的同时，完成经济、社会和审美的需要”。其实质在于要求旅游的发展实现与自然、社会、文化、生态环境的协调，在保持和增进旅游业发展的同时，使当代人和后代人以及外来旅游者和接待地区居民的需要都能得到同等的满足。其核心是要求旅游的发展应强调公平性，包括同代人之间的公平和代际之间的公平。在可持续发展旅游景区开发建设思想的指导下，产品导向型模式开始出现。

产品导向型模式认为旅游景区开发规划的目的是创造可持续发展的旅游产品。其主要工作就是从分析、研究市场出发，对市场进行细分，确定目标市场，针对目标市场，对区域旅游资源进行筛选、加工或再创造，设计、制作、组合成适销对路的旅游产品，并通过各种营销渠道推向市场。即根据市场“导”资源，让资源的筛选、加工、再创造与市场需求相符，让资源与市场对接。产品导向型旅游景区开发模式的基本思想是针对市场需求对旅游资源进行评估、筛选和加工，然后设计、制作、组合成适销对路的旅游产品，并推向市场。这就是“市场—资源—产品—市场”循环发展的规划思路。这种模式产生于景区旅游开发与规划的成熟发展时期。产品导向型模式是从景区旅游资源状况和开发现状出发，规划开发出富有本地特色的旅游产品，并引导游客进行消费的一种开发模式。该模式与市场导向型模式相比更具主动性，偏重旅游项目和产品的创意设计，其开发规划思路即“市场 + 资源”。

（3）体验旅游开发思想。

体验旅游开发思想产生于体验经济时代。B. 约瑟夫·派恩二世（B. Joseph Pine Ⅱ）与詹姆斯·H. 吉尔摩（James H. Gilmore）在《体验经济》（*Welcome The Experience Economy*）一书中指出：体验经济是继农业经济、工业经济、服务经济之后的第四个经济发展阶段。所谓体验经济是指企业以服务为舞台，以商品为道具，以消费者为中心，为消费者创造出值得回忆的感受，使消费者融于其中的社会经济演进阶段。体验经济开发思路认为，在体验经济时代，获得旅游体验是游客的根本追求，旅游投资者提供的旅游景区产品是为了满足游客的体验需求。只有游客在景区获得了难忘的经历，投资的旅游设施、娱乐项目才能实现其价值。旅游景区开发的实质是围绕游客的体验需求，设计、开发与组合相应的旅游产品，因此体验开发模式应运而生。

这种开发模式首先是开展市场细分和确定目标市场，进行个性化体验设计。不同的游客对旅游产品的功能、特点需求会存在差异，旅游开发者必须根据对不同体验主题的认可程度将旅游总体市场划分成若干不同需求特征的细分市场；必须根据不同细分市场的特征、竞争环境、旅游企业自身的竞争能力和提供体验式旅游产品的难易程度，选择一个或多个细分市场作为目标市场，并根据这些细分市场需求建设成一个或多个体验式旅游景区，以便为其提供专业化的旅游服务。

其次是加强旅游体验产品的开发。游客的最优体验是旅游活动中产生的快乐。过去的游客是向往大自然的、缺乏经验的大众消费者，标准化的旅游产品就能够满足他们的需求。但体验是旅游主体（旅游者）与客体（旅游吸引物、设施、服务）角色互动的产物。对于进行体验旅游的游客而言，旅游产品是其出游一次所获得的全部体验。在以市场为导向的理念指导下，旅游产品并不仅仅是旅游项目这样单一的概念，而是一个包含旅游的吃、住、行、游、购、娱等，甚至包括旅游从业人员的服务质量和当地居民对游客的态度等多种影响游客旅游经历质量的全部要素的复合概念。当然，在旅游产品中，旅游项目是核心。而旅游项目策划的核心是致力于有效地组织各种资源为游客创造某种特殊的体验。但是，体验经济时代的游客寻求个性化、灵活性的服务，喜欢冒险。他们追求真实与差异，从逃避走向自我现实。这样的需求特点迫使旅游企业必须加强旅游体验产品的开发力度和深度，为游客提供量身定做的产品和服务，从而满足不同旅游市场的需求。

总之，应通过旅游体验主题化、多样化，变化同一资源的体验方式和体验层次，构建一个有价值的游客体验系统，创造出不同的体验效果，给游客留下难忘的经历和感受，使景区获得可持续发展。这种体验导向型模式其实是资源导向型、市场导向型与产品导向型开发模式的综合和创新。

体验导向型景区开发的步骤如下：提炼体验主题—策划体验项目—营造体验氛围—设计体验意境—形成体验方案。

总的来说，资源导向型、市场导向型、产品导向型与体验导向型模式是旅游景区开发与规划发展过程中不断演化的规划理念，它们是逐步演进、不断成熟和发展的（见表2－1）。

表2－1　四种旅游景区开发模式的比较

开发模式		资源导向型	市场导向型	产品导向型	体验导向型
比较项目	关注焦点	旅游资源	旅游市场	旅游产品	旅游体验
	社会背景	旅游还没成为人们生活中的重要组成部分	旅游已经成为人们生活中的重要组成部分	旅游成为人们休闲活动的首选方式	旅游成为一种生活体验
	主要思想	有什么资源就开发什么	市场需要什么就开发什么	创造可持续的旅游产品	为游客创造旅游体验
	学科基础	地理学	地理学、市场学	地理学、市场学、系统科学	地理学、市场学、系统科学、心理学、工程学
	研究方法	定性方法	定性和定量方法	系统工程方法	综合的方法
	发展阶段	起步阶段	初步发展阶段	成熟发展阶段	成熟阶段

二、不同管理体制的旅游景区开发模式

（一）政府主导的旅游景区开发模式

一般而言，风景名胜区、森林公园、自然保护区、世界遗产等资源保护类型的旅游景

区由政府主导开发管理。开发建设首先考虑的因素是旅游资源和环境保护，其次是考虑教育、为公众提供公共旅游场所、增加社区居民的休闲机会和收入、游客管理以及推动旅游的可持续发展等。

在旅游景区开发建设中，政府一般从观念、政策、法制、规划、资金和社会六个方面进行引导。具体而言，观念是指当地社区人民的观念，让社区人民相信开发旅游有助于社区的进步，这是旅游景区开发的基础和前提；在政策方面，政府通过制定科学可行的政策支持旅游景区的开发建设；在法制方面，政府主要致力于法规的制定和完善工作，并依法实施管理，营造法制环境；在规划方面，政府主要是制订和完善地区的旅游发展规划，通过科学可行的规划制订和执行来避免旅游景区开发建设的盲目性；在资金方面，主要是对重点开发的旅游景区提供资金，为旅游景区解决公共交通等基础设施，开展政府营销，提高地方知名度等；在社会方面，主要是营造健康向上的旅游发展氛围，合理开发利用资源，实施政府主导的旅游扶贫。

政府主导的旅游开发模式优劣势并存。优势具体表现在以下几个方面：

（1）有利于旅游景区资源开发权威决策的制定。

对于任何一个景区而言，旅游资源的开发必须保持生态环境的良好状态，同时应该与当地城市的总体规划保持一致，遵循局部服从整体的原则，实现合理规划与开发。因此，政府主导有利于对资源开发形式、开发时间、开发力度等作出权威决策。

（2）有利于协调部门与部门、行业与行业之间的关系。

部门与部门、行业与行业之间存在着冲突和矛盾属于正常现象，然而调解好这些矛盾（如土地权属）是政府职能部门能够而且必须做到的。政府只有解决和协调好部门与部门、行业与行业之间的关系，才能为游客的发展创造良好的环境，为游客提供更好的旅游空间。

（3）有利于社会价值的体现。

政府管理对于一个景区而言，更意味着公众利益的价值取向符合更广大人民的利益和需求。道路交通是衡量景区未来发展前景的一个标志，政府可以直接对旅游景区的基础设施建设进行投资，改善旅游景区和外界的可达性条件，缩减游客与目的地之间的空间距离，在一定程度上也缩小了旅游景区与游客之间的心理距离，能够争取更大的旅游市场。

（4）有利于旅游景区管理者素质的提高。

旅游景区的管理者是由政府有关部门委任或指派的，因此管理者必须有较高的管理能力和水平，同时必须具备相关的专业知识才能领导和组织旅游景区内的员工发挥团体的合力，为旅游业的发展共同努力，并使自己在工作实践中不断地提高自身素质。

政府主导的旅游开发模式的劣势具体表现在以下几个方面：

（1）可能导致管理上的漏洞或脱节。

由于旅游管理的法律制度并不健全和完善，可能引发管理者职权范围的纠纷，出现重复管理和管理真空的现象。管理者按章办事、按规操作，没有一定的灵活性，容易在某些环节上脱节，如旅游景区内外的环境卫生和土地利益的管理。

（2）可能混淆旅游景区的管理和经营。

管理权和经营权相互交织，政府部门难以将二者的主次和轻重分清，甚至有可能造成不必要的矛盾和纠纷，而这种矛盾和纠纷却来自对旅游景区开发的认知冲突，因此并不利于景区的综合发展。

（3）投资主体可能单一。

政府引进的投资者大多是政府本身和少数大公司或民营企业，还有银行贷款，但投资意向多为旅游景区的基础设施建设或景区的整体规划，不能突出投资者的某些想法或观点，这在一定程度上抑制了投资者的创新意识，不能体现旅游景区的特色内涵。

（4）管理者可能凭主观意志办事。

一些管理者往往注重个人利益和其任期内的眼前利益，或者好大喜功，在项目引进与管理中凭个人主观意志办事，给旅游景区的开发造成不良影响。

（二）企业主导的旅游景区开发模式

主题公园、度假区、娱乐型及休闲购物型景区等经济开发型旅游景区一般由企业主导开发管理。企业考虑的主要因素是利润，企业所希望的是游客数量、市场份额最大化及成功开拓新市场等。在企业主导的管理体制下，旅游景区的开发建设模式有以下几种形式：

（1）整体租赁经营模式。

整体租赁经营模式的特点是，旅游景区实行企业型管理，其经营主体是民营企业或民营资本占绝对主导的股份制企业。在这一模式中，旅游景区的所有权与经营权分离，开发权与保护权统一。旅游景区的所有权代表是当地政府，民营企业以整体租赁的形式获得旅游景区若干年的独家经营权；旅游景区经营企业在其租赁经营期内，既负责旅游景区资源与环境的开发，又对旅游景区资源与环境的保护负有相应责任。国内采取这种模式的旅游景区有四川的碧峰峡、海螺沟景区，重庆的芙蓉洞、金刀峡景区和广西的阳朔世外桃源景区等。

（2）非上市股份制企业经营模式。

非上市股份制企业经营模式的特点是，旅游景区实行企业型管理，其经营主体是未上市的股份制企业，包括国有股份制企业和国有与非国有参与的混合股份制企业。在这一模式中，旅游景区的所有权与经营权分离，但资源开发权与保护权统一。旅游景区的所有权代表是作为政府派出机构的景区管理委员会等，旅游景区的经营由政府委托给股份制企业；旅游景区经营企业既负责旅游景区资源的开发，又负责旅游景区资源与环境的保护。国内采取这种模式的旅游景区有浙江绍兴柯岩景区、桐庐瑶琳仙境景区，山东青岛琅琊台景区、曲阜“三孔”景区等。

（3）上市股份制企业经营模式。

上市股份制企业经营模式的特点是，旅游景区实行企业型管理，其经营主体是股份制上市公司。在这一模式中，旅游景区的所有权与经营权、资源开发权与保护权完全分离。地方政府设立景区管理委员会，作为政府的派出机构负责对旅游景区进行统一管理。旅游景区的所有权代表是景区管理委员会，经营权通过缴纳旅游景区专营权费由景区管理委员会直接委托给上市公司长期垄断；景区管理委员会负责旅游资源与环境的保护，上市公司负责旅游资源的开发利用。目前国内采取这种模式的有长白山、黄山和峨眉山等旅游景区。

（4）隶属国有企业集团的整合开发经营模式。

隶属国有企业集团的整合开发经营模式的特点是，旅游景区实行企业型管理，其经营主体是国有全资企业，但隶属于当地政府。这些旅游景区均由国有的旅游景区公司负责经营。在这一模式中，旅游景区的所有权与经营权分离，但资源开发权与保护权统一。旅游景区的所有权代表是政府，旅游经营权由国有全资的景区经营企业掌管；旅游景区经营企业既负责景区资源与环境的开发，又负责旅游景区资源的保护。这一模式的优势是能够按照旅游市场的需求，全面整合各旅游景区的资源，通过整合开发全面促进当地旅游景区的发展。国内采取这种模式的旅游景区有海南天涯海角景区，广西桂林七星岩公园景区，陕西西安华清池景区、华山景区等。

企业主导模式下，旅游景区的开发建设同样是利弊并存。企业主导模式的优势如下：

（1）政企分开给开发经营者提供了更大的创新空间。

除了在总体上要服从大局，经营项目的具体决策和操作由经营者自行运作，对于经营者而言，有了更好的创新环境，在项目的开发主题、特色等方面基本上能按照其意图来实施，使旅游服务项目更具个性，能够显现自身特色以吸引旅游者。

（2）有利于经营管理者充分发挥自己的才能。

个体经营管理，对于高层管理者而言，必须具有相当高的知识水平和业务才智，当然还要有一定的管理能力，否则，个体经营者将会被市场淘汰。正因为这种不稳定性才要求管理者必须人尽其才，为企业的发展尽职尽责，从而达到获得经济利益的目的。

（3）对于政府本身而言，这是一举两得。

除了不用参与具体的经营事务管理外，还可以得到一定的利益回报。一个旅游景区发展起来了，必将带动其他相关行业的提升，为地方的社会经济奠定发展基础。

（4）有利于扩大就业，减轻社会压力。

个体经营管理的旅游景区不仅可以按照经营者的构思布局建设，而且能够增加就业机会。这种就业的社会性作用更明显，因为景区的人员安排并不受政府部门控制，企业可以依据自己的发展需要招聘人才。

企业主导的景区开发建设模式也存在一些劣势：

（1）可能会在一定程度上忽视社会公众利益。

对于商人而言，他们首要考虑的是自己的投资项目能否获得高额回报，投资求取的主要是经济利益，而社会效益是次要的，因此具体的规划和项目开发不可能完全与社会整体或公众利益相符合，甚至会影响公众利益，如因开发影响生态环境。

（2）可能造成基层服务人员素质相对较低。

由于个体经营管理的企业人员结构较为复杂，因此往往不便于管理，在没有有效和可行的法律法规制度下，会给管理造成一定的难度。整个企业可能除了高层管理者素质较高外，一般的基层人员甚至中层管理者的知识与业务水平都较低，在一定程度上会制约企业的发展。

（3）容易造成旅游景区周围居民的心理逆差。

旅游景区内的经济繁荣直接影响到旅游景区周围居民的经济意识，然而旅游景区周围一般是贫困地区，如果当地的居民不能从景区开发中获得一定收益，就容易造成心理逆差，从而对旅游景区的经营活动产生反感。

第二节　旅游景区开发建设程序

旅游景区项目开发有一个基本过程。旅游景区的开发管理者、投资者有必要了解旅游景区项目开发建设的程序，明确每一个阶段的任务及要达到的目标。这里主要介绍我国旅游景区开发建设的程序。基于管理体制改革及其他原因，虽然这些程序也是在变化的，但基本的思路相似。

一、旅游景区开发项目策划阶段

开发旅游景区前需要做一些策划规划的基础准备，这些工作是开发者或投资者的市场行为，不是项目审批规定的工作内容。策划阶段所要做的工作包括总体规划的编制和详细旅游景区开发项目的策划论证、规划的编制等。当然这些工作的开展是建立在旅游景区选址调研、旅游资源调研、投资环境调研、旅游市场调研和开发条件调研的基础上的。

1．旅游景区开发项目的策划论证

旅游景区策划是通过创造性思维，整合旅游景区各种要素，调查分析旅游市场现状，提出符合市场需要的产品组合，并对其付诸实施的可行性进行系统论证的整体谋划。

策划阶段的主要任务是对旅游景区项目的开发方向及主要内容进行思路性创新，对项目区域所处的态势进行评估，形成对景区主题定位、产品内容、商业模式、文化品牌、服务特色等综合内容的“顶层设计”，以达到景区项目用地的最佳利用效果，确定项目建设方向。

策划论证阶段所要做的主要工作包括：一是旅游景区选址调查。确定旅游景区建设的区位，明确使用的土地范围。二是旅游景区主题的定位。首先根据旅游市场和市场的需求发展趋势，以及对自然旅游资源、人文旅游资源的研究，来确定旅游产品的定位。其次是确定旅游景区文化定位。文化是旅游景区发展的灵魂，文化产品的挖掘和展示方法是策划的核心。三是景区功能布局。按照旅游六要素，进行生产力要素配置与布局，进行游憩功能结构设计与空间布局设计。四是对开发项目进行调查和市场定位。旅游市场的特殊性，决定了它与其他行业的市场不同，必须对旅游市场进行专业的调查与研究。五是对游憩方式和景观概念进行策划。设计整个系统的诸如观赏线路、游乐内容、故事编撰、场景布置、体验方式等综合游憩模式，策划标志性建筑与风格规范、植物造景、园林景观、功能建筑。六是商业模式设计。包括收入结构设计、营销模式设计、品牌策划、形象设计、管理模式设计、人力资源开发策划、投资预估、融资策划、财务评价、商业模式整合等。七是项目实施计划。对项目投资运作进行目标任务分项，形成具体业务顺序的工作计划。八是策划图件。包括区位分析图、市场分析图、现状分析图、功能分区示意图、项目布局示意图、道路交通与游览线安排示意图、重点项目与标志性景观及重要节点景观效果图等。

旅游景区策划的特殊性主要表现在三个方面：一是对旅游资源的调查、评价和把握，是旅游策划的基础；二是对旅游产品体系的策划，是旅游策划的难点；三是对旅游市场的研究，是旅游策划成功的关键。实际上，这些策划内容和工作过程是相互联系、相互制约的，必须综合分析这些问题。

旅游景区开发项目策划论证的目的是明确项目的定位，使项目开发有科学依据，减小盲目性和投资风险。同时，通过这些基础工作来指导旅游景区总体规划、详细规划的编制。

2. 旅游景区规划的编制

按规划层次可将旅游景区规划分为总体规划、控制性详细规划、修建性详细规划。

（1）旅游景区总体规划的编制。

在旅游景区开发、建设之前，原则上需要编制旅游景区的总体规划，以达到旅游景区项目开发与地区旅游以及其他相关发展规划相协调。

旅游景区总体规划的任务，是分析旅游景区客源市场，确定旅游景区的主题形象，划定旅游景区的用地范围及空间布局，安排旅游景区基础设施建设内容，提出开发措施，并根据需要对项目用地的远景作出轮廓性的安排。对于旅游景区项目用地近期的开发布局和主要建设项目亦应作出近期行动规划。通过对项目用地的总体规划，确定旅游景区项目的定性定位、功能布局、配套设施和分期建设等，成为指导详细规划的重要文本。

（2）旅游景区详细规划的编制。

在旅游景区总体规划的指导下，为了近期开发建设的需要，编制详细规划。详细规划分为控制性详细规划和修建性详细规划。

旅游景区控制性详细规划的主要任务是以总体规划为依据，详细规定景区内建设用地的各项控制指标和其他规划管理要求，为景区内一切开发建设活动提供指导。

旅游景区修建性详细规划的主要任务是在总体规划或控制性详细规划的基础上进一步深化和细化，用以指导各项建筑和工程设施的设计与施工。

二、旅游景区开发项目决策阶段

旅游景区开发项目决策阶段所要做的工作包括编写项目建议书、编制可行性研究报告并申报立项，再进入项目准备和实施阶段。

1. 编写项目建议书

项目建议书是指申请建设某一具体项目的建议文件，是基本建设程序中最初阶段的工作，是投资决策前对拟建项目的轮廓性设想。项目建议书的内容是对拟建设项目进行推荐性初步说明，论述项目建设的必要性、条件的可行性和获得的可能性，以供项目管理部门进行选择，并确定是否进行下一步的工作。旅游景区开发项目建议书内容一般包括以下六个方面：一是拟建项目的必要性和依据；二是拟建项目内容、规模和选址设想；三是拟建项目的资源情况、建设条件和协作关系；四是拟建项目投资估算和资金筹措设想；五是拟建项目建设的进度安排；六是拟建项目的经济效益、社会效益、环境效益的初步估计，重点是财务评价。

旅游景区项目建议书形式并不固定，可以是研究报告形式，也可以是表格形式。在表达上要求简明扼要，重点突出，层次分明，避免烦琐。项目建议书报经有审批权限的部门批准后，可以进行深入的可行性研究工作，但并不表明项目非上不可，项目建议书不是景区项目的最终决策文件。

旅游景区项目建议书的审批程序大体如下：首先，项目建议书由项目建议单位通过其主管部门报行业归口主管部门，行业归口主管部门提出项目审查意见，并主要从资金来源、建设布局、资源合理利用、经济合理性、技术可行性等方面进行初审。目前，我国风景名胜区、森林公园和自然保护区等的归口主管部门是自然资源管理部门，一般风景区、度假区、主题公园等的归口主管部门是文化与旅游管理部门。另外，发展改革部门参考行业归口主管部门的意见，并根据国家规定的分级审批权限负责审、报批。凡行业归口主管部门初审未通过的项目，发展改革部门不予审、报批。

2. 编制可行性研究报告并申报立项

（1）开展可行性研究。

旅游景区开发项目建议书一经批准，即可着手进行可行性研究。可行性研究需要对项目建设到经营的全过程进行调查分析，评价其可行性，它是项目建设前期工作中最重要的内容，其目的是回答项目是否有必要建设，是否可能建设和如何进行建设的问题，其结论为投资者的最终决策提供直接的依据。因此，凡大中型项目及国家有要求的项目都要进行可行性研究，其他项目有条件的话也要进行可行性研究。

（2）编制可行性研究报告。

可行性研究报告是确定建设项目、编制设计文件和项目最终决策的重要依据。要求编制的可行性研究报告必须具备相当的深度和准确度。旅游景区可行性研究报告将成为旅游景区项目立项和融资的重要依据。

（3）项目的立项批文。

可行性研究报告完成后，进入项目的立项批文阶段。立项报批后，必须在相应部门批文后方可进行后续操作。然后编制设计计划任务书，报相关职能部门审批。

3. 项目准备和实施阶段

经过项目立项报批之后，旅游景区开发项目进入准备和实施阶段。

根据规定，在准备阶段应按照用地基本需要和特殊用途对用地进行工程地质勘察，对建设项目进行初步设计、施工图设计、编制工程预算。进入实施阶段后，要办理建设用地许可证和建设工程规划许可证并进行建设项目的招投标管理、领取建筑工程施工许可证，进行施工、监理、竣工验收和项目后评价等。

经过以上开发建设程序，一个旅游景区项目的开发建设才得以完成。应该说，每一个程序都应依照相关法律法规进行，国家职能部门也要依据法律法规来实施管理。旅游景区项目的开发建设工作应该按程序进行，必须严格遵循相关的技术规范和标准要求。

第三节　旅游景区项目可行性研究和规划

一、旅游景区项目可行性研究

（一）可行性研究的概念

可行性研究是指在调查的基础上，通过市场分析、技术分析、财务分析，对投资项目的技术可行性、条件可能性与经济合理性进行综合评价研究的方法。即在投资决策前，需要调查、研究和拟建设与项目有关的自然、社会、经济、工程技术资料，分析、比较可能实施的投资建设方案和技术方案，预测、评价项目建成后的社会、经济、环境效益，并在此基础上，综合该项目投资建设的必要性、财务方面的盈利性、经济方面的合理性、技术方面的先进性和适用性，以及开发条件方面的可能性和可行性，从而为投资决策提供科学依据。

旅游景区项目可行性研究是指在景区项目投资决策之前对该项目进行评估，从而确定该景区项目是否可行的一系列相关调查分析和预测评价方法。它包括了对景区项目选址、旅游资源、功能布局和产品方案、应用技术和主要设备方案、景区管理的组织机构与人力资源配置、旅游市场等的评价，还包括投资估算和融资分析，社会效益、环境效益和经济效益分析，项目不确定性分析，风险分析，可行性的综合评价，等等。

（二）旅游景区项目可行性研究的内容

旅游景区可行性研究包括如下基本内容：

（1）确定旅游景区开发建设的目的。

旅游景区可行性研究的本质就是看旅游景区的投资能否达到预期目的，因此，可行性研究的第一步就是明确开发建设的目的。有的旅游景区项目是以营利为目的的，有的则是为了丰富本地区的社会文化活动，具有公益性质。

（2）分析旅游景区资源状况。

旅游资源分析主要是针对资源赋存、类型、特色、分布等要素的分析。旅游资源数量越多、类型越丰富和越独特、分布越集中、组合状况越好，所具备的开发潜力就越大。可以参照国家标准《旅游资源分类、调查与评价》进行景区旅游资源的评价。

（3）分析客源市场。

分析旅游客源市场主要考虑四个方面的问题：目标市场、客流量、主要客源地及出游时间。客源市场的需求是景区开发方向的重要依据。

（4）分析投资环境及建设环境。

分析旅游景区所在地的自然条件、基础设施条件、宏观经济状况、金融开放度、法制环境、政府对旅游景区项目建设的优惠和限制政策、技术支持情况等。

（5）研究和分析旅游景区的开发周期。

旅游景区项目的开发建设，是一次性建设还是分阶段建设，取决于旅游资源的状况和开发规模的大小。分阶段建设有利于提高资金的使用效果，并能针对开发过程中出现的问题及市场需求变化对项目加以调整。

（6）估算投资、筹措资金及安排进度。

主要是对旅游景区建设项目投资进行估算，并提出资金筹措方案、计划工期以及工作进度安排。

（7）分析环境影响及生态效益。

主要是通过对环境质量现状的调查，对项目建设的环境影响和生态效益进行分析，并提出本项目的实施对生态环境影响的综合评估。

（8）分析社会效益。

主要是从积极的社会影响和消极的社会影响两个方面对旅游景区建设项目的社会效益作出评估。

（9）经济效益评价。

主要考虑旅游景区建设项目总成本、单位成本；项目总收入，包括销售收入和其他收入；财务内部收益率、财务净现值、投资回收期、贷款偿还期、盈亏平衡点等指标；经济内部收益率、经济净现值、经济换汇成本等指标。另外，还需进行敏感性分析和风险分析。

（10）可行性研究结论与建议。

根据前面的研究分析，对旅游景区项目在技术上、经济上进行综合评价，对建设方案进行总结，提出结论性意见（是“可行”还是“不可行”）和建议（对可行性研究中尚未解决的主要问题提出解决办法和建议；对不可行的项目提出不可行的主要问题及处理意见）。

二、旅游景区项目规划

（一）旅游景区规划的概念

“规划”一词通常有两种含义：一是指刻意去实现某种任务；二是指为实现某些任务把各种行动纳入某些有条理的顺序中。这两种解释，一种是说规划的内容，一种是说规划是一个过程。

由规划的概念可引申出旅游规划的概念：旅游规划是指对未来旅游发展的构想和安排，以追求最佳的经济效益、社会效益和环境效益的过程。国内外学者对旅游规划给出了许多不同的定义。如 Getz 对旅游规划的定义是：在调查研究和评价的基础上寻求旅游业对人类福利及环境质量的最优贡献的过程。学者马勇从旅游系统的视角出发，认为旅游规划是指在旅游系统要素发展现状调查评价的基础上，针对旅游系统的属性、特色和发展规律，并根据社会、经济和文化发展的趋势，以综合协调旅游系统的总体布局、系统内容要素和功能结构以及旅游系统与外部系统发展为目的的战略策划和具体实施。

旅游景区规划即是关于旅游景区发展的构想和安排。《旅游规划通则》（GB/T 18971—2003）中将“旅游景区规划”定义为：“旅游景区规划是指为了保护、开发、利用和经营管理旅游景区，使其发挥多种功能和作用而进行的各项旅游要素的统筹部署与具体安排。”

（二）旅游景区规划的任务和期限

1. 旅游景区规划的任务

（1）旅游景区规划确定景区性质、发展方向和旅游产品开发的蓝图。

旅游景区规划首先要确定其性质和发展方向，对该景区的主题形象和产品结构进行分析与说明，根据市场来规划设计富有竞争力的旅游产品，为旅游景区的开发提供指导。

（2）旅游景区规划集聚和提升旅游资源吸引力。

通过规划，对先天的旅游资源本身的“美、古、名、奇、特、用”等吸引因素进行挖掘、加以修饰，突显其个性特征，也构思新的旅游资源，从而集聚和提升旅游资源的吸引力。

（3）旅游景区规划确立旅游市场与旅游目的地关系。

旅游景区规划还确定了旅游目标市场和营销方案。一个良好的旅游景区规划必须注重区域各要素的协调，还要考虑良好的可进入性，以保证旅游规模和开发深度。切实可行的规划能将旅游景区的旅游资源、旅游产品及配套要素与旅游市场需求很好地衔接起来。

（4）旅游景区规划安排景区与地方的关系，确立提升综合效益的办法。

旅游景区规划要充分考虑经济、社会和生态环境三大效益的协调发展，考虑旅游景区与各利益相关者的关系，指导旅游景区的开发建设、经营管理，从而实现目标。

总之，旅游景区规划是旅游景区发展的综合性技术蓝图，是指导旅游景区有序发展和可持续发展的文件。

2. 旅游景区规划的期限

旅游景区总体规划是对旅游景区的总体发展构想和开发布局作出的整体安排。其主要任务是分析旅游景区的客源市场，确定旅游景区的主题形象，划定旅游景区的用地范围及功能分区，安排旅游景区基础设施建设内容，提出开发措施等。

旅游景区总体规划的期限一般为 10 ~ 20 年，还可以根据需要对旅游景区的远景发展作出轮廓性的部署。对于旅游景区近期的发展布局和主要建设项目，亦应作出近期规划，近期规划的期限一般为 3 ~ 5 年。

（三）旅游景区规划的主要内容

《旅游规划通则》对我国旅游景区总体规划、控制性详细规划、修建性详细规划的主要内容提出了指导性意见。

1. 旅游景区总体规划的主要内容

（1）对旅游景区的客源市场的需求总量、地域结构、消费结构等进行全面分析与预测。

（2）界定旅游景区范围，进行现状调查和分析，对旅游资源进行科学评价。

（3）确定旅游景区的性质和主题形象。

（4）规划旅游景区的功能分区和土地利用，提出规划期内的旅游容量。

（5）规划旅游景区对外交通系统的布局和主要交通设施的规模、位置；规划旅游景区内部道路系统的走向、断面和交叉形式。

（6）规划旅游景区的景观系统和绿地系统的总体布局。

（7）规划旅游景区基础设施、服务设施和附属设施的总体布局。

（8）规划旅游景区的防灾系统和安全系统的总体布局。

（9）研究并确定旅游景区资源的保护范围和保护措施。

（10）规划旅游景区的环境和卫生系统布局，提出防止和治理污染的措施。

（11）提出旅游景区近期建设规划，进行重点项目策划。

（12）提出总体规划的实施步骤、措施和方法，以及规划、建设、运营中的管理意见。

（13）对旅游景区开发建设进行总体投资分析。

2. 旅游景区控制性详细规划的主要内容

旅游景区控制性详细规划划定了规划范围内各类不同性质用地的界线；规定了各类用地内适建、不适建或者有条件地允许建设的建筑类型；分地块规定建筑高度、建筑密度、容积率、绿地率等控制指标，并根据各类用地的性质增加其他必要的控制指标；规定交通出入口方位、停车泊位、建筑后退红线、建筑间距等的要求；提出对各地块的建筑体量、尺度、色彩、风格等的要求；确定各级道路的红线位置、控制点坐标和标高。

旅游景区控制性详细规划的任务是：详细规定区内建设用地的各项控制指标和其他规划管理要求，为区内一切开发建设活动提供指导。

3. 旅游景区修建性详细规划的主要内容

对于旅游景区项目用地当前要建设的地段，应编制修建性详细规划。旅游景区修建性详细规划的主要内容有综合现状与建设条件分析、用地布局、景观系统规划设计、道路交通系统规划设计、绿地系统规划设计、旅游服务设施及附属设施系统规划设计、工程管线系统规划设计、竖向规划设计、环境保护和环境卫生系统规划设计等。

旅游景区修建性详细规划的任务是：在总体规划或控制性详细规划的基础上，进一步深化和细化规划内容，用以指导各项建筑和工程设施的设计与施工。

第四节　旅游景区开发建设管理

在旅游景区开发建设阶段，对旅游景区的旅游资源和环境、人力资源、物资资源、项目资金、项目进度、工程质量及开业筹备等进行科学管理，是旅游景区进行正式经营的前序工作。开发建设阶段的管理会直接影响到旅游景区的经营活动，因此，必须抓好这个阶段的各项管理工作。

一、旅游资源和环境管理

对旅游景区资源和环境的管理是旅游景区可持续发展的根本，贯穿于旅游景区开发建设与运营的始终。旅游资源是旅游景区开发的载体，环境是旅游景区可持续发展的基石，也是重要的旅游资源。对于旅游资源应该秉承“保护第一，开发第二，永续利用”的方针，分期、科学地开发。在旅游景区开发过程中应遵守法律法规，对旅游景区的资源和环境按照有关资源与环境保护的法律法规进行严格管理，不对旅游景区进行破坏性开发。旅游景区的排污排水系统、垃圾处理系统等都要符合生态规律，保持旅游景区建设的协调性。建立规章制度，对环境容量进行测算和限制，制定措施缓解高峰客流量，以减少对旅游资源和环境的破坏。

二、人力资源管理

在旅游景区开发阶段实施人力资源管理职权的是项目经理。项目经理负责项目成员的选择、考核、聘任、奖惩、调配、指挥、辞退，必须在有关政策和规定的范围内选用或辞退劳务人员。

旅游景区建设牵涉的领域范围很广，如建筑、园林、环境、安防、电力、通信、水利等，必须妥善处理好各方面施工人员和技术人员之间的关系，努力保证景区建设工程进展顺利。

三、物资资源管理

物资资源的管理主要是指对建设材料的有效利用及管理。旅游景区开发项目工程中所需要的材料很多，包括建筑材料、园艺材料、铺设停车场和道路材料、输送水和煤气的管道、电缆、景区内的路标和垃圾箱、智慧景区建设相关的设备和材料，以及其他材料等。

如果对这些材料管理不善，会造成浪费和成本的增加，甚至会导致物资失窃和变质，从而影响工程的进度。

四、项目资金管理

旅游景区开发项目的资金一般采用专款专用的管理方式，指定专门的财务人员进行管理。项目资金一般包括施工设计费、建筑材料采购费、施工人员劳务费、设备采购及安装费、管线安装费、园林绿化费、施工监理费、环境保护费、土地使用费、税费、管理费及其他费用等。项目经理应该做好资金的合理安排，资金调配要及时，随时做好资金的盘查工作，对不能及时到位的资金早作安排，不能因资金短缺或周转困难而延误工期。

五、项目进度管理

项目进度的管理即项目的工期管理。在对旅游景区的项目工程进行管理时，时间是一种特殊的资源。按时、保质地完成项目是每一位项目经理最希望做到的，但工期拖延的情况时有发生。因而，合理地安排项目时间是项目管理中的一项关键内容，它的目的是合理分配资源，达到最佳工作效率，保证按时完成项目。

项目进度管理的主要工作包括定义项目活动、任务，明确活动排序、每项活动的合理工期估算，制订完整的项目进度计划、资源共享分配计划，监控项目进度等内容。

六、工程质量管理

项目工程施工的高质量是项目工程追求的最终目标，监理部门要按照国家规定的施工质量标准进行监控。一般而言，质量标准是在资源、时间和预算得到保障的前提下才能得到保证的。因此，项目管理人员要做好资源的供应把关、时间进度的合理安排和资金的供应等方面的工作，并做好质量控制，保证旅游景区的建造符合设计要求，建设出高质量的、具有吸引力的旅游景区。

七、开业筹备与开业管理

开业是旅游景区筹建的最后一项工作，也是旅游景区开始经营管理的标志。旅游景区开业前的筹备工作是一个系统工程，包括营销策划、社会公关、价格机制的制定、各个岗位人员的安置等工作。旅游景区开业的营销策划特别重要，这是旅游景区营销的开始，好的开始能给旅游景区带来源源不断的客源和良好的口碑。

（1）成立筹备小组，专职事前各项活动的落实。

如向有关单位申请占道证，了解开业当天的天气情况；落实出席庆典仪式的宾客名单；联系新闻媒体；拟好周密的典礼议程；落实安全保障；确定有关讲话稿；确定开业剪彩仪式宣传标语；落实音响、乐队、照明、摄像、多媒体、网络、直播等；落实礼仪接待人员；落实典礼活动的应急措施；布设剪彩区、表演区、迎宾区和周边环境等现场的设备和环境。

（2）对开业典礼工作日程和议程进行合理安排。

要特别重视现场的维护工作，如成员准时到场、现场秩序维护、礼仪接待等。开业典礼仪式议程一般包括：介绍领导和来宾，宣布仪式开始；宣读相关文件；揭牌授牌；嘉宾或领导讲话；剪彩；游园等。同时，要利用开业典礼做好促销活动，强化形象认知。总之，开业形式多种多样，需要精心策划。

【本章小结】

旅游景区开发有资源导向型、市场导向型、产品导向型、体验导向型几种模式。在政府主导体制和企业主导体制下，旅游景区的开发各有利弊。旅游景区开发建设需要经历策划、规划、可行性研究、决策及实施等阶段。可行性研究需要遵循全面性、科学性、宏微观经济效益一致、三大效益统一等原则。旅游景区规划包括了总体规划、控制性详细规划和修建性详细规划。本章最后简要介绍了旅游景区开发建设管理的内容，包括旅游资源和环境管理、人力资源管理、物资资源管理、项目资金管理、项目进度管理、工程质量管理、开业筹备与开业管理。

【拓展阅读】

乌镇景区人文旅游资源的开发利用与保护

（一）乌镇景区开发状况

乌镇景区已不是单纯的“观光游”景区，而是一个集观光、休闲度假、商务会展于一体的国际化的旅游目的地。目前，乌镇景区以“历史街区再利用”的理念，提出了打造可以居住和生活的“古镇社区”。乌镇景区采用的电力、自来水、天然气、垃圾处理、消防管理、环境整治等城镇配套甚至超越了现代小区的居住要求，但内部装饰仍保持古镇特色。这些做法使得古镇在保护理念和实践上大大提高，一改老建筑“只能看不能住”的窘境，使传统与现代、旅游与生活实现了较为完美的融合。

通过恢复传统产品作坊的生产，借助场馆展现传统生活方式；举办专题展览；向闲置的传统建筑注入新的功能；利用历史遗存，恢复历史人文环境，营造气氛；利用原有厅堂改造成小型旅馆或特色酒店等，实现了对乌镇西栅古镇的再利用。整体上创建了一个食宿游购娱逐渐完备的新型“古镇社区”，对历史街区功能的重新焕发进行了独特而又创新的实践。

但这一过程中也存在一些开发问题，如为了在开发以后保持较好的整体性，拆除了原有的一些建筑，这虽然使整个街道变得相对规范和统一，但也对不少原汁原味的老建筑造成了破坏；在景区开发之初是本着保护开发为起点进行的，但在开发的过程中，为了更多地融入休闲、度假元素，出现了开发理念的偏离。

（二）乌镇旅游开发中对古建筑的保护措施

一是减少对原有古建筑的破坏。保护原有的古建筑是乌镇景区旅游开发的前提，没有了原有的古建筑，也就会丧失对游客最大的吸引力。毕竟大部分的游客都是冲着古镇能带来与现代城市截然不同的感受而来的，如果游客完全体会不到古镇与现代城市的不同，也就失去了前来游玩的兴趣。因此在开发的过程中，应尽可能地保留原有古建筑资源，不应该受商业利益的诱惑而破坏它们，否则会造成釜底抽薪般的不良影响。在整个旅游开发过程中，都不应破坏原有的老房屋、有年代感的建筑，应尽可能在保护的情况下合理开发。

二是开发理念的纠正。乌镇景区开发的初衷是正确的，通过旅游开发途径来保护古建筑、老街。通过旅游开发，将乌镇的美丽风景展现在游客眼前，通过优质的管理和对整个古镇环境的保护，使乌镇名声大噪，成为非常具有特色的水乡古镇，吸引来自全国各地的游客乃至一些外国友人。随着时间的推移，管理模式中的一些弊端也开始展现，过多的商店开设已开始影响古镇在游客心目中的良好形象。这一点在女红街是最为明显的，沿街过多的商店，给游客的感觉已和有些商业街类似了。虽然景区商店管理一直以“一店一品”的制度来避免过度商业化，但是过多的各种类型的商店给游客的感觉还是与想象中那种古色古香的古镇有较大的出入。这种过度商业化在短时间内可以带来一定的收益，却不是一个长久的发展之道。目前乌镇这一现象虽然还不明显，但是有必要针对这一可能出现的问题进行预防，加强对商店的整体管理，避免过度商业化。

三是实施预见性保护。孟子有一句谚语说得好，即“没有规矩不成方圆”，现在这句话也适用于很多地方。再好的设想，再充足的准备，都是需要有一个制度来作为基本保障的。在景区的开发过程中，公司应该制定一个完善可行的关于古建筑资源保护开发和修缮的制度，不仅要对已破损的古建筑作出修缮规定，对还未出现破损但有破损倾向的古建筑进行保护性修复，同时也需要作出相关的规定。通过这个制度来完善原有的修缮、修复体系，以期更好地保护古建筑资源。俗话说得好，“光说不练假把式”，有了合适的修缮、修复制度后，执行也是很重要的，不然再好的制度也是白搭。现在很多修缮、保护制度都会在执行中遇到问题，虽然是这样，但是古建筑资源的保护是至关重要的，马虎不得。因此在执行的过程中需要全员参与制度的执行，执行中发现问题则应该及时作出改正，让这个制度为更好地保护古建筑资源作出应有的贡献，让景区尽可能保持最原始的样貌，保护这个吸引游客前来的基础，才能让景区更好地发展。

（资料来源：罗梦贞、张建英《浅析古镇景区人文旅游资源的开发利用与保护——以乌镇景区古建筑资源为例》，有删改）

说一说：

1. 乌镇景区是如何进行人文旅游资源开发的？
2. 乌镇景区在人文旅游资源开发中存在哪些问题？
3. 乌镇景区在人文旅游资源开发中是如何实现对古建筑的保护的？

【思考与练习】

1. 简述旅游景区开发的基本思想和主要模式。
2. 旅游景区开发建设的基本程序有哪些？
3. 简述旅游景区开发项目可行性研究的内容。
4. 旅游景区规划的概念和内容是什么？
5. 概述旅游景区开发建设管理的内容。

第三章　旅游景区战略管理

【学习目的】

通过本章的学习，了解旅游景区战略管理的重要性以及战略环境的分析方法，熟悉旅游景区战略管理的内容，掌握旅游景区经营战略制定、实施与评价的过程。

【学习要点】

1. 旅游景区战略管理的基本概念
2. 旅游景区战略管理的内容
3. 旅游景区战略环境分析
4. 旅游景区战略管理的过程

【关键词】

旅游景区战略环境；旅游景区战略管理

旅游景区管理首先是战略管理，这里主要指经营战略。谋划旅游景区的发展不能只看眼前，需要站在全局角度，从长计议，系统性地思考并制定发展战略，然后实施战略管理，即根据旅游景区内外部环境分析可获得的资源状况，整体谋划和实施实现旅游景区未来总体目标的行动方针。

第一节　旅游景区战略管理

一、战略及相关概念

首先要明确战略及几个相关的概念。

（1）战略。

战略原本是一个军事术语，“战”指战斗、战争，“略”指谋略、策略。许多人对战略下过定义，如毛泽东主席指出“战略问题是研究战争全局的规律的东西”。随着社会发展，战略已不局限于军事领域，而成为各个领域中常见的一个词语。法国战略思想家博福尔在其著作《战略绪论》中将战略定义为：“战略是一种用来达到目的的手段，是一种运用力量的艺术，以使力量对于政策目标的达成可以作出最有效的贡献。”美国哈佛大学教授安德鲁斯认为：“战略是目标、意图或目的，以及为达到这些目的而制定的主要方针和计划的一种模式。这种模式界定着企业正在从事或者应该从事的经营业务，以及界定着企业所属于的或应属于的经营类型。”

总的来说，战略是组织对达到长期目标及达到目标的途径和手段的总体谋划。战略研究的对象是“目标—手段—资源”三者之间的关系，寻求战略目标、实现手段和所需资源的最佳组合，即全局性问题。

（2）战略管理。

美国战略学家安索夫认为战略管理可以分为两大类：企业总体战略和经营战略。企业总体战略考虑的是企业应该选择哪种类型的经营业务；经营战略考虑的是企业一旦选定了某种类型的经营业务后，确定应该如何在这一领域进行竞争或运行。总体上看，战略管理是指组织根据内外部环境分析可获得的资源状况，是一个为实现未来战略目标而进行总体谋划和实施的动态管理过程。战略管理具有全局性、长远性和系统性等特点。

（3）战略与战术。

战略与战术是经常用到的一对相关概念。二者既有区别，又有联系。战略是指企业为达到长期的经营目标所进行的总体谋划，而战术则是指为达到战略目标所采取的具体行动。由此可知，战略和战术主要是总体与局部的关系，战略要高于战术。

（4）战略与规划、计划。

从广义上讲，战略、规划、计划都是对未来的筹划，也可通称为计划。

从实施的范围来看，战略是全面的，规划和计划可以是全面的，也可以是局部的；从实施的时间来看，战略是长期的，规划一般是中期的，也可以是长期的，计划则是短期的；从实施的内容来看，战略是原则性的，规划是轮廓性的或粗线条的，计划是细线条的；从实施的方法来看，战略以定性为主，规划是定性与定量并重，计划则以定量为主。

（5）旅游景区战略管理。

旅游景区战略管理是景区管理者对经营战略谋划及执行而实施的动态管理活动。战略管理是旅游景区管理的一项重要内容，它在宏观层次上决定了景区的发展方向。战略一旦制定，短期内不会改变，并要控制好战略方针的落实。旅游行业竞争激烈，行业如同战场，旅游景区还必须利用营销、财务和人力资源等管理原理来制订一系列具体方案实施管理，以增强市场竞争力。

二、旅游景区战略管理内容

旅游景区战略管理主要包括以下几方面内容：

（1）勾画旅游景区的远景目标。

远景目标勾勒出了旅游景区的发展蓝图，体现着旅游景区的经营宗旨。它把旅游景区的未来纳入现在的视野，可以使旅游景区成员更关心旅游景区的长期发展，并要求旅游景区领导者认清目前资源条件与远景目标之间的差距。这个目标一经确立，旅游景区领导者就必须系统地考虑如何缩小这种差距，以便在旅游景区的资源与外部环境之间建立起适应关系。另外，设定远景目标本身就是一种积极的管理过程，这一过程包括：将旅游景区成员的注意力集中到成功的关键要素上；旅游景区成员在经营哲学的基础上相互沟通，并从中获益。

（2）确立旅游景区的市场定位。

所谓市场定位，就是要明确企业的目标客户，认清他们的需求，以及企业能够从哪些方面来满足这些需求，即明确企业在客户的“心理位置”。在旅游景区与外部环境的关系中，旅游景区选择哪些游客作为目标游客，提供怎样的产品来满足目标游客的需求，这是一个根本性的问题。旅游景区只有充分考虑到目标游客的特点，针对他们的某种需求不断推出新产品或新服务，才可能形成自己的经营特色，才可能在未来的竞争中立于不败之地。把市场定位作为旅游景区战略的一项内容，意味着必须坚持游客导向，把游客利益贯穿于全部的经营活动之中。

（3）显现旅游景区的竞争优势。

在整个旅游市场中，旅游景区应根据自身产品类型和产品特色、旅游景区形象等分析自身的竞争态势，比较周边景区的现实竞争者、潜在竞争者，明确自身竞争地位等，从而明确自身的竞争优势，为确定旅游景区经营战略提供依据。依托自身的竞争优势，显现旅游景区的竞争地位。

（4）谋划远景目标的具体计划。

旅游景区要从目前状态走向远景目标还要周密地计划各项工作。远景目标需要被展开为一组阶段性目标，再被分解为部门乃至具体岗位的工作目标，这样员工才能看清当前的工作与旅游景区战略之间的关系。没有阶段性目标，远景目标就变成了空洞的设想。在编制计划的过程中，可以将各种可行的方案进行相互比较，抛弃不切实际的设想。另外，战略决策通常是在信息不充分的情况下制定的，旅游景区的外部环境中包含了相当一部分不确定的因素，而通过编制和落实具体计划，这些不确定性因素的影响将被限制在最小范围内。

第二节　旅游景区战略管理过程

旅游景区战略管理是一个系统化、连续性的过程管理，每一个环节都互相牵连。它包括战略的制定、战略的选择和战略的实施与监控三个阶段。

一、战略制定阶段

（一）旅游景区战略环境分析

旅游景区战略管理的第一步是环境分析。环境分析有利于旅游景区在管理过程中更详细地了解自己所处的环境，既包括旅游景区的外部环境，也包括旅游景区的内部条件。通过环境分析可以了解旅游景区所面临的竞争状况和可能出现的问题。

1. 外部环境分析

旅游景区外部环境分析可以从宏观环境和微观环境这两个层面去解读。宏观环境是大环境，包含诸多因素，如政治法律因素、经济因素、社会文化因素、技术与自然环境因素等。这些因素不仅影响旅游景区本身，而且影响同行业中的其他旅游景区。毫无疑问，这些因素是日积月累、多方作用的结果，是单个旅游景区所不能控制的。因此，需要在宏观环境下制定和实施适当的战略。微观环境是小环境，指每天都与旅游景区发生相互作用的环境，有时候微观环境甚至比宏观环境还重要。微观环境的任何变化都会对旅游景区产生迅速甚至显著的影响。对于大多数旅游景区而言，微观环境构成了行业和市场的竞争环境。

（1）宏观环境分析。

旅游景区宏观环境分析的目的在于了解旅游景区所处的大环境，通常从政治法律因素、经济因素、社会文化因素、技术与自然环境因素等方面来进行分析。

第一，政治法律因素。

政治法律因素是指对旅游景区经营活动具有现存的潜在作用与影响的政治力量，还包括对旅游景区经营活动加以限制和要求的法律、法规等。这一因素从根本上决定了旅游景区生存发展的方向。具体而言，政治因素分析包括分析所在地区的政局状况以及政策的连续性和稳定性。政局状况影响很大，如战争、恐怖活动等对旅游的影响是显而易见的。政策包括产业政策、税收政策、补贴政策等。政策因素的影响是比较复杂的，有些政府行为对旅游景区有着指导作用和积极影响，有的则会产生限制性的作用。旅游景区要想在社会中生存发展，必须遵守这些法律和法规，并且要在现有条件下充分利用这些制度。

第二，经济因素。

经济因素决定着旅游景区的发展速度和程度。从宏观上来说，经济因素包括通货膨胀、就业情况、外汇储备及经济发展情况；从微观上来说，经济因素偏重于个人可支配收入。一般而言，在宏观经济大发展的情况下，市场扩大，需求增加，旅游发展的机会就多。反之，在宏观经济低速发展或停滞甚至倒退的情况下，旅游需求的增长很慢，发展的机会也就较少。个人可支配收入的增长一直是促进旅游发展的重要动力之一。良好的经济状况是旅游发展的坚实基础。另外，汇率变化对国际旅游也会产生重要影响。

第三，社会文化因素。

社会文化因素对旅游景区的发展有着深刻的影响。社会文化因素是旅游客源地与旅游目的地双重社会文化的综合，涵盖游客和旅游景区的社会文化，包括社会习俗、宗教信仰、社会道德观念、社会公众的价值观念、员工的工作态度及人口统计特征等。变化中的社会因素不仅影响公众对旅游产品的需要，也能改变旅游景区的战略选择。社会文化因素强烈地影响游客的购买行为和旅游景区的经营行为。不同的国家和地区有着不同的文化传统，也有着不同的亚文化群、社会习俗和道德观念。从旅游景区的角度来看，这会直接影响到政府对旅游发展的政策制定、当地居民对旅游的态度，以及外来游客接受或者拒绝的态度等。

第四，技术与自然环境因素。

技术环境因素是敦促旅游景区持续创新的驱动力。技术环境因素具体由科技政策、科技水平和科技发展趋势等与科技相关的要素和现象构成，主要在市场分析和产品更替方面起作用。市场分析方面，大数据的运用使旅游景区能掌握相对真实的规模化市场数据，依靠云计算等信息科学快速把握旅游市场走向；产品更替方面，VR 技术、人工智能、物联网、数字技术的出现实现景区产品“旅游 + 科技”“互联网 + 旅游”的迭代升级，帮助旅游景区创造竞争优势。

自然环境也是影响旅游景区经营的主要条件之一。自然旅游资源是一些旅游景区赖以生存的基础，如度假型娱乐设施就建立在风景优美的地区。优良的环境也是旅游景区持续发展的根本保障之一。自然灾害也同样影响着旅游景区的经营，如地震、洪水、异常天气、疫病等都会对旅游产生很大影响。例如，2020 年受新冠肺炎疫情的影响，全球旅游业受到了极大的冲击，疫情在很大程度上影响了旅游景区的正常经营。

（2）微观环境分析。

微观环境分析偏重于行业环境分析，即竞争环境分析。旅游地旅游发展水平、竞争对手的实力和规模、旅游市场成熟程度等反映旅游行业环境的因素都会对旅游景区的发展产生深刻影响。可采用迈克尔·波特五力模型进行分析。

微观环境中的旅游景区旅游发展水平直观表现为旅游人数、旅游收入和支出、旅游者停留天数等指标，是该地旅游产业发展成熟度、旅游基础设施完善度和旅游行业竞争度的侧面反映。旅游景区需要把握旅游地的发展阶段，依据生命周期理论、复杂系统理论等所反映的旅游地发展趋势，及时调整旅游景区战略。

竞争对手的实力和规模包括对现有竞争及潜在竞争对手、替代产品或服务竞争对手、供应商力量等的分析，应抓住产品差异化、规模经济、成本优势、分销渠道、资本需求等要点全面了解竞争对手的情况，在区域内建构良好的竞合关系。

旅游市场成熟度指旅游市场制度、体系和机制的完善程度，它由产、供、销三方组成，一般可通过对消费者消费习惯成熟度、供应链成熟度和竞争程度的分析综合判断。对照不同的旅游市场成熟度，旅游景区采取的营销、财务、人力资源等战略均有所差异。

2. 内部条件分析

旅游景区内部条件分析包括对旅游景区资源、组织接待能力、旅游服务人员、旅游景区内导识系统、旅游景区技术水平、旅游环境容量控制、旅游基础设施和服务设施的完善情况等因素的分析。

内部条件分析有助于旅游景区管理者了解旅游景区自身情况，包括了解当前战略的有效性，以及如何有效地配置资源来支持已选择的战略等。通过实施内部条件分析，管理者能够清楚旅游景区的现状，并能正确地评价旅游景区的竞争优势和劣势，对于竞争劣势可以及时采取补救措施以保持旅游景区的生存和发展。

旅游景区的内部条件分析还包括旅游资源分析、开发利用能力的识别和分析、人力资源的分析、财务资源和财务业绩的评估、景区产品及其在市场中的地位的分析、旅游景区现有战略分析等。

（二）战略环境分析方法和工具

1. SWOT 分析

SWOT 分析法也称态势分析法、TOWS 分析法、道斯矩阵（见图 3－1），是对企业外部环境中存在的机会、威胁和企业内部的优势、劣势进行综合评价，并据此提出企业可行性战略的分析方法。即通过内部资源、外部环境有机结合来清晰地确定被分析对象的资源优势和缺陷，了解对象所面临的机会和挑战，从而在战略与战术两个层面调整方法、资源以保障被分析对象的实行，从而达到所要实现的目标。它由旧金山大学的管理学教授韦里克于 20 世纪 60 年代提出来，并由迈克尔·波特进一步完善。S 即“Strengths”，指企业内部的优势，W 即“Weaknesses”，指企业内部的劣势，O 即“Opportunities”，指企业外部环境中的机会，T 即“Threats”，指企业外部环境中的威胁。

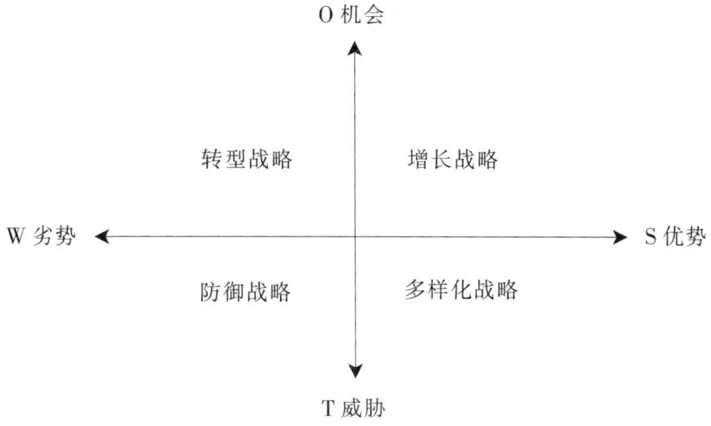

图 3－1 SWOT 分析法

2. *五力模型分析*

五力模型（见图3－2）是由迈克尔·波特提出的，他认为行业中存在着决定竞争规模和程度的五种力量，这五种力量综合影响产业的吸引力。它是用来分析企业所在行业竞争特征的一种有效的工具。该模型中涉及的五种力量是指新的竞争对手进入、替代品或服务的威胁、买方议价能力、卖方议价能力以及现存竞争者之间的竞争。

对于一个旅游景区而言，新的投资主体或投资愿望的出现使现有的旅游景区面临潜在进入者的威胁；旅游景区吸引物的更新换代也使现有的旅游景区出现了替代品，使之面临着替代品的威胁；而供应商和游客作为支撑旅游景区发展的源头与动力也在扮演着“讨价还价”的角色。

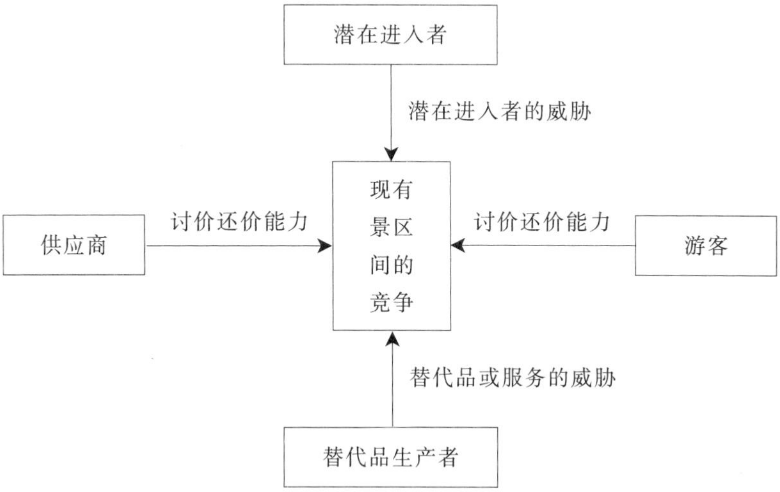

图 3－2 五力模型

3. 波士顿矩阵

波士顿矩阵（BCG Matrix）是美国波士顿咨询公司于1970年提出的，是制定公司层战略最流行的方法之一。波士顿矩阵将组织的每一个战略事业单位标在一种二维的矩阵图上，从而显示出哪个战略事业单位提供高额的潜在受益，以及哪个战略事业单位是组织资源的漏斗。

如图3－3所示，横轴表示企业在所在行业中的相对市场占有率，它反映了企业在市场中的竞争地位。纵轴表示销售增长率，是指企业所在行业某项业务前后两年市场销售额增长的百分比，它表示每项经营业务在市场的相对吸引力，通常用10%的平均增长率作为增长高、低的界限。波士顿矩阵可以把企业全部的经营业务定位在明星、问题、金牛、瘦狗四个区域中。

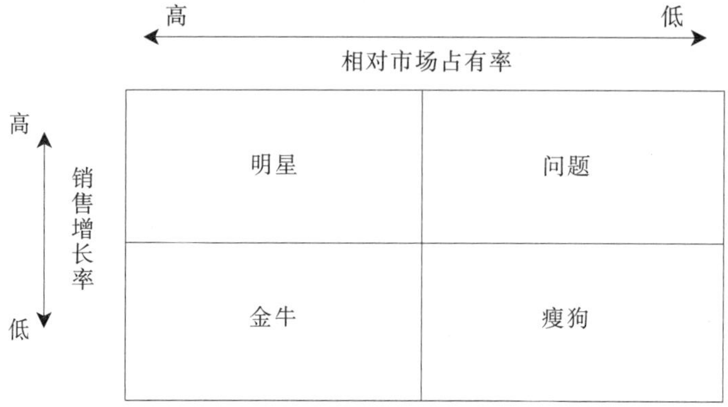

图3－3 波士顿矩阵

该矩阵指出了每项经营业务在市场竞争中的地位，使企业了解它的作用或收益，从而有选择性和集中地运用企业有限的资金。

4. SPACE矩阵

SPACE矩阵分析法即战略地位和行动评估矩阵方法。它是在SWOT分析法的基础上，通过两组具体反映客户内外部的量化指标来确定企业的战略地位和每一项业务的战略地位。如图3－4所示，SPACE矩阵有四个象限，分别表示企业采取的进取、保守、防御和竞争四种战略模式。这个矩阵的两个数轴分别代表企业的两个内部因素——财务优势（FS）和竞争优势（CA），以及两个外部因素——环境稳定性（ES）和产业优势（IS）。这四个因素对于企业的总体战略地位最为重要。

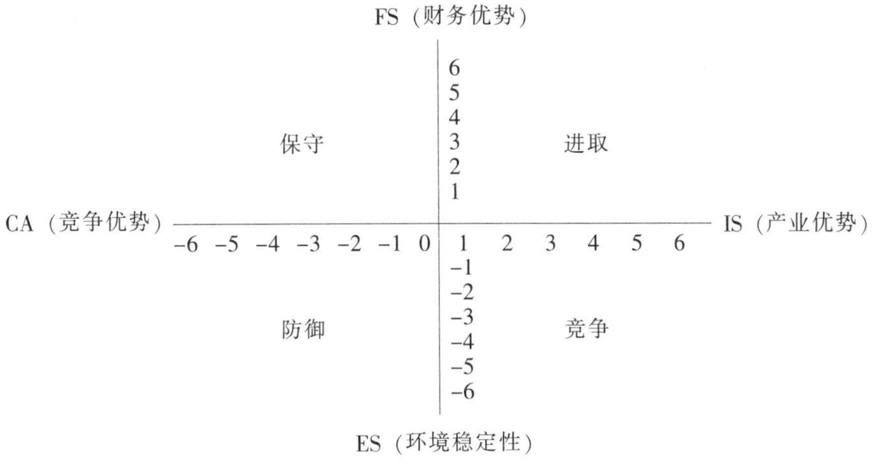

图3－4　SPACE矩阵

二、战略选择阶段

旅游景区战略选择阶段是建立在对整个市场的战略分析基础之上的，也是战略管理中非常重要的一环。它是未来旅游景区战略实施的铺垫，并决定旅游景区未来的发展前途。具体而言，战略选择包括三个阶段：第一，根据战略分析，制订多个可供选择的发展方案；第二，结合现状环境和条件，综合分析评价备选方案；第三，从中选出一种适合的方案。

经济学家贝赞可认为企业只有具备允许它创造超过竞争者总价值的能力时，才能获得竞争优势，即创造更多的利润，这样才能比竞争者更多地将利益转移给消费者。在这里采用迈克尔·波特的竞争战略理论来分析旅游景区的竞争战略和定位，包括成本领先战略、差异化战略、目标集聚战略。

1．成本领先战略

成本领先战略又称低成本战略，即在保持产品质量的同时降低成本，使之低于同行业竞争对手的成本，通过范围经济和规模经济获取利润，从而在竞争中占据一定的地位。降低产品成本贯穿整个战略的主题，旅游景区则提供大量比较简单、质量统一的产品，以较低的价格吸引游客。

成本领先战略的理论基石是规模效益和经验效益，它要求景区产品必须具有较高的市场占有率。如果产品的市场占有率很低，提供大量产品就毫无经济意义。为实现产品成本领先的目的，旅游景区需要进行以下竞争定位：

（1）能提供标准化服务。设计标准化产品，该产品应能为所有的游客服务。

（2）可采用低价策略。对旅游景区进行大量的领先投资，使用先进的设备，采取低价位的进攻性定价策略。这些措施可能会造成初期的投资亏损，但其长远目标是提高市场占有率，以获得更高的利润。

（3）低成本能带来高额边际收益。旅游景区为了保持低成本地位，可以将这种高额边际收益再投到新的高水平和高科技设备设施上。这种再投资方式是维持低成本地位的先决条件，以此形成低成本、高市场占有率、高收益和更新装备的良性循环。

（4）能降低成本。旅游景区具有高效率的服务标准，可降低服务成本。

（5）能降低各种支出。降低旅游景区产品服务、人员推销、广告促销等方面的支出。

（6）能建立成本控制系统。建立严格的、以数量目标为基础的旅游景区成本控制系统。控制报告和报表要做到详细化与动态化。

（7）有高效率的组织机构。旅游景区应建立职责分明、高效率的组织机构，便于自上而下实施最有效的成本控制。

（8）有高效率的员工队伍。旅游景区应加强员工的培训工作，让员工明确自己的职责，提供准确、高效的服务。

旅游景区选择成本领先战略，可以获得以下几个方面的优势：

（1）应对对手竞争。如果某个旅游景区的经营处于低成本的情况，这个旅游景区在市场中就有了竞争优势，就可以与现有的竞争对手进行竞争。

（2）应对游客对价格的反应。在面对讨价还价能力较强的游客要求降低旅游景区产品的价格时，处于低成本地位的旅游景区在进行交易时掌握着更大的主动权，能妥善解决出现的问题。

（3）应对供应商的竞争。当强有力的供应商抬高旅游景区需要的资源价格时，处于低成本地位的旅游景区可以有更多的灵活性来解决出现的困境。

（4）应对新进入者的竞争。旅游景区已经建立起较大的服务规模和成本优势，新旅游景区无法进入，形成进入障碍。

（5）应对替代品的竞争。在与替代品竞争时，处于低成本地位的旅游景区往往比本行业中的其他旅游景区处于更有利的地位。

旅游景区选择成本领先战略，也可能存在一定的风险和劣势：

（1）新技术可能改变竞争态势。新技术和新服务的出现可能使旅游景区以往的设备、产品和学习经验变成无效用的资源。

（2）成本领先可能被模仿。新旅游景区通过模仿、总结其他旅游景区的经验或购买更先进的旅游设备，从而能以更低的成本起点参与竞争，这时旅游景区就会失去成本领先地位。

（3）可能降低产品质量。采用成本领先战略的旅游景区将其力量集中于降低产品成本，从而使旅游景区可能丧失预见市场变化的能力。旅游景区可能推出价格低廉的产品，但是游客不一定会喜欢这种产品。

（4）难以应对个性化需求。旅游景区提供的标准化产品不能满足游客对个性化产品的需求。因此，虽然旅游景区的目的是扩大市场份额，但由于游客的个性化要求较高，所以旅游景区原有的目的不一定能够实现。

2. 差异化战略

差异化战略，也称特色优势战略、别具一格战略，是指企业根据顾客广泛重视的一些方面，在行业里独树一帜，使企业与竞争对手有明显的区别，从而获得竞争优势所采取的战略。一般而言，旅游景区可在以下几个方面实行差异化：产品设计差异化、游客服务差异化、销售渠道差异化、景区形象差异化等。应当强调的是，产品设计或游客服务差异化战略并不是说旅游景区可以忽视成本因素，只不过这时的主要战略目标不是低成本，而是为游客提供差异化的产品。

旅游景区要实施差异化战略，就可能要放弃获得较高市场占有率的目标。实施差异化战略，旅游景区需要进行以下竞争定位：

（1）企业具有实力。具有很强的市场研究与开发能力，市场研究人员要有创造性的眼光和较强的市场营销能力。

（2）具有行业声望。旅游景区具有以其产品质量领先的声望和声誉。

（3）内部运营协调。旅游景区产品开发部门与旅游景区其他部门之间具有很强的协调性。

（4）良好的员工团队。旅游景区要拥有具备较高管理能力和服务意识的员工，才能为旅游景区的游客提供个性化的产品。

（5）游客认可度高。旅游景区应注重培育忠诚的顾客。

（6）拥有客源市场。市场上要有需要旅游景区差异化产品的游客，有愿意为高质量支付高价格的游客。

旅游景区选择差异化战略可建立起比较稳固的竞争地位，从而使得该旅游景区获得高于其他旅游景区平均水平的收益。差异化战略的优势主要表现在以下几个方面：

（1）培育忠诚游客。旅游景区实施差异化战略可以建立起游客对旅游景区产品的认同和信赖。如果游客对景区产品产生了信赖，当产品的价格发生变化时，游客的敏感程度就会降低。这样，差异化战略就可为该旅游景区在同行业竞争中形成一个隔离地带，避免竞争对手争夺其市场资源。

（2）对新进入者形成障碍。游客对旅游景区的信赖和忠诚形成了强有力的行业进入障碍。如果新旅游景区参与竞争，它必须扭转游客对原产品的信赖和克服原旅游景区产品的独特性的影响，这增加了新旅游景区进入的难度。

（3）获得高边际收益。差异化战略产生的高边际收益增强了旅游景区与供应商讨价还价的能力。

（4）降低游客的价格敏感度。旅游景区通过差异化战略，使得游客难以寻求到可与之比较的景区产品，降低了游客对该景区产品价格的敏感度。

（5）对替代品形成竞争优势。旅游景区通过差异化战略建立起游客对该景区产品的信赖，使得替代产品在质量上无法再与该旅游景区产品竞争。

（6）保留游客。游客的转换成本高，使游客依赖该景区产品，可削弱游客的讨价还价能力。

旅游景区选择差异化战略也有一定的风险和劣势，主要表现在以下几个方面：

（1）成本高的风险。实行差异化战略的旅游景区，其经营成本可能很高。因为它要增加设计和营销费用，增加人工成本。如果采取差异化战略的景区的产品成本与采取成本领先战略的竞争者的产品成本差距过大，就可能会有一些游客愿意牺牲差异化产品的质量、形象，而去追求低价格的产品。

（2）游客需求变化的风险。如果游客的经济条件和偏好发生了变化，则可能会降低他们对产品差异化的要求。

（3）被竞争对手模仿的风险。如果旅游景区的发展进入成熟期，某一旅游景区的差异产品的优势就很可能被竞争对手模仿，这将削弱原景区产品的竞争优势。这时，如果该旅游景区不能推出新的差异化产品，就会出现因价格较高而处于劣势和产品差异化优势不明显的状况，在竞争中旅游景区就处于非常不利的劣势地位。

3. 目标集聚战略

目标集聚战略是指企业的经营活动集中于某一个细分市场，在较窄的市场范围内来取得低成本领先或差异化的优势。与差异化战略一样，目标集聚战略也有多种形式。旅游景区目标集聚战略的目的是更好地服务于特定的目标游客，能够提供比竞争对手质量更高的产品。

旅游景区选择目标集聚战略也能在本行业中获得较高的收益，其竞争优势主要表现在以下几个方面：

（1）服务集中于目标市场。目标集聚战略便于集中使用整个旅游景区的资源，使之更好地服务于某一特定的游客群体。

（2）利于研究目标市场。目标集聚战略将目标集中于特定的细分市场，旅游景区可以更好地调查研究产品质量、市场机会、游客心理及竞争对手等各方面的情况。

（3）方便管理市场竞争。战略目标集中明确，旅游景区的服务质量比较容易评价，管理过程也容易控制。依据旅游景区规模、资源等方面的特点，可以说目标集聚战略对于中、小型旅游景区而言可能是最适宜的战略。

旅游景区选择目标集聚战略也存在着很大的风险，主要表现在以下几个方面：

（1）市场回旋空间小。由于旅游景区将全部力量和资源都投入一种产品，以及一个特定的目标市场，当游客偏好发生变化或有新的替代品出现时，目标市场对旅游景区产品需求降低，旅游景区的经营就会受到很大的冲击。

（2）面临潜在竞争压力。如果有新的旅游景区竞争者进入某一以特定游客为主的市场，并且采取优于该旅游景区的目标集聚战略，该旅游景区原有的竞争优势就会失去。

（3）成本有可能发生波动。如果目标集聚战略的市场缩小，同时游客对产品的要求不断更新，就会造成旅游景区的生产和服务方面费用的增加，这会使得采取目标集聚战略的旅游景区的成本优势被削弱。

三种战略各有特色和偏重点。因为战略目标不同，三种战略之间有一定的矛盾，如追求市场占有率高的旅游景区无法满足部分游客对产品高质量、个性化的需求。从理论上而言，不能同时追求成本领先战略和差异化战略，这是由两种战略的不同条件所决定的。采用成本领先战略的旅游景区就应该在所有的管理环节都实行彻底的标准化；相反，采用差异化战略的旅游景区必须为游客提供特色的产品，要保持该旅游景区产品与其他旅游景区产品的“差异”，并在游客中树立该旅游景区差异化的形象，旅游景区在销售方面还要组织耗资巨大的广告宣传和产品推销活动。这一切决定了产品差异化战略必然与成本领先战略产生冲突。从理论上而言，同时追求这两个目标的旅游景区往往会失败，但在实践中，也有取得成功的例子。可根据战略选择矩阵（见图 3 – 5）和战略聚类矩阵（见图 3 – 6）进行战略及其实施措施的选择。

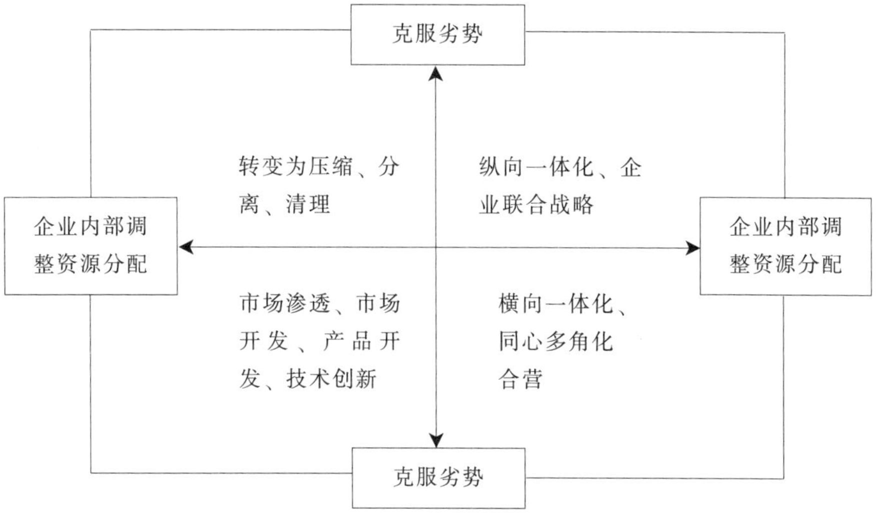

图3－5 战略选择矩阵

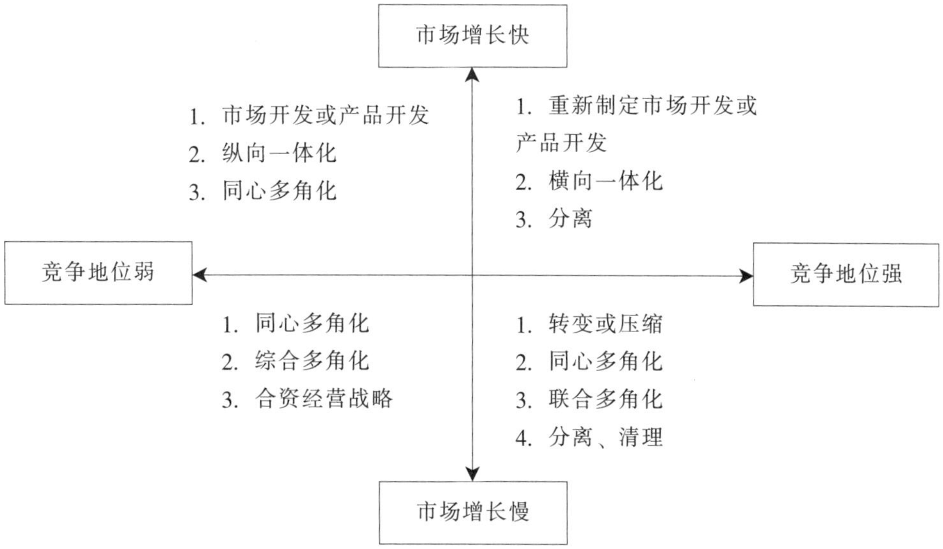

图3－6 战略聚类矩阵

三、战略实施与监控阶段

旅游景区战略实施是为实现旅游景区战略目标而对战略规划的执行。旅游景区一旦选择了合适的战略方案，下一步要考虑的问题是如何将其付诸实践。战略实施阶段是最显而易见、最难以掌控，也是最为关键的环节。无论之前的战略制定、战略选择做得如何完美，在战略实施阶段稍有差错都会影响旅游景区的发展。因此，旅游景区在明晰了自己的战略目标后，就必须专注于如何将其落实为实际的经营管理行为并确保其实现。

（一）战略实施阶段

旅游景区战略实施是一个自上而下的动态管理过程。所谓“自上而下”主要是指战略目标在公司高层达成一致后，向中下层传达，并在各项工作中得以分解、落实。所谓“动态”主要是指在战略实施过程中，常常需要在“分析—决策—执行—反馈—再分析—再决策—再执行”的不断循环中达到战略目标。

旅游景区经营战略在尚未实施之前只是纸面上的或人们头脑中的东西，而旅游景区战略的实施是战略管理过程的行动阶段，因此它比战略的制定更为重要。战略实施有四个相互联系的阶段。

1. 战略发动阶段

战略发动是战略实施的发起和动员。在战略发动阶段，要研究如何将旅游景区战略的理想变为大多数员工的实际行动，若要调动起大多数员工实施新战略的积极性和主动性，就要对旅游景区管理人员和普通员工进行培训，向他们灌输新的思想、新的观念，提出新的口号和新的概念，消除那些不利于战略实施的旧观念和旧思想，以使大多数人逐步接受新战略。在开始实施新战略时，人们常会产生各种疑虑，如果员工对新战略没有充分的认识和理解，就不会拥护和支持新战略。在发动员工的过程中要重点争取战略的关键执行人员的理解和支持，旅游景区的领导者要考虑机构和人员的认识调整问题，扫清战略实施的障碍。

2. 战略计划阶段

战略计划是将经营战略分解为几个战略实施阶段，确定每个战略实施阶段的分阶段目标，相应地制定每个阶段的政策措施、部门策略及相应的方针等。要制定出分阶段目标的时间表，要对各分阶段目标进行统筹规划、全面安排，并注意各个阶段之间的衔接，对于远期阶段的目标可以概括一些，但是对于近期阶段的目标应该尽量详细一些。战略实施的第一阶段应该制定措施使新战略与旧战略有很好的衔接，以减少阻力和摩擦。第一阶段的分目标及计划应该更加具体化和易于操作，应该制定年度目标、部门策略与沟通措施，使战略最大限度地具体化，成为旅游景区各个部门可以具体操作的业务。

3. 战略运作阶段

旅游景区战略的实施运作主要与各级领导的素质和价值观念、旅游景区的组织机构、企业文化、资源结构与分配、信息沟通、控制及激励制度六个因素有关。通过这六个因素使战略真正融入旅游景区的日常经营管理活动，成为制度化的工作内容。

4. 战略控制与评估阶段

战略是在变化的环境中实践的，旅游景区只有加强对战略执行过程的控制与评估，才能适应环境的变化，完成战略任务。这一阶段的主要内容是建立控制系统，监控绩效和评估偏差、控制和纠正偏差。

（二）战略实施的模式

在旅游景区的战略管理实践中，战略实施有以下五种模式。

（1）指挥型。

指挥型模式的特点是旅游景区确定了战略之后，向高层管理者汇报旅游景区战略，再由高层管理者强制中下层管理者执行。

这种模式的运用要有以下约束条件：总经理要有较高的权威；只能在战略比较容易实

施的条件下运用；要求旅游景区能够准确地收集有效信息并及时汇总；要有较为能干的规划人员。

这种模式的缺点是人为地把战略制定者与执行者分开，即高层管理者制定战略，强制中下层管理者执行战略。因此，如果中下层管理者缺少执行战略的动力和创造精神，可能会拒绝执行。

（2）变革型。

变革型模式的特点是需要对旅游景区进行一系列变革，如建立新的组织机构和新的信息系统，变更人事，甚至扩大或缩小经营范围，采用激励手段和控制系统以促进战略的实施。旅游景区战略领导者必须努力把大家的注意力集中在战略重点所需的领域，采用各项激励政策，以支持战略，并争取大部分员工的支持。

这种模式往往比指挥型模式更加有效，但并没有解决指挥型模式存在的如何获得准确信息的问题，在外界环境发生变化时战略的变化更为困难，从长远来看，在环境不确定的旅游景区应该避免采用此种模式。

（3）合作型。

合作型模式的特点是旅游景区总经理和旅游景区其他高层管理者在一起对旅游景区战略问题进行充分的讨论形成较为一致的意见后，制定出战略，然后落实和贯彻战略，使每个高层管理者都能够在战略制定及实施的过程中奉献出自己的力量。

合作型模式克服了指挥型模式及变革型模式存在的两大局限，使总经理接近一线管理人员，能获得比较准确的信息。同时，由于战略的制定是建立在集体讨论的基础上的，从而提高了战略实施成功的可能性。

该模式的缺点是由于战略是拥有不同观点、不同目的的参与者相互协商折中的产物，战略的经济合理性可能会有所降低，不能充分调动全体管理人员的智慧和积极性。

（4）文化型。

文化型模式的特点是旅游景区总经理运用企业文化的手段不断向旅游景区全体成员灌输战略思想，建立共同的价值观和行为准则，使所有成员在共同的文化基础上参与战略的实施活动。这种模式使旅游景区所有成员都能在共同的战略目标下工作，旅游景区战略的实施效率高、风险小，发展也迅速。

这种模式的局限性表现在以下几个方面：这种模式建立在旅游景区所有成员都是有学识的假设基础上，而在实践中常很难达到理想效果；极为强烈的企业文化可能会掩饰旅游景区存在的某些问题；采用这种模式要耗费较多的人力和时间，还可能使实施流于形式。

（5）增长型。

增长型模式的特点是旅游景区总经理认真对待下层管理人员提出的一切有利于旅游景区发展的方案，只要方案基本可行，符合旅游景区战略发展方向，在与管理人员探讨了解决方案中的具体问题的措施后，就会及时实施这些方案。采用这种模式，总经理应该认识到：必须给下层管理人员以宽松的环境，激励他们出谋划策；不能在任何方面都凌驾于组织成员之上；要充分调动及发挥下层管理人员的积极性；应该坚持发挥集体智慧的作用。

在 20 世纪 60 年代以前，企业界普遍认为管理需要绝对的权威。在这种情况下，指挥型模式是必要的。20 世纪 60 年代，钱德勒的研究结果指出，为了有效地实施战略，需要调整企业组织机构，由此出现了变革型模式。合作型、文化型及增长型三种模式出现得较晚，在现代企业管理中更加受到重视，从这三种模式中可以看出，在战略实施过程中只有调动各种积极因素才能保证企业战略目标的实现。上述五种战略实施模式的侧重点各不相同，在实践中五种模式往往是交叉使用的。

（三）战略监控、反馈与修订

旅游景区的战略实施后，必须对实施效果进行检查、反馈、评价，并且进行适时的修正，以使战略管理符合旅游景区的发展目标。

战略监控可根据监控时间、监控主体和监控对象划分为不同类型。以监控时间为标准，战略监控可分为事前控制、事后控制和随时控制；以监控主体为标准，战略监控可分为避免型控制、开关型控制；以监控对象为标准，战略监控可分为财务控制、生产控制、销售规模控制、质量控制和成本控制。

战略监控的操作流程包括确定评价标准、绩效监控与偏差评估、设计并采取纠正偏差的措施三个方面。其中，确定评价标准指围绕战略目标，结合旅游景区人力、物力和财力水平为战略实施效果确立绩效标准，将战略评价可操作化；绩效监控与偏差评估指依据绩效评价标准测量实际绩效，将其与标准绩效对比，分析偏差情况；设计并采取纠正偏差的措施指依据旅游景区战略实施的实际情况，对战略偏差进行修正的过程。在上述战略监控的操作过程中，还需注意经济、社会、政治等外部环境的变化对战略实施造成的影响，并积极推动战略实施主体内化战略监控，将实施与监控过程一体化。

【本章小结】

旅游景区战略管理主要包括勾画旅游景区的远景目标、确定旅游景区的市场定位、显现旅游景区的竞争优势、谋划远景目标的具体计划四部分内容。战略管理需要经历战略制定、战略选择、战略实施与监控三个阶段。战略制定阶段需要对旅游景区环境进行分析，主要采用SWOT分析、五力模型分析、波士顿矩阵、SPACE矩阵等方法。战略选择可以是成本领先战略、差异化战略、目标集聚战略中的一种或几种。战略实施与监控阶段是最为关键的环节，分为发动阶段、计划阶段、运作阶段及控制与评估阶段，一般要结合指挥型、变革型、合作型、文化型、增长型等模式实施。

【拓展阅读】

以园区经济思路推进玉龙雪山景区转型升级

目前，玉龙雪山景区以门票、索道、交通等资源型收入作为支撑的经济结构已逐渐走向了僵局，制约了景区的高质量和可持续发展。在新的市场条件下，面对不同层次的游客需求，如何在目前基础上实现景区的创新与转型，更好地彰显玉龙雪山的特色和亮点，增强玉龙雪山景区市场活力和吸引力是当前的重点工作，也让玉龙雪山再一次站在了景区“二次创业”的风口。为了实现玉龙雪山景区转型升级的目标，推动景区从传统门票景区向旅游产业园区、服务业园区、旅游产业集聚区的全面转变，玉龙雪山景区建设旅游园区，同时发展园区经济势在必行。

（一）空间竞争战略：南北共建，打造玉龙雪山景区核心竞争力

紧紧抓住云南大滇西旅游环线建设机遇，整合玉龙雪山及周围优质旅游资源，构建

“南北共建、一片多区、路景一体”的玉龙雪山景区旅游发展新格局，积极拓展旅游发展空间，打造玉龙雪山景区的核心竞争力。

一是空间扩容。以现有空间为基础，内修外拓，延伸南北两个区域，形成玉龙雪山未来发展的南北双擎，提升景区整体吸引力，做全做精旅游配套服务，做优做特文化旅游产品。二是结构扩容。推动旅游产品从传统观光度假二维结构向多维结构转变；优化景区空间格局，调整产品结构，丰富业态产品，增加二次消费机会。三是产品扩容。通过深度挖掘、创新培育，加快开发适应大众休闲需求的系列旅游产品，从而形成多元化旅游产品结构体系，进一步丰富游览方式，完善多元交通组合方式，提高旅游舒适性和趣味性，提升游客体验价值。

（二）创新发展战略：双轮驱动，显现玉龙雪山景区品牌价值度

积极推进玉龙雪山景区智慧旅游与 IP 双轮驱动的创新发展战略，助推玉龙雪山景区在新时代背景下融入“数字经济 + 文化旅游经济 + 创意经济”，实现由传统旅游要素投入驱动转为创新驱动，实现高附加值增长，真正显现玉龙雪山景区的品牌价值。创新旅游业态和旅游服务管理模式，打造现代服务业典范。

一是推进景区智慧旅游发展与智慧旅游综合平台建设，推动传统的人力管理模式向科技管理、数字化管理模式转变，实现以智慧旅游为战略支点，以点带面促进旅游跨越式发展，整合资源打造旅游综合交易平台，树立标杆提升旅游体验的质量。二是持续提升玉龙雪山 IP 经济。深挖玉龙雪山的品牌价值，打造玉龙雪山知名文化 IP，积极推进文旅融合，形成玉龙雪山文化品牌；通过品牌包装、产品嫁接、金融衍生等有效手段，最终形成一批以玉龙雪山为品牌的个性化旅游服务产品和产业链，变成二次消费旅游经济产业。

（三）文旅融合战略：产业延伸，拓展玉龙雪山景区文旅产业链

围绕提供优质文旅产品这一中心环节，坚持“以文塑旅、以旅彰文”，促进文化和旅游双向深度融合，并进一步加快玉龙雪山文化旅游与商业、科技等消费领域的新融合，培育新型业态和消费模式，延伸拓展玉龙雪山景区文旅产业链。

一是延伸景区文化旅游产业链。突出雪山、风情、文化三大记忆符号，构建多元产品体系，合理配比生态观光与休闲娱乐、文化体验等多元业态，与丽江古城形成差异性和互补性。二是积极推进文化创新。力求生态景观艺术化、建筑风格创意化，打造沉浸式的深入体验产品，通过抖音、快手、小红书、微信、微博等网络宣传运营，让玉龙雪山成为丽江新的网红打卡点。三是打造新的文化基地和旅游品牌。以文化产业打造为立足点，促进景点与文化的深层次融合，系统打造玉龙雪山文化旅游精品；逐步从国家级风景名胜区、国家地质公园、省级自然保护区等自然资源型定位，向“文化玉龙”“玉龙第三国”等文化品牌的定位转变。

（四）变革优化战略：赋能提升，促进玉龙雪山景区品质新升级

持续推动玉龙雪山景区从简单的“粗放走量”向追求“品质服务”转型，促进景区设施、管理、服务品质的提升，是玉龙雪山景区的重要战略举措。

一是资本赋能，提升景区设施品质。对功能老化、设施陈旧的旅游设施逐步予以淘汰和更新，促进景区游览设施品质整体提升。二是管理赋能，提升景区综合品质。深化管理模式，实现景区管理从宽泛化管理模式到精细化管理模式的蜕变，提升景区抵御风险的能力，围绕规范化、精细化、个性化三个层次，全面升级景区的综合管理水平。三是数字赋能，提升景区体验品质。持续推进景区数字赋能、科技赋能工作，积极推进5G、人工智能及大数据等前沿数字技术在景区产品体验方面的应用，赋能景区经营与产品服务，创新与优化产品体验。

（资料来源：杨俊星《以园区经济思路推进玉龙雪山景区转型升级》，有删改）

说一说：

1. 传统旅游景区如何确定未来战略发展方向？
2. 传统旅游景区如何实现战略转型？

【思考与练习】

1. 试述旅游景区战略管理的基本概念及内涵。
2. 分析旅游景区战略管理环境。
3. 简述旅游景区战略管理的内容。
4. 论述旅游景区战略管理的过程。

第四章　旅游景区组织机构和管理体制

【学习目的】

了解旅游景区组织机构的基本设置及管理体制的基本内容，熟悉旅游景区主要部门的管理，掌握不同旅游景区适合的组织机构类型，了解旅游景区的管理模式和管理体制创新措施。

【学习要点】

1. 旅游景区组织机构的类型
2. 旅游景区主要部门的管理
3. 旅游景区经理的角色和部门间关系的管理
4. 旅游景区管理模式
5. 旅游景区管理体制创新

【关键词】

旅游景区组织机构；管理体制；管理模式

旅游景区运营管理的第一步是设置组织机构，理顺管理体制。组织机构是企业开展各项工作的支持体系，而管理体制决定了组织机构运行的模式。组织机构是企业自身的，管理体制更多的是行业的运行模式。本章主要从景区企业管理角度介绍组织机构，也简要讨论了旅游景区的管理体制问题。

第一节　旅游景区组织机构设置

在企业管理中，有一个合理完善的组织机构设计方案，且可以达到高效性和灵活性的统一，则不仅可以保障企业的正常运营，还可以促进员工有效地完成组织安排的任务。旅游景区作为活跃在市场中的一个有机组成部分，当然也不例外。旅游景区的组织目标是通过对组织资源的合理配置实现高效率生产、提供高质量的旅游产品或服务，以获取最大化的经济利润，达到经济效益和社会效益的统一。要达到这一目标，旅游景区组织就必须设置科学、合理、高效的组织框架，这也是组织顺利运转的第一步。

一、旅游景区组织机构

（一）组织及组织机构的概念

组织是由若干个人或群体所组成的，是有共同目标和一定边界的社会实体。

组织机构也称组织结构，是指对于工作任务如何进行分工、分组和协调合作，是表明组织各部分排列顺序、空间位置、聚散状态、联系方式以及各要素之间相互关系的一种模式，是整个管理系统的“框架”。

“组织”包括机构的组织和工作活动的组织，在形式上存在有形和无形的区分。

（1）有形组织。有形组织即为有形实体，称为组织机构。旅游景区的有形组织体现为景区组织目标、组织分工与协作、权力与责任制度的集合。

（2）无形组织。无形组织是指无形的、作为关系网络或力量协作系统的组织，又称组织活动。旅游景区的无形组织包括组织机构设计、适度和正确授权、人力资源管理、组织文化建设等内容。

学者巴纳德将组织划分为正式组织和非正式组织。

（1）正式组织。正式组织是明确按照有关规定划分员工关系及相应的责权利关系，从而实现其工作目标的组织。

（2）非正式组织。非正式组织是组织成员在自发的基础之上，为了某种心理需要，有意或无意地形成的一种不定型的组织。

非正式组织在组织内部扮演着重要的角色，对正式组织可以起到积极或消极的作用。当满足了一些心理需要时，非正式组织的成员可以通过正式制度达到组织目的；当无法满足心理需要时，非正式组织与正式组织就会产生目标冲突，非正式组织会对正式组织的工作产生破坏性影响。巴纳德的观点被广泛接受，不少旅游景区的管理者都认识到了非正式组织的重要作用，并通过信息引导和沟通，力图促使非正式组织发挥积极作用。

（二）旅游景区组织的概念及组织机构设置

旅游景区组织是旅游景区为了实现发展目标，按照一定的规则、程序所构成的一种责权安排和人事安排。

旅游景区组织机构设置主要包括以下三个方面：

（1）部门结构。横向结构，包括财务部、行政部、人力资源部、产品开发部、市场部等，关注工作内容的专业化。

（2）层次结构。纵向结构，一般分为高层、中层、低层三个层次，在旅游景区中体现为景区高级职业经理人、部门经理级、主管和班组级、基本员工等层次上的划分。

（3）职能结构。即组织的基本职能及其结构。

旅游景区的组织要素是旅游景区的基本单位，决定了组织的结构、功能和特点。早期的古典组织要素理论认为组织是一种刚性的静态结构，权力和制度构成了组织的隐性和显性要素。该理论将组织机构内化为事与事之间的关系，理性至上但忽略了人作为组织基本单元所产生的影响。现代组织要素理论的关注点从静态结构理论转移到组织动态行为，强调人与人的有效协作是实现组织目标的有效方式。该理论虽然打破了组织静态结构的桎梏，但仍然将组织视为封闭系统，仅关注到组织内部要素的协同。随后，系统管理学派明确提出了组织要素的区分，认为组织是由各个子系统组成的系统，既包括外部环境又包括内部环境。依据组织要素的特征，组织要素可分为静态要素和动态要素。

(1) 静态要素。包括工作、职责、关系、信息等方面。

(2) 动态要素。包括明确的目的、合理的授权、人员的参与、适时的反馈、自我的完善等方面。

(三) 旅游景区部门划分

旅游景区基于管理工作的分工划分部门，践行管理目标。依据旅游景区任务分类的不同，存在多种部门划分方式。

(1) 按人数划分部门。这种方式最简单、原始，指抽出一定人数由主管人员指挥。旅游景区中非常规节事活动的举办常采用此种方法。

(2) 按时间划分部门。常见于工业企业的生产活动，指按轮班制划分部门。旅游景区内的治安巡查和安全保卫工作采用的早、中、晚三班制便属于此类。

(3) 按职能划分部门。这种方式目前采用得最为普遍，指根据组织的任务属性划分部门。旅游景区按职能划分，一般包括人力资源部门、营销部门、康乐部门、园务部门、财务部门、安全保卫部门等。

(4) 按景点内容划分部门。为适应新产品的出现，指按组织向社会提供的产品划分部门。例如，主题公园可依据园区差异划分部门。

(5) 按游客划分部门。以需求为导向，指根据服务对象的需要划分部门。例如，旅游景区根据部门是否直接面对游客，将其分为直接接触游客的部门和非直接接触游客的部门。除了上述划分标准外，市场营销渠道、技术和设备等也可作为旅游景区的部门划分依据。

(四) 旅游景区组织机构设计

1. 旅游景区组织机构设计的要求

有一些学者将旅游景区组织机构设计称为“旅游景区组织设计”或“旅游景区组织结构再造”，即由一些组织机构，如政府、企业等具有较高权力和执行力的机构，根据旅游景区的经营需要设置工作部门，安排相应的工作岗位，协调分配工作权力和职责范围，最终达到高效和灵活地完成旅游景区工作的经营目标。良好的旅游景区组织设计需达到以下几个要求：

(1) 反映旅游景区发展战略目标。

旅游景区的组织机构设置应该包括两个目标：①组织机构设置的本质是旅游景区员工的分工协作关系，根据设置部门构成、工作岗位构成、设计业务流程、规定管理权责等规范员工的分工协作关系；②旅游景区组织机构设置的目标就是为了高效、灵活地完成旅游景区工作的经营目标，通过组织机构设置，以组织的结构化、专业化体现组织业务的职能分工，以提高工作效率。组织机构设置是旅游景区分工协作的基本框架，组织机构设置是否科学、合理，在很大程度上决定了组织目标能否顺利实现。

(2) 反映旅游景区经营管理所应具有的权力。

旅游景区的组织机构是纵向和横向的集合，其中纵向设计讲的就是组织权力的分配情况。无论权力的分配对象、分配形式如何变化，组织的纵向权力分配结构均以资源最大化与资本保值增值为出发点，为组织战略服务。同时，基于权力与责任的一体性，旅游景区组织机构中权力愈大者承担的责任愈大，即其在为旅游景区的组织赋权时也应交付其实现组织战略目标的责任。

（3）明确职位的职责范围、基本任务以及具体业务。

旅游景区需采取专业化分工，通过组织机构的横向设计细化任务模块。对于模块下的组织成员，进一步确认工作岗位的名称、数量、职务范围、目标和责任等，形成制度层面的岗位设计和配备方案。除了被动式的岗位设计和匹配外，岗位工作还可通过员工主动参与设计岗位目标的方式激发其内在驱动力，促其主动完成岗位目标。

（4）配备一定数量的训练有素的人员。

旅游景区组织机构的科学、合理，最直观地取决于管理幅度和管理层次这两个因素。管理幅度是指某个管理人员可以直接监督、管理的下一级员工的数量。这个数目适当，可以有效节约成本、提高工作效率。影响管理幅度的因素主要有管理人员和员工的工作能力、工作的性质和内容、工作的条件和环境。管理层次是一个组织设立的行政等级的数目，一般分为高、中、低三个层次，每一个管理层次都有对应的责任和权力要求。高、中、低层次的员工数量不同，一般呈金字塔形。

（5）具有切实有效的弹性机制。

旅游景区的弹性是一种面对逆境的自适应能力，通常包括资源弹性、权力弹性、信息弹性和能力弹性，以此应对商业环境变化和业务动态发展的需要。这也意味着，旅游景区的组织机构设计并非静止的刚性结构，而是动态、可调节的发展型结构。因此，依据组织目标定期审查组织部门是具有必要性的，对岗位职责的确认和及时更换亦是保证组织弹性的必要手段。

2. *旅游景区组织机构设计的六要素*

管理者在进行组织机构设计时，必须正确考虑以下六个关键因素：

（1）专业化。指一个人工作任务范围的宽窄，所需技能的多少。由于旅游景区的物业管理、市场营销、人事管理等工作的专业化程度高，因此组织机构设计多采用专业化分工方式。

（2）部门化。指为协调共同完成工作而按关键要素决定和划分组织的各个部门。旅游景区可依据职能、景点内容、服务对象等维度划分部门。

（3）命令链。指将一个组织中所有人联系在一起的、连续不断的权力链条，它指明了人们之间的请示汇报关系。旅游景区命令链的垂直沟通在决策层、管理层、主管和班组、一线服务员工的层级关系上体现明显，以此保证命令和指挥的统一，防止多头领导。

（4）控制跨度。指一个领导者直接管辖的人数。依据注意力理论，控制跨度保持在5～6人为宜，但旅游景区控制跨度的设置还需考虑管理人员的能力和管理层次、下属人员的能力和工作复杂度、组织内部信息传达的方式等因素。

（5）集权与分权。集权指决策权力和行动决定完全取决于最高管理者，分权指多层次、多机构的决策系统中权力合理分配的规定和制度。旅游景区的组织设计应结合集权与分权的管理原则，在保证景区统一领导时又能调动下级的工作积极性。

（6）正规化。指符合正式规范与特定标准的模式或状态。旅游景区应依据景区标准化的基础标准体系、服务保障标准体系、服务提供标准体系提升旅游景区品质。

二、旅游景区组织机构的类型

（一）常见的旅游景区组织机构类型

随着旅游经济的不断发展，旅游景区的组织机构设置也出现了相应的变化，由功能简单、单一向复杂、多维转变，且日益注重实效性和灵活性。目前，旅游景区常见的组织机构类型有直线型、职能型、直线职能型、事业部型、矩阵型、网络型。

1. 直线型组织机构

直线型组织机构（见图4－1）是最早也是最简单的组织形式。其最大的特点是不设职能部门，实行从上到下的垂直领导，下属部门只接受上一级的指令，各级管理人员对下属部门的所有问题负责，对下属进行统一指挥，可以快速、准确地传达指令。

直线型组织机构的优点在于组织机构简单、权责分明、信息传达速度快、工作效率高，但是它对管理人员能力的要求很高，在业务比较复杂、规模较大的旅游景区是难以实现的。这种组织机构受管理人员的能力限制较大，适用于规模较小、业务较简单的旅游景区。

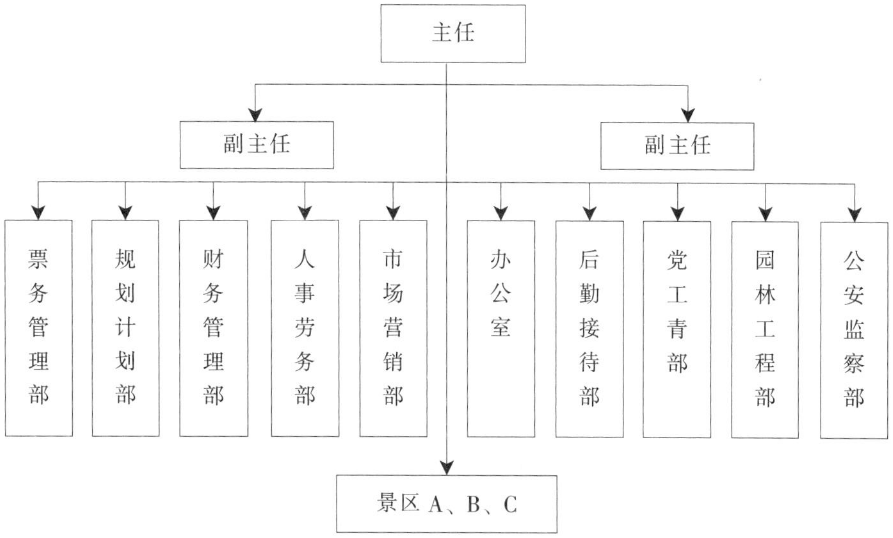

图4－1　直线型组织机构

2. 职能型组织机构

职能型组织机构（见图4－2）是以职能为导向的组织形式。它是将相似或相关职业的员工组合在一起，将按职能划分部门的方法应用到整个组织范围而设计出来的。职能型组织机构各部门对总经理负责。

职能型组织机构的优点在于适应大生产分工合作的要求，专门化带来了节约成本的好处（如规模经济、减少人员和资源的重复配置）；员工会喜欢与其他执行相似任务的人在一起。缺点是缺乏沟通交流，追求职能目标会导致管理者看不到组织整体的最佳利益，信息不对称产生多头管理；各职能部门之间相互隔离，不了解其他部门的工作，甚至为获取资源对内竞争。职能型组织机构在中小型旅游景区有较为明显的优势。

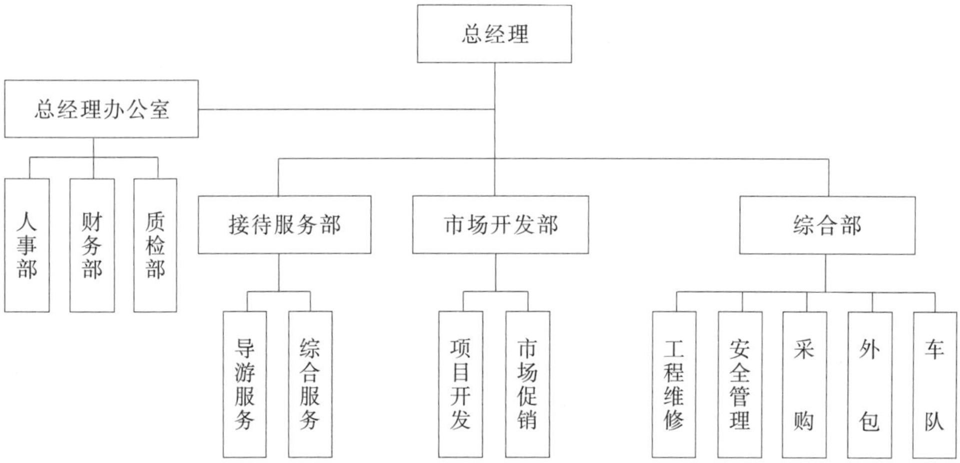

图 4－2　职能型组织机构

3. 直线职能型组织机构

直线职能型组织机构也称为直线参谋型组织机构（见图 4－3），是在吸取了直线型组织机构和职能型组织机构两者的优点的基础上建立起来的。这种组织机构形式是把旅游景区管理机构和员工分为直线领导机构及职能机构两个组成部分。其中，直线管理人员对下一级组织行使指挥权（如副总经理、经理助理、总监的直线领导），职能机构管理人员在职责范围内有一定的决定权和对所属下级的指挥权，并对自己部门的工作负全部责任，职能机构管理人员不能对直线管理人员发号施令，只能起指导作用。所以，直线职能型组织机构是直线型组织机构和职能型组织机构的综合。

直线职能型组织机构的优点在于保证了在旅游景区管理体系集中统一的前提下，各职能部门管理人员可以充分负责所管理的业务，促使指令快速、准确执行。同时，它也存在着高度协调、配合的要求，部门之间的沟通显得尤为重要，否则容易导致部门间产生冲突。

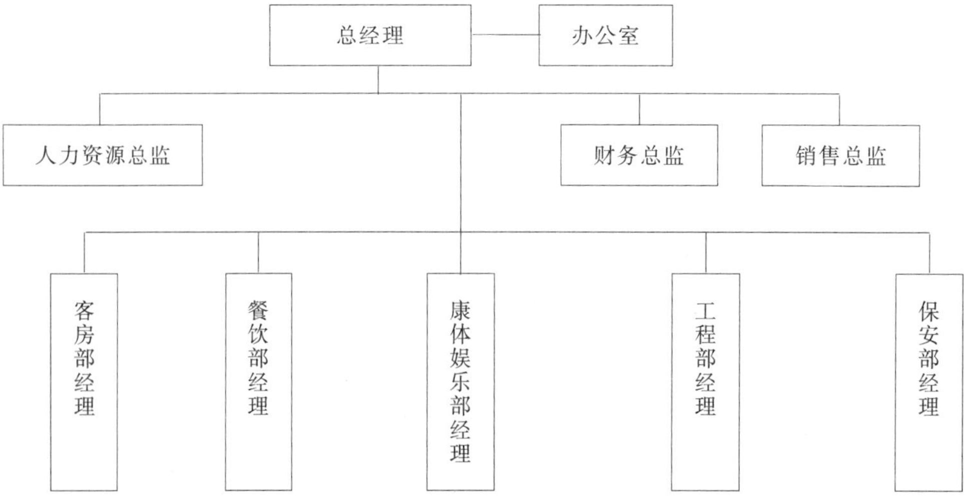

图 4－3　直线职能型组织机构

4. 事业部型组织机构

事业部型组织机构（见图4－4）是在旅游景区规模大型化、经营多样化、竞争激烈化条件下出现的分权式组织机构。它由相对独立的单位或事业部组成，每个单位或事业部拥有较大的自主权，事业部经理对本部门的绩效负责，同时拥有战略和运营决策的权力。迪士尼、长隆、华侨城等集团常采用下设事业部的方式运营。事业部之间独立核算，各有职能机构。

事业部型组织机构具有以下特点：①责权利划分明确，能较好地调动经营管理人员的积极性；②有利于最高领导层摆脱日常行政事务，成为有力的决策者；③事业部自成系统、独立经营，相当于一个完整的企业；④按产品划分事业部，便于组织专业化生产，形成经济规模，有利于提高劳动生产率和企业经济效益；⑤各事业部自主经营，责权明确，使得目标管理和自我控制有效进行。

旅游景区按照产品或类别、市场客户范围等不同划分为一定数量的事业部，独立经营、分权管理。事业部有两种常见形态：

（1）产品事业部。旅游景区以产品为组织机构的划分依据，将生产某一种产品的活动设置在同一个产品部门内。优点是有利于产品的专业化开发，适合旅游景区产品多元化的要求。缺点则是每个部门都拥有一定的权力，给旅游景区高层领导者的管理工作带来了一定的困难。

（2）地区事业部。旅游景区以地区为组织机构的划分依据，将某一地区的业务集中起来设置在同一个部门内。地区事业部组织形式上往往设有总部，为各地区的事业部提供总体的方向指导或专业化的服务。此种模式适用于大型的旅游景区。优点是业务的开发更有针对性，有助于业务的拓展。缺点是总部难以控制地区的运营，活动和资源重复配置导致成本上升、效率降低。

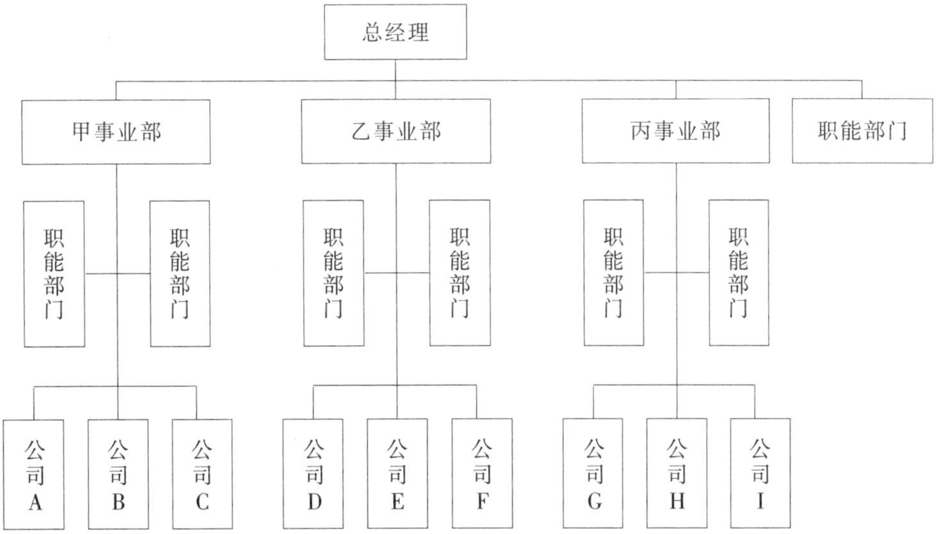

图4－4 事业部型组织机构

5. 矩阵型组织机构

矩阵型组织机构（见图4－5）是由横向和纵向管理机构组成的组织形式。横向管理机构是以产品、业务为对象的管理机构，纵向管理机构是以职能部门为对象的垂直领导系统，二者之间是平行交叉的。矩阵型具有多重指挥性，是组织在具有高度不确定性的环境中的一种理想的组织机构形式，也是组织在变化的旅游世界中的发展趋势。矩阵型的出现应归因于组织要开发一种产品或者启动一个项目。开始时，不同职能部门的员工暂时聚在一起，共同协力达成开发产品或攻关项目的目的；结束后，各自回到自己的归属部门。矩阵型组织机构的优点是充分利用人力资源，发挥员工的专长，组织机动灵活，适合在不确定的环境中解决复杂问题。缺点是组织不够稳定，员工接受双重领导，这对于员工工作积极性的提高是一种挑战。此种模式适用于上下级成员素质较高的大型景区，需要有辅助条件的支撑。

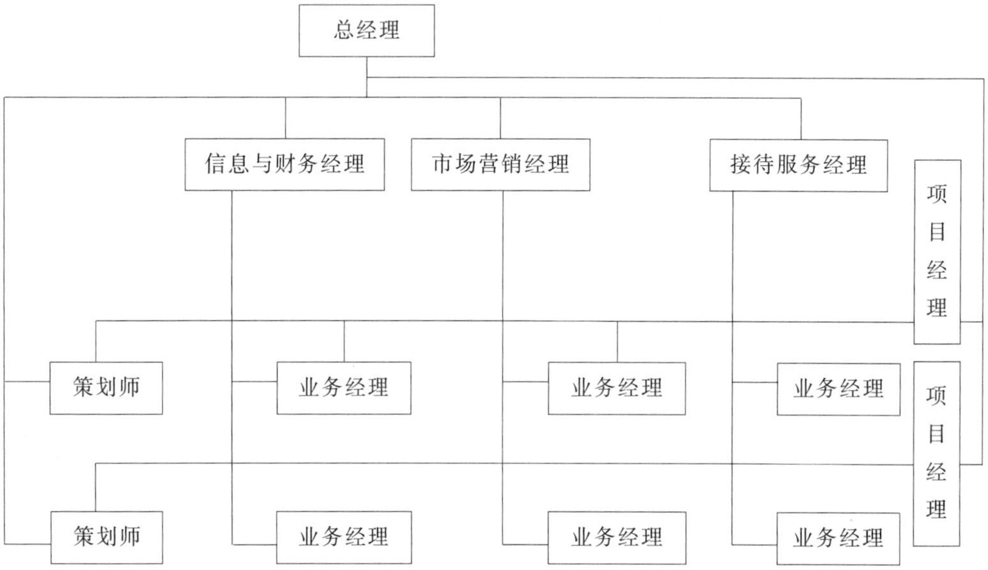

图4－5 矩阵型组织机构

6. 网络型组织机构

网络型组织机构（见图4－6）是把旅游景区许多主要职能外包给不同的企业，以旅游景区自己的总部组织为中心，组合运转所有的业务。一般而言，这种模式都是以项目为中心，与其他组织建立一个网络。这是一种现代型的组织形式，充分利用周围的资源，有效节约了旅游景区的运转成本，减少管理费用。但是也存在诸如组织承担着较高的市场风险、员工忠诚度低、流失率高等缺点。

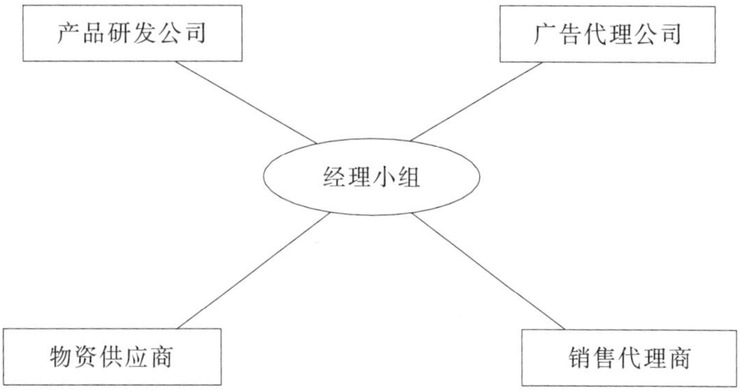

图4－6　网络型组织机构

（二）不同旅游景区适合的组织机构类型

从旅游景区开展业务的角度而言，职能部门可以分为接待部门、市场开发部门和综合服务部门。这种职能划分方式比较适合旅游景区的专业化分工，有利于减少人员和资源的重复配置。旅游景区组织机构的设置因旅游景区的类型、规模不同而有所不同。同等或同类规模的旅游景区的组织机构可能很相似，而类型、规模不同的旅游景区在组织机构设置上就要根据自己的情况来设计，绝不可照搬。

例如，强调科研和保护目的的自然保护区应该设立科普教育、环境保护的部门；强调娱乐和参与价值的主题公园应该设立市场部、产品开发部等；小型旅游景区不需设立住宿、餐饮、商业等部门，通常只在总经理下设立接待、园务、财务、安全管理等主管部门若干，不需要设立事业部这种分工较为专业的组织机构。风景名胜区等资源保护型景区的组织机构则相对复杂一些。在我国，管理机构有政府型、管理委员会型和管理局型，其中管理委员会一般设置办公室、规划科和管理科，管理局一般设置局机关、事业和企业三大系统。

因此，针对不同类型、不同规模的旅游景区应设置适合的组织机构。但总体而言，以下几条原则需要注意：①精简。尽量以最少的部门维持旅游景区的正常运营，以节约管理成本，追求经济、高效。②具有灵活性。针对市场和游客需求的变化，组织机构可以适应这种变化，及时作出调整，满足、引导游客的需求。③目标明确。旅游景区的目标应涵盖全局目标、战略目标，将每个职能部门和员工的积极性都调动起来。④为员工创造一个良好的成长环境。必须注重员工的成长，形成员工自我控制的机制，提供物质奖励等激励措施。

三、旅游景区组织机构的发展

世界上绝对静止不变的事物是不存在的，每个事物都有一个特定的生命周期。市场的千变万化、技术的革新都在不断地挑战着旅游景区的组织机构能否长期、高效运行。适应不了这些变化，旅游景区很可能走向衰落，甚至被淘汰。因此，旅游景区组织机构应该随着市场、游客需求的变化而适时调整，这是旅游景区保持顽强生命力的保证。纵观当今的旅游景区，其组织机构的发展趋势主要有以下几个方面：

1. 组织机构扁平化

组织机构的扁平化，就是通过减少管理层次、裁减冗余人员来建立一种紧凑的扁平组织机构，使组织变得灵活、敏捷，以提高组织效率和效能。扁平化组织机构具有信息流畅、创造性及灵活性强、成本低、反应快和协调能力高的优点。它减少了决策与行动之间的时滞，增强了对市场和竞争动态变化的反应能力，从而使组织能力变得更柔性、更灵敏。传统的组织机构形式已不能适应日益变化的外部环境。以矩阵型和网络型为代表的新型组织机构可以适应游客的需求变化，开发出特色产品，达到品牌化经营的目的。

2. 组织机构柔性化

柔性的概念最早源于制造业，是指生产系统适应变化的环境或环境带来的不稳定性的能力。而组织机构柔性化是指根据环境的变化调整组织机构，建立临时的以任务为导向的团队式组织。柔性化组织最显著的优点是灵活、便捷、富有弹性。这种组织机构可以充分利用企业的内外部资源增强其对市场变化与竞争的反应能力，有利于其较好地实现集权与分权，也有利于稳定性与变革性的统一，还可以大大降低成本。组织柔性的本质是要保持变化与稳定之间的平衡，需要管理者具有很强的管理控制力。

3. 组织机构虚拟化

在经济全球化的形势之下，游客的需求越来越具有个性和特色，对传统产品的忠诚度和依赖性逐渐降低。因此，如何迎合游客的需求，维持或拓展组织的经营是一个重要的问题。许多组织采取了联合的方法，注重与其产业链条上游、下游商家的紧密联合，以迅速地创新产品来赢得新的顾客。这种组织机构是一种虚拟化的经营方式。网络型组织机构即通过外包非核心的业务，以实现最大化利用资源、节约成本，通过与外包企业的合作达成满足游客需求、获得组织的可持续发展等目的。虚拟经营的普遍出现很大程度上得益于信息技术的不断革新，互联网、通信技术为组织间远距离沟通创造了基础性条件，经济的全球化更为组织间大范围、深层次的合作创造了有利条件。

除了上述趋势以外，组织机构还逐渐呈现出多样化的特点，强调以战略为中心的组织方式及员工的共同学习。组织机构的不断创新既是时代对组织的发展需要，更是组织经营取得成功的保证。只有能够适应外界环境变化、满足游客需求的组织，才能在千变万化的市场形势下赢得生存和发展的机会。

第二节　旅游景区主要部门的管理

不同类型旅游景区的部门设置不同。一般而言，旅游景区的职能包括人力资源管理、市场营销管理、康乐管理、园务管理、财务管理、安全保卫管理等。

一、人力资源部门的管理

人力资源是市场经济生产中非常重要的一个要素，又被称为劳动力资源或劳动力资本。从经济学的角度而言，人力资源是被投资主体控制，并与其他生产要素结合使用的人力资产。具体在一个旅游景区内，它指的是劳动者的体质、智力、知识和技能。在旅游景区所有的资源中，人力资源是一种动态的、可重复利用的、不断增值的资源。在知识经济时代，人力资源的意义和作用更加明显，也受到了管理者的高度重视，任何旅游景区的发展都离不开高质量的人力资源及高效的人力资源配置。

旅游景区的人力资源包括经理管理人员、公关营销人员、资源调查规划人员、接待人员、人事管理人员、财务人员和其他人员等各个层次的人员。这些不同层次的员工按照不同的机构设置方式组合起来，共同构成人力资源部门管理协调的框架。人力资源部门管理与其他部门的管理相比，其特征表现在：

（1）系统性。

旅游业是涉及顾客多种多样需求的服务产业，且各种需求间表现出较强的关联性，因此要以系统的眼光去看待人力资源部门的管理，综合考虑多方面的影响因素，为旅游景区的共同目标服务。

（2）综合性。

人力资源部门的管理是以人为对象的管理工作，因而需要从多角度、综合性的视角去进行管理。要综合考虑经济因素、心理因素、文化因素、社会因素、生理因素等，并运用组织行为学、统计学等学科的知识进行管理。

（3）实效性。

人力资源是一种有生命力的资源，它的形成、开发和利用都要受时间的限制。因此，对于人力资源应当适时开发、利用，同时应当注意开发使用的时间不同，所得到的效益也不同。一般而言，25 ~45 岁是脑力劳动者的黄金年龄，37 岁是最佳年龄。

（4）持续性。

人力资源的使用过程即开发过程，具有持续性。员工通过工作和培训不断积累经验和知识，提高自身的综合素质。员工的自我提高过程也是人力资源不断升值的过程。

在已定组织目标的基础上，人力资源管理部门的职责主要有两部分：一是人力资源管理，主要包括干部的录用、培训、考核、奖惩、调动、人事档案等内容；二是劳动管理，主要指员工的录用、奖惩、调配、劳动计划、劳动组织、劳动保险、生活福利等。

总体而言，人力资源部门管理在旅游景区管理中占据重要的地位。旅游景区的服务项目复杂、服务质量难以控制，合理、有序的管理不仅可以使旅游景区的工作有条不紊地进行，更可以保障员工有较高的工作积极性和创造力，全方位的培训可以使不同层次的员工的综合素质得到提高，更加有助于提高劳动效率，也有助于良好工作氛围的形成。有了高素质的员工队伍作为保障，旅游景区的竞争力就可以得到进一步提升。

二、市场营销部门的管理

旅游景区营销管理在一定程度上决定着旅游景区的经济效益，决定了旅游景区的生存和发展。因而，有效的营销管理是旅游景区成功经营的保证之一。旅游市场营销是通过分析、计划、执行、反馈和控制的过程，以旅游消费需求为导向，协调各种旅游经济活动，提供有效的产品和服务，使游客满意、企业获利，从而实现旅游经济目标和社会目标的活动。

旅游景区营销部门通过建立广泛深入并高效运转的销售渠道和建设素质精良且系统运作的销售队伍，达到景区营销目标，并持续推动旅游景区的发展。

但科技的发展、经济全球化、游客消费趋向于个性化和特色化等外部因素，都给旅游景区的长期发展带来了一定的挑战。景区营销管理从分析影响营销的因素开始，首先要做好营销策划。营销策划是对营销活动的谋划，是在综合分析内外部因素的基础上，对一定时间内组织的营销活动的行为方针、目标、战略及实施方案进行的设计和计划。在实际工作中，是针对目标市场实施营销策略。

三、康乐部门的管理

康乐部门不是每个旅游景区都必须设置的部门，一般只有大型旅游景区或者康乐功能较突出的旅游景区才设置。在旅游业“吃、住、行、游、购、娱”六大要素中，“娱”和“购”的比例越高，越能反映出游客消费结构的合理性及旅游景区发展的完善程度。因此，康乐部门的收入占旅游景区总收入的比例具有重要的表征意义，也是旅游景区收入的重要来源。

康乐部门的管理主要是以旅游景区的康乐设施、设备为基础，对各种康乐服务项目的经营和运转所进行的协调、控制和监管工作，不同旅游景区的康乐部门的规模、设施设备会有所不同。同其他部门相比，康乐部门的占地面积较大，是直接面对游客的部门，因此，如何提供优质的服务、保证设施设备的合理使用是康乐部门管理的两个最主要的目标。康乐部门的附近可以设立饮食部、商品部，为游客提供配套服务，为旅游景区带来额外的经济收入。

针对康乐部门主要面对游客这一特殊的性质，对康乐部的管理也是组织游客参观、游览的一个过程。主要内容包括：第一，准备工作，包括设施设备的检查和试运行，工作人员的工作准备（包括员工的着装、票券、用具用品准备等），保证各项工作就绪；第二，组织游览，包括检票、操控设施设备、质量检查等，保证游客满意；第三，游览结束，游客游览完毕后，请游客填写意见表，并编制营业日报。其中，票务管理制度、设备管理制度都需要专门制定，并力行贯彻实施。康乐部门在管理过程中，组织游览需要现场的督导和管理，保证优化配置现场的各种作业要素，使之成为一个有机的系统。同时，现场的管理还可以有效减少浪费、控制旅游景区的成本、及时解决异常问题，为游客创造一个良好的旅游环境。

对员工而言，康乐部门也是一个锻炼专业能力的地方，通过接待游客、处理突发事件、整理游客意见表、与其他员工合作，可以不断提升工作能力，培养团队合作精神。对游客而言，康乐部门管理的效果直接影响他们对旅游景区的印象和对旅行的满意程度。因此，在一个旅游景区中，康乐部门的管理应该受到重视。

四、园务部门的管理

园务部门主要是负责对旅游景区内的园林景观进行规划、建设、改造、美化绿化和清洁卫生等的管理。旅游景区园务管理的目的是给游客提供一个良好的游览环境。游览环境不仅代表了这个旅游景区的形象，也涉及旅游景区的可持续发展。园务管理包括的主要内容有：

（1）旅游景区景观的规划和建造。

旅游景区的建造要遵循美学及景观设计学的原理，从选址、布局到线路设计、功能分区的整个过程都要有序进行。旅游景区通常选在具有垄断性或优势性资源、具有市场优势的地方（但主题公园更多考虑的是市场和经营环境的因素），线路设计也要充分考虑游客的心理和生理需求，如迪士尼乐园就曾根据游客的自发游览线路设计了游览通道。不少旅游景区在建造的过程中追求个性化和特色化，力图表现不同的景区风格。旅游景区建造的目标是达到空间形式上的一致和完善、经济效益和美学价值的统一。旅游景区开放之前要考虑到景区承载力的大小，保证旅游景区资源的持续性利用。

（2）旅游景区景观的保护。

旅游景区景观的保护工作是影响园务部门管理的主要因素之一。景区保护工作主要分为美化绿化和清洁卫生两个方面。美化绿化主要是指植物的美化管理，必须依托园艺技术来实现，包括大面积的绿化、景观的观赏植物的处理，以及花坛、草坪的美化处理等工作。景观的保护需要具有专业知识的工作人员，遵循一定的保护规则，对景观进行分区保护。除了专职工作人员，游客对旅游景区景观的保护也是必不可少的，甚至是非常重要的，因为游客直接接触这些景观，并且接触的时间最长。所以，加强对游客的景观保护宣传是非常重要的。旅游景区的清洁卫生对旅游景区的形象具有重要意义。很难想象一个遍地都是垃圾的旅游景区会得到游客的青睐。时时保持清洁卫生的游览环境是游客游览的基本需求，但也是较难实现的需求。对于旅游景区景观的清洁卫生需要从员工和游客两方面入手。

对员工，要实行分区负责制，建立卫生管理制度，将日常管理和游客高峰期的突击清扫相结合，提高卫生管理质量；对游客，要加强维持环境卫生的宣传，对于个别严重破坏环境卫生的游客应采取一定的处罚措施，以起到警示作用。此外，环境标识也是非常重要的指引工具，以自然的材质、新颖的内容、醒目的外形为特点的标识既是旅游景区一道亮丽的风景线，也可以唤醒游客保护旅游环境、加强清洁卫生的意识。

五、财务部门的管理

财务部门是旅游景区组织机构的重要组成部分，财务部门主要负责旅游景区财务管理，即有关资金的筹集、运用、分配等方面的管理活动。财务管理是旅游景区管理的一部分，良好的财务管理能够保证旅游景区有足够的资金以维持日常经营，并确保旅游景区资金的合理、有效利用。

财务部门管理的内容包括资金管理、成本费用管理、营业收入及利润分配管理，以及财务分析。

六、安全保卫部门的管理

安全是旅游业的生命线，是旅游业持续、健康、稳定发展的前提和保障。旅游景区的管理应该把安全管理放在一个非常重要的位置。从目前旅游景区管理现状来看，旅游景区安全管理并没有得到充分的重视。安全问题不仅会影响旅游景区的形象和信誉，甚至关系到旅游景区的生死存亡。如 2014 年 1 月 25 日晚，贵州省镇远县报京乡报京大寨发生大火，导致已有 300 年历史的黔东南最大的侗族村寨被烧毁。

安全保卫部门是旅游景区负责安全监督管理的内设机构，是旅游景区正常运作必不可少的保障。安全保卫部门主要负责落实国家有关安全的法律法规，组织旅游景区开展内部安全活动，负责日常安全检查，及时发现本旅游景区的安全隐患，并监督整改工作，按规定及时、如实地向有关主管部门报告各类旅游突发事件。其工作人员是专职安全管理人员。作为旅游景区的安全管理人员，必须具备与旅游景区经营活动相适应的安全知识和管理能力，能够应对各种突发事故，确保旅游活动顺畅开展。

七、经理的角色和部门间关系的处理

经理是旅游景区的领导者，他们的决策及行为直接影响整个旅游景区的运作，进而影响整个旅游景区的经营效果。从部门管理的角度而言，经理（部门）是经营管理中权限最高的部门，这一部门由一个（经理）或几个（包括副经理）人员组成。优秀的经理人员能够有效地利用旅游景区的各种资源来提高工作效率，使上下级之间、不同部门之间的联系更加紧密、沟通更加顺畅，能够更好地实现旅游景区的经营管理目标。

（一）经理的角色

经理应该责无旁贷地承担旅游景区管理的职责：第一，战略管理。要求对旅游景区全面了解和负责；不仅对现在负责，还要为将来着想；第二，构建一套完整的规则和程序；第三，代表旅游景区利益去协调外部关系，如与政府、金融机构、母公司沟通等；第四，消除内部各种障碍，为员工创造发挥最大潜力的条件（如体制的、资源的条件等）。

（二）影响部门间关系的因素

旅游景区部门与部门之间的关系不仅会影响到双方部门的工作绩效及各部门员工的工作满意度，甚至会影响到整个旅游景区的经营运作，因此正确处理部门间的关系就显得至关重要。影响部门间相互关系的主要因素有：

（1）不确定性因素。包括主观的和客观的不确定因素，前者因旅游景区本身的局限导致，体现为内部系统固有的不确定性和生产过程中的不确定性；后者由外部环境的变化引发，属于外生因素。

（2）部门目标。部门目标的不一致是造成部门之间冲突的主要原因，可分为以下两类：

一是目标冲突。一个部门目标的实现妨碍另一个部门目标实现诱发的冲突。例如，旅游景区的市场营销部门期望旅游产品新颖、多元，紧跟旅游者需求的变化，但产品研发部门更加关心技术的可行性和功能效果。当旅游市场前景不佳时部门间容易推卸责任，导致信任缺乏，这样会直接影响新产品的开发。

二是混合的目标冲突。部门间存在竞合关系时产生的一系列从认知、动机到行为等过程中表现出来的冲突现象，此类冲突表现更为复杂。

（3）工作任务关系。包括独立的、相互依赖的和从属的三种基本类型，部门间需依据任务关系类型决定权责的归属。工作任务相对独立时，各个部门独立完成各自的任务；工作任务相互依赖时，由经理协调统领部门工作，引导部门间的配合；工作任务从属时，任务的主导部门应享有较大话语权。

（4）彼此的看法。这也是影响部门关系的内部因素，部门间价值观的差异、领导风格的不同均可能成为影响部门间关系的因素。

（三）建立和谐的部门关系的方法

经理必须善于处理部门间的关系，管理者的工作本质是协调员工与部门之间、部门与部门之间、上级与下级之间等各类关系的一个过程。作为旅游景区的管理者，可通过以下方法建立和谐的部门关系：

（1）确定部门目标和奖酬。经理应从旅游景区的整体利益出发考虑问题，强化共同使命和整体目标。旅游景区的各部门及每个员工的利益必须服从旅游景区的整体利益，所设置的薪酬体系也应符合对整体目标而非部门目标的追求，以此推动各部门之间的沟通和理解，使各部门之间团结一致。

（2）组织的等级制。经理可制定相关的制度，通过构建一套完整的规则和程序，明确各部门职责，规范部门成员的行为准则，不推卸责任。

（3）计划。经理要熟悉部门在人员、目标等方面的差异，提前准备协调部门关系的方案和应对部门之间冲突的解决措施。

（4）成立特别任务组或跨职能团队。经理可从各个部门抽调人员成立特别任务组或跨职能团队等整合机构，增强部门间的交流合作，在出现部门矛盾时提出符合各部门目标的解决方案。

第三节　旅游景区管理体制

旅游景区是旅游产业的重要组成部分，管理体制是旅游景区行业发展中最受关注的问题，也是旅游景区经营管理的核心问题。旅游景区管理体制决定了其采用怎样的经营机制，进一步形成了景区的发展模式。本节主要分析我国旅游景区的管理体制。

一、管理体制的概念

管理体制是指管理系统的结构和组成方式，即采用怎样的组织形式以及如何将这些组织形式结合成为一个合理的有机系统，并以怎样的手段、方法来实现管理的任务和目的。

管理体制是规定中央、地方、部门、企业在各自方面的管理范围、权限职责、利益及其相互关系的准则，它的核心是管理机构的设置、各管理机构职权的分配以及各机构间的相互协调。

开展旅游景区管理体制研究，实施管理体制改革，有利于推进景区资源的保护和景区的发展。

二、我国旅游景区管理的发展

随着我国社会经济的发展及经济体制的改革，旅游景区管理也在不断发展变革。从整体上来看，经历了四个阶段，即事业管理阶段、政府经营管理阶段、企业经营管理阶段、现代企业管理阶段。

（一）事业管理阶段

中华人民共和国成立初期至改革开放前，我国的旅游业还处于发展初期，旅游活动主要是外事接待，因此旅游景区是事业机构，基本沿用当时苏联的管理模式，把旅游景区管理当作纯公益事业进行管理，在管理体制上直接由政府部门经营管理，采用纯粹的事业管理模式。

（二）政府经营管理阶段

改革开放后，旅游业被定位为重要的创汇行业，旅游的主要目标由外事接待变成了创汇，但是在管理体制上仍然是政府部门的事业机构。这个时期的主要目标是创汇，追求旅游景区经济利益最大化。在旅游资源国有的前提下，大多数旅游景区的土地都是无偿划拨的，致使旅游景区的经营成本极低，因此旅游业被误认为是“投资少，见效快”的行业。此阶段政府对旅游景区实行专营管理。

（三）企业经营管理阶段

20 世纪 90 年代后，我国经济体制发生了转变，旅游景区的管理模式也出现了创新。过去政府直接经营管理，所有权、管理权和经营权合一的管理模式已经不适应现代旅游景区的发展，因此旅游景区的管理也进入一个转型阶段，出现了租赁、承包、买断等经营模式。这些模式充分利用了市场资本，在一定程度上缓解了旅游景区的财政困难，促进了资源的优化和有效利用，但同时这些管理模式带来了一些问题，如经济效益上的短期行为、国有资源价格低估、缺乏一个强有力的利益协调机构等。

（四）现代企业管理阶段

随着旅游景区管理理论的不断发展和完善，越来越多的先进管理理念和方法被引入旅游景区管理的实践中，其中最突出的就是用现代企业制度对旅游景区进行经营管理。这种模式是将旅游景区的经营与管理分开，以旅游景区的经营性资产作价，吸引其他经济成分，组成多种经济成分的股份公司。这样管理者和经营者权责分明，既可以有效避免国有资源的流失，又有利于旅游开发和资源保护，从而使旅游景区的社会效益、经济效益和环境效益得到较好的均衡。

三、我国旅游景区管理模式

随着我国旅游业的发展，旅游管理体制也逐步得到完善，但是相对于餐饮业和旅行社业，旅游景区的管理体制一直颇具争议。在我国，旅游景区旅游资源的所有权、管理权和经营权的关系比较复杂，根据相关的保护法和管理条例，我国旅游景区旅游资源的所有权归国家，不同类型的旅游景区有不同的行政主管部门，在经营权的问题上更是争论不断，因此我国的旅游景区存在多种管理模式。由于各类旅游景区的权属关系及旅游景区管理主体市场化程度不同，旅游景区管理模式可以分为非企业化管理和企业化管理两种。

（一）旅游景区非企业化管理

资源保护型的旅游景区因为其资源的公共性，所以政府在管理上干预程度较高，这类旅游景区包括风景名胜区、森林公园、自然保护区、博物馆和文物保护单位等。2018 年 3 月，国务院机构改革方案将自然保护区、风景名胜区、自然遗产、地质公园等管理职责整合，组建国家林业和草原局，由自然资源部管理。这类旅游景区在经营管理上主要采用两种模式。

1. 国家直接经营管理模式

国家集旅游景区的所有者和经营者于一身，景区的管理、保护和开发经费由国家财政承担，景区的门票及其他旅游项目由国家定价（一般定价很低），收入归国家。

这种模式对保护遗产、体现社会公共利益、资源整合等方面发挥了作用。但在实践中存在缺陷，一方面，景区的经营者没有自主经营的权力，不承担盈亏的后果，基本不按市场规律经营，效率低下，从而导致资源得不到有效配置，其经济价值也得不到应有的体现；另一方面，部门利益、地区利益与国家利益难以协调，我国的土地及分布其间的风景名胜、文物、森林资源名义上归国家所有，但实际上各级政府及其部门都能出面操作，在同一景区内，多个部门插手管理，体制往往不顺。

2. 市场化经营管理模式

市场化经营管理模式是将所有权和经营权分离，把旅游景区作为一项产业来对待，将其作为独立的主体推向市场。推向市场的方式主要有两种：一是以项目的形式招商引资，由多个投资主体进入景区行使经营权；二是垄断经营权，以一家企业作为投资主体，进行垄断经营。旅游景区市场化经营管理模式的管理体制虽然各不相同，但是可以总结出一般形式，具体如图 4 –7 所示。

这种模式有利于政企职能分开，产权比较明晰，经济效率提高。但也存在一些弊端，如企业经营者往往只注重经济效益，而忽视社会、环境效益；景区资源的交易，除面临旅游价值核算的难题外，还面临着一些政策上的禁区和限制，旅游业持续发展可能会受到影响。

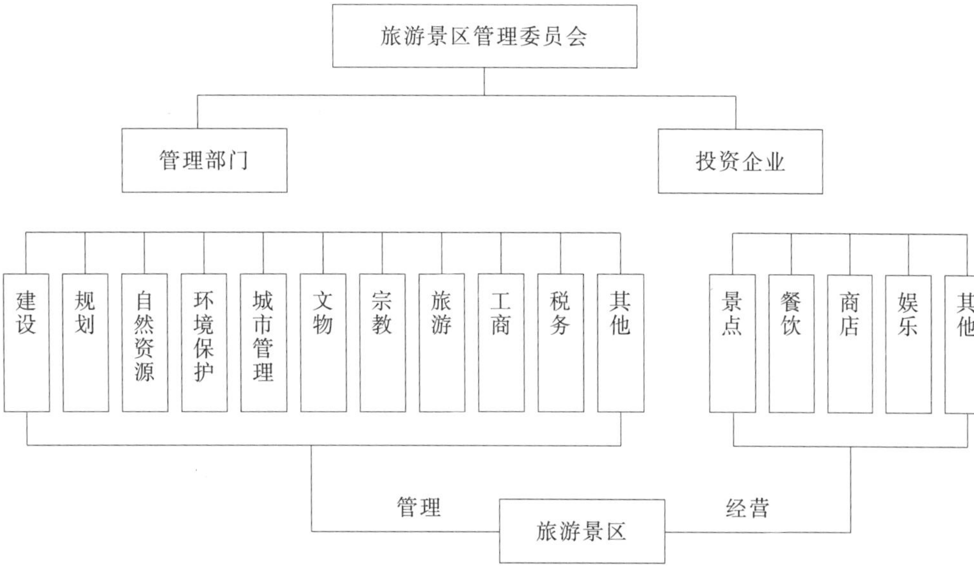

图 4 –7　旅游景区市场化经营管理模式的一般形式

（二）旅游景区企业化管理

经济开发型旅游景区基本采用现代企业化管理模式，如主题公园和旅游度假区等。企业化管理模式又具体分为以下几种经营管理模式。

1. 整体租赁经营管理模式

整体租赁经营管理模式是指政府授权给企业较长时间的独立经营和管理，组织一方或多方进行投资建设，实行所有权、经营权分离。在这种模式下，旅游景区采取企业型的运作模式，经营主体是民营企业或是民营资本占主导的股份制企业。旅游景区所有权的代表是当地政府，民营企业以整体租赁的形式获得旅游景区 30 ~ 50 年的经营权，旅游景区所有者和出资经营者按约定比例分享经营收益。旅游景区经营企业在其租赁经营期间，既负责旅游景区资源的开发，又对旅游景区资源与环境的保护负有责任。

这一模式是对旅游景区管理体制的创新，弥补了旅游景区保护资金不足的问题，完善了旅游景区的保护机制，引进了先进的管理理念，提高了旅游景区经营的经济效益。但是在这种模式下，经营企业高度垄断，道德风险和经营风险较大，租赁期末期可能会因一味追求经济效益而造成旅游景区资源的破坏。这种管理模式的代表性景区有四川碧峰峡景区，重庆芙蓉洞景区、天生三桥景区、金刀峡景区，以及桂林阳朔世外桃源景区等。

2. 股份制企业经营管理模式

股份制企业经营管理模式是指旅游景区为了筹集开发建设资金，对旅游景区经营企业实行股份制改造，并由政府委托股份制企业独家经营旅游景区，或在旅游景区经营企业的基础上组建一家股份制公司，从而增强旅游景区的市场融资能力，吸纳市场资本，借助股份制的先进机制进行运作的经营模式。股份制企业经营管理模式按照企业是否上市又可以分为上市公司经营管理模式和非上市公司经营管理模式。

（1）上市公司经营管理模式。

上市公司经营管理模式即旅游景区经营企业经过股份制改造后上市，受旅游景区管理机构的委托，代理经营包括景区门票在内的一切旅游业务，对旅游景区实行垄断性经营的方式。也就是说，是一种将旅游景区的经营性资产从旅游景区管理委员会的管辖中剥离出来，实行所有权与经营权分离，按照现代企业制度的方式组建上市公司，进行市场化运作的经营模式。截至 2022 年，我国已经有 16 家旅游景区企业登陆 A 股。因该种经营模式最早应用于黄山景区，故又被称为“黄山模式”。

这一模式最大的优势就是可以获得资本市场的融资，在短时间内募集到大量资金投入旅游景区的开发建设和资源保护中，优化旅游景区资金来源结构。但是在这一模式中，上市公司的董事长、总经理通常由景区管理委员会负责人担任，而监事会主席一般也由景区管理委员会党委执行书记担任。名义上政企分开，实际上却是上市公司和景区管理委员会“一套人马，两块牌子”。

（2）非上市公司经营管理模式。

非上市公司经营管理模式的旅游景区的所有权代表是景区管理机构，对旅游景区的经营和资源保护行使监督管理权，不直接参与旅游景区的经营业务；旅游景区经营权由政府直接委托给股份制经营企业或授权股份制企业较长时间的独家经营。旅游景区经营企业在对旅游景区进行开发建设和经营管理的同时，对旅游资源和环境保护也负有直接责任。

3. 国有企业经营管理模式

国有企业经营管理模式即由政府主导，由国有全资企业行使旅游景区的经营权。一般适用于依托公共文物资源发展的旅游景区。文物资源所有权属于国家，由政府统一安排，按照政企分开、事企分开、所有权主体与经营权主体分离的原则，对旅游景区的公共性资产和经营性资产进行整合归类、科学管理。这一模式主要是对旅游景区中的公共性资产和经营性资产进行分类整合、分别管理，因此又被称为“整合开发经营模式”。

此模式的一大特点为，旅游景区经营权是由政府直属国有独资的旅游集权企业控制，有利于实现企业的规模经营和统一管理，亦有利于形成强有力的投资、融资平台，增加了旅游景区资源的保护资金，实现了旅游资源的优化配置。但是，国有独资的企业形式加大了监督管理和经营决策的成本，增加了文物保护的风险。这种管理模式的代表景区有周庄古镇景区、乌镇古镇景区等。

（三）我国旅游景区管理体制创新

1. 旅游景区分类管理

旅游景区的经营管理可以借鉴我国国有企业改革的经验，按照分类管理的原则进行。在重点旅游景区建立现代企业管理模式，同时明确由国有资产管理部门行使出资人职责，景区管理委员会对有关规划执行和资源环境保护行使监督权，使景区管理机构与经营机构之间摆脱传统的利益共同体关系；对于一些中小旅游景区，有选择性地放松管制，鼓励更多的民营资金投入旅游景区的开发、利用中，促使所有权与经营权彻底分离。对于旅游度假区等经济开发型旅游景区，重点对其执行有关旅游景区保护的法律法规和规章制度进行监督检查，规范其开发利用行为，不干涉其经营自主权。

2. 旅游景区特许经营管理

景区特许经营管理是将旅游景区的公共性资产与经营性资产分离，向社会公开招标或拍卖其经营性资产的经营权，即把餐饮、住宿、娱乐、旅游购物等旅游服务设施承租给市场化运作的企业来经营，经济上独立于旅游景区。在这种模式下，旅游景区的所有权归国家所有，部分旅游项目的经营权归个人或企业所有。特许经营有利于调动经营者的积极性，最大限度地实现经济效益。但是在利益的驱使下，项目开发往往会有一定的盲目性和短视性。因此，旅游景区在采取特许经营的模式时，政府部门要建立一套健全的管理制度和强有力的监督约束机制，严格按照旅游景区的规划方案进行规划建设，对建设项目认真审核，确保旅游景区的开发和建设规范有序。

3. 明晰旅游景区产权关系

明晰产权关系是产权制度安排的一项重要内容。目前旅游景区的改革主要是使旅游景区的所有权与经营权分离。按照我国法律的规定，国家投入公司中的国有资产，其所有权不发生转移和变化，仍然属于国家所有，公司法人只享有法人财产权，而不享有法人财产所有权。明晰产权关系有利于明确旅游景区各利益主体的责权利关系，政府行政部门行使对旅游景区资源开发利用的宏观调控职能，监督旅游景区的总体规划和资源保护；旅游资源的所有权交由国有资产管理部门代表国家行使。只有建立明确的产权关系，才能真正实现旅游景区的企业化管理。

4. 建立国家公园管理体制

国家公园指由国家批准设立并主导管理，边界清晰，以保护具有国家代表性的大面积自然生态系统为主要目的，实现自然资源科学保护和合理利用的特定陆地或海洋区域。国家公园管理体制以统一国家公园及自然保护地为核心目标，突破了过去就地管理存在的资源、制度层面的限制，通过成立国家公园管理局改变多头管理和顶层设计缺乏的局面。具体来看，国家公园管理的模式包括中央直接管理、中央和省级政府共同管理、中央委托省级政府管理三种。应以财政投入为主，保障国家公园建设的资金来源，协调社区共管，并建立国家公园监管制度，定期对国家公园的生态、环境等变化进行评估。

【本章小结】

旅游景区运营管理的第一步是设置组织机构，理顺管理体制。旅游景区的组织是按照一定的规则、程序所构成的一种责权安排和人事安排。旅游景区组织机构常见的类型有直线型组织机构、职能型组织机构、直线职能型组织机构、事业部型组织机构、矩阵型组织机构、网络型组织机构。此外，旅游景区组织机构设置向着组织机构扁平化、组织机构柔性化、组织机构虚拟化的方向发展。不同类型旅游景区的部门设置不同，但一般而言，旅游景区的职能包括人力资源管理、市场营销管理、园务管理、财务管理、安全保卫管理等。我国旅游景区管理体制分为非企业化管理和企业化管理模式，随着旅游业的发展，旅游管理体制不断创新。

【拓展阅读】

“袁家村模式”是怎样炼成的？

20 世纪 70 年代以前的袁家村“点灯没油，耕地没牛，吃粮靠救济，住房潮湿破旧，小伙子难讨媳妇，群众选不出好头”，是个出了名的贫困村。如今的袁家村已经成为“关中印象体验地”和乡村生活的传奇典范。开设农家乐、小作坊、酒吧等场所的经营者多达 3 000 余人；年游客接待量 500 万人次以上，旅游收入超过 5 亿元，村民人均年纯收入 10 万元以上；引来了 800 余名创客，带动周边万余名农民增收。这一串串激动人心的数字不禁让人心生好奇，是什么造就了今天的袁家村？

答案是：作坊孵化成公司，全民入股共同致富。

2010 年，随着袁家村游客数量的与日俱增，袁家村开始升级，发展乡村度假游，打造民宿和精品客栈，发展酒吧街、艺术街、时尚街、主题街，想方设法让游客住下来。

2015 年，袁家村开始从量变向质变提升，从度假游—主题游—深度游，通过提升业态来增加游客的参与和体验感。在提升业态的同时，抓农民教育，开办“农民学校”和“袁家村夜校”，解决了农民的思想、教育和服务问题，为村里的可持续发展打下了良好的基础。

袁家村提供优惠政策，吸引能人或手艺人先进入袁家村经营，并扶持优势项目，将其孵化成合作社，为农民搭建创业平台。所有合作社股份对全体村民和商户开放，相互持股，形成“你中有我，我中有你”的发展格局。“村民自愿入股，但我们会对入股的数量进行控制，比如你很有钱，你就少入点，没钱的就多入点，合作社的目的是带动农民共同富裕，从而缩小贫富差距，减少矛盾发生。”

走在袁家村街道上，我们不时可看到商户外面的墙壁上，贴着一张合作社的入股名单表。

袁家村酸奶店，这个不到 20 平方米的店铺，一年的纯收入是 700 万元。

在利益分配上，袁家村始终将本村村民的利益放在第一位。外来商户要进入袁家村，必须服从村集体的安排，必须照顾本村村民的利益，必须分享其在袁家村的既得利益。这三个“必须”既是红线又是底线，它是袁家村成立合作社的业主基础。

据了解，袁家村目前已形成了豆腐、酸奶、醪糟、辣子、醋、粉条、菜籽油等作坊和小吃街等股份合作社，均由村委会下属公司进行经营。小吃街合作社每户按照3∶7、4∶6、7∶3等分配比率，根据收益情况进行利润分成，收益高的比率降低，收益低的比率升高。对不挣钱却又是小吃街必备的品类合作社给予补贴，最低保障以家庭为单位8万~10万元的年收入。

通过全民参与，袁家村把所有人的利益捆绑在了一起，一荣俱荣，一损俱损。互为股东又互为经营者，商户、村民齐心协力，共同维护着这块招牌。

经过十多年的发展，袁家村总结出了“袁家村模式”，并将这套模式输出到了青海、河南、山西、湖北等地，欲在各地打造不同地域文化的袁家村。

也有许多地方在不断模仿袁家村，这些复制者只能复其形，而无法复其魂，更难以超越。

（资料来源：何玉梅《“袁家村模式”是怎样炼成的?》，有删改）

说一说：

1. 袁家村模式的基本内容是什么？
2. 袁家村模式的成功经验是什么？

【思考与练习】

1. 分析旅游景区组织机构的主要类型及适应情况。
2. 讨论旅游景区各主要部门的管理对旅游景区的重要性。
3. 对比分析我国现有的旅游景区管理模式。

第五章　旅游景区人力资源管理

【学习目的】

通过本章的学习，了解旅游景区人力资源管理的概念和基本内容，熟悉旅游景区人力资源的招聘及培训流程，掌握旅游景区人力资源的特点、绩效考核的内容，以及旅游景区薪酬与激励的工作内容、基本职责和流程。

【学习要点】

1. 旅游景区人力资源的特点
2. 旅游景区人力资源的招聘及培训流程
3. 旅游景区人力资源绩效考核的内容
4. 旅游景区人力资源薪酬管理的内容
5. 旅游景区人力资源的激励制度

【关键词】

旅游景区人力资源管理；招聘；培训；绩效；薪酬管理

在旅游景区服务中，员工的能力和态度及提供服务的方式会直接影响游客旅游的乐趣及其对旅游景区的看法。对大多数旅游景区而言，劳动力成本是一个比较大的支出项目。因此，在旅游景区管理事项中，人力资源管理占据重要地位。

第一节　旅游景区人力资源概述

一、人力资源的概念

“人力资源”这个概念有广义和狭义之分。就广义而言，人力资源是指某种范围内的人口总体所具有的劳动能力的总和，是存在于人的自然生命机体中的一种国民经济资源；就狭义而言，人力资源是指一个行业的从业人员或者一个组织所雇佣的人员。人力资源是推动组织发展的关键资源。

美国经济学教授舒尔茨在《由教育形成的资本》和《人力资源投资》等论著中，系统地阐述了“人力与物资、资金、信息一样，都是对提高生产力和发展社会经济具有决定性作用的资源”等观点，首次提出了人力资源管理的概念。也就是说，人已成为竞争取胜的一个具有特殊地位的要素——人既是竞争的主体，又是可利用物资、资金、信息、市场等其他资源并促使其竞争获胜的关键性资源。没有人，就没有一切。

就广义而言，旅游景区人力资源是指一定时期内旅游景区的员工所拥有的能够为旅游景区企业所用，且对价值创造起贡献作用的教育、能力、技能、经验、体力等的总称；就狭义而言，旅游景区人力资源是指旅游景区内所有的从业人员。

“人力资源”这个名称正在逐渐取代人们所熟悉的“职员”（Staff）或“人员”（Personnel）等名词，因为“人力资源”更多地体现了人作为一种资源的价值，即人是一种特殊的财富和资本，对一个组织的利润和效率起着核心作用。现今的组织已经意识到，如果任命的人员不能胜任工作，或是职员因某种原因在短期内辞职，给企业带来的损失将是巨大的。

人力资源具有时代性、能动性、时效性、消耗性等特征。

二、人力资源管理概述

人力资源管理是有关人力资源方面的计划、组织、指挥、协调、信息和控制等一系列管理工作的总称。通过科学的管理方法、正确的用人原则和合理的管理制度，调整人与人、人与事、人与组织的关系，谋求对员工的体力、心力和智力最适当的利用与最高效的发挥，并保护其合法的利益。传统上也称为“人事管理”。

现代人力资源管理已经成为企业管理的核心和关键，是企业生存和发展的重要因素，企业要发展壮大，就一定要搞好人力资源管理。所谓人力资源管理，就是企业人力资源的获取、培训发展、整合优化、控制调整、保持和激励等的管理过程与活动以及相应的技术和制度，其目的是追求组织效率和人力资源实用效率的最大化，实现企业目标和员工目标。现代人力资源管理主要包括以下八项工作内容。

（1）制订人力资源规划。

根据企业的发展战略和经营计划，评估企业的资源状况及人力资源现状和发展趋势；收集和分析人力资源供给与需求方面的信息和资料，预测人力资源供给和需求的发展趋势；制订人力资源招聘、调配、培训及晋升规划；制定与完善企业人力资源管理制度、政策和措施。

（2）岗位分析和工作设计。

对企业中的各个工作岗位进行分析，确定每一个工作岗位对员工的具体要求，包括技术、种类、范围和熟悉程度；学习、工作与生活经验；身体健康状况；工作的责任、权利与义务等方面的要求。这种具体要求必须形成书面材料，即工作岗位职责说明书（简称“工作岗位说明书”或“岗位说明书”）。这种说明书不仅是开展招聘工作的依据，也是对员工的工作表现进行评价的标准，还是进行员工培训、调配、晋升等方面的依据。

（3）招聘与选拔。

根据企业的岗位需要和工作岗位职责说明书，利用各种方法和手段，从组织内部或者外部吸引应聘人员。经过资格审查从应聘人员中初选出一定数量的候选人，再经过严格的考试等方法进行筛选，最后确定录用人选。

（4）入职教育、培训和发展。

提高企业人力资源素质和能力，一方面是为了引入更多有能力的员工；另一方面则是为了不断提高现有员工的整体素质和能力。

所有应聘进入企业的新员工，都必须接受入职教育，这是帮助新员工了解和适应企业组织环境、接受企业文化的有效手段。同时，对现有员工有针对性地开展岗位培训，对提高员工工作能力和技能十分关键，尤其是对管理人员。

（5）报酬与激励措施的设计和实施。

合理、科学的劳动报酬与激励措施关系到组织中员工队伍的工作积极性和稳定性。人力资源管理部门要从员工的资历、职级、岗位及实际表现和工作成绩等方面，为员工制定具有吸引力的报酬、激励制度。现代报酬福利制度注重动态化、弹性化和长效化，应随着员工工作职务的升降、工作岗位的变化、工作表现的好坏和工作成绩进行相应调整。

（6）工作绩效考核。

工作绩效考核，就是对照工作岗位职责说明书和工作任务对员工的业务能力、工作表现及工作态度等进行评价，并给予量化处理的过程。这种评价可以是单视角的，也可以是多视角的。考核结果往往被作为晋升降职、辞退免职、薪资奖金、培训发展等的有效依据。它有利于调动员工的工作积极性和创造性，检查和改进人力资源的管理工作。

（7）人事管理。

人事管理包括员工入职手续、员工信息档案、人事档案及员工奖惩制度等方面的内容，是人力资源管理的重要组成部分。

（8）职业生涯管理。

职业生涯管理是企业通过规划员工的职业生涯，引导员工把自身发展目标与企业发展目标充分结合，有效发挥自身内在优势，实现良好发展的人力资源管理措施。良好的职业生涯管理体系可以充分发挥员工的潜能，给员工明确而具体的职业发展引导，从人力资本增值的角度达成企业价值最大化。借助教育学、心理学、组织行为学、管理学、职业规划与职业发展等相关理论，结合企业管理特色和个人性格特征，形成比较完善的职业生涯规划体系。

三、旅游景区人力资源的特点和结构

（一）旅游景区人力资源特点

旅游景区作为服务行业，服务宗旨和服务内容有其特殊性，因此在人力资源方面也有着特殊之处。

（1）人员需求多。

旅游景区是一种涉及多个旅游企业类型的综合型企业。旅游景区一般都内设酒店，并配置交通、餐饮、商品零售等，有些旅游景区甚至设置了附属的旅行社，这就需要配备大量的管理人员和服务人员，以保证景区的正常运转，为游客提供完备的服务。

（2）素质要求高。

旅游景区的员工必须做到：在个人能力方面，具有良好的记忆力、敏锐的观察力和优异的交际能力；在职业道德方面，爱岗敬业，刻苦钻研，努力提高自身的业务水平，自觉维护旅游景区的形象和利益；在职业习惯方面，员工清楚并自觉遵守旅游景区的各项规章制度，注意团队协作，能够从旅游景区的整体利益出发考虑问题。

(3) 层次分工细。

旅游景区需要多层次的员工队伍。大多数旅游景区是一个完整的企业单位，其人力资源配备要求层次丰富，不仅仅需要素质极高的高级管理人员、高级技术人员，也需要较高素质的中级管理人员和技术人员，同时也要求基层员工具有相对较高的素质。

(4) 季节影响大。

旅游活动具有明显的季节性，旅游景区的工作具有季节波动的特点。旺季时，游客数量众多，与此相对应，旅游景区要求有较多的服务人员；淡季时，游客数量较少，旅游景区会有大量的人力资源闲置。这就意味着旅游景区的很多工作岗位都是临时性的，因此在旅游景区的人力资源管理过程中必须加强对临时工的聘用和管理。就目前我国旅游景区人力资源管理状况来看，这一部分是整个管理过程中最薄弱也是最容易被忽视的。对临时工的管理必须引起管理者的足够重视，才能保证旅游景区的整体服务质量。

(二) 旅游景区人力资源结构

旅游景区人力资源结构包括层次结构和专业结构两类，前者关注权力的上下级分配，后者侧重各管理职能的衔接。

1. 旅游景区人力资源层次结构

(1) 一级管理层。即高层管理层（决策层），通常为投资人或产权人。

(2) 二级管理层。即各部门管理人员的设置，将决策层的规划落地的同时，监督和协调作业层的工作。

(3) 三级作业层。包括主管、班组和一线服务员工，主要负责执行上级布置的任务。

2. 旅游景区人力资源的专业结构

(1) 经营管理人才。在景区内承担一定管理岗位的人员，岗位相关专业基础扎实且具备较强管理能力，包括高级职业经理人、规划设计人员等。

(2) 专业技术人员。从事导游讲解、设备维护、网络平台搭建维护等专业性强的工作人员，通常取得了国家承认的专业技术证书。

(3) 行政管理人员。指在人事部、财务部等职能部门担任业务主管工作的员工，以及在业务部门从事文书、核算、内勤等工作的员工。

(4) 接待服务人员。提供基础性的售票服务、检票服务、咨询和投诉服务，以及餐饮、住宿、游乐设施、交通设施、购物等景区延伸产品一线服务的人员。

(5) 后勤保障人员。包括保安员、卫生员等保障其他各部门顺利实现其职能的辅助人员。

(6) 其他人员（特种辅助人员）。包括医疗救护人员、紧急救生人员等跟旅游景区业务相关度不高，主要负责应对景区内突发事件的人员。

四、旅游景区人力资源的素质要求

素质是指一个人的文化修养、涵养和分析问题、解决问题的综合能力。旅游景区根据员工所处人力资源结构层次的差异，提出了不同的素质要求。

(一) 管理人员的素质要求

旅游景区管理人员一般分为三个层次：高层管理人员——总经理或管理处主任；中层管理人员——各部门经理或部主任；基层管理人员——主管、领班或班组长。基于此形成链条式管理结构，管辖景区内大小事务，对管理人员的行政素质和业务素质均提出了较高要求。

1. 管理人员行政素质要求

（1）人格高尚。有奉献精神，以应对行政管理重复性、烦琐性的工作内容。

（2）胸怀开阔。宽宏大度，善待他人，着眼全局，不拘泥于眼前小事。

（3）开拓精神。主动破除守旧思想的桎梏，积极适应新形势，不断探索新方法、解决新问题。

（4）领导才能。有组织能力和凝聚力，善于组织发动、沟通协调，能有效处理冲突、化解矛盾。

（5）协调能力。善于用人用权，将人力、物力、财力合理安置，发挥其最大效益。

（6）行政业务知识和技能。搭建有效的行政体系，高效完成相关行政工作。

2. 管理人员业务素质要求

（1）旅游业的总体知识。掌握旅游学、旅游景区管理的理论，了解食、住、行、游、购、娱六要素的基础知识，把握旅游流动性的特质。

（2）旅游开发的基本理论。掌握区位理论、增长极理论、可持续发展理论等旅游景区开发中的常用理论，并将其运用于实际的开发过程。

（3）旅游资源和景观知识。了解旅游资源的分类、调查和评价标准，及其在旅游规划中的运用。

（4）客源市场的知识。能够通过对旅游市场的年龄、职业、收入和家庭结构等的分析，准确定位旅游景区，开发与客源市场需求相匹配的旅游产品。

（5）经济管理和税法知识。需学习与管理过程直接相关的人力资源管理、服务管理、经济学等基础知识，以及税法、财务等与经营单位办理税务登记、建账建制、纳税申报等服务于依法经营的内容。

（6）外语知识。为迎接入境游客，旅游景区管理人员需具备一定的海外游客管理知识和较好的外语水平。

（7）服务理论和服务技术等。作为产品区别于工业制成品的旅游业，其本质是生产与消费统一的服务型企业，了解服务型企业管理的相关理论和技术有助于更好地提供旅游服务。了解现代科技的发展，掌握信息技术在智慧景区中的应用。

（二）工作人员的素质要求

旅游景区工作人员（操作人员）一般分为三类：一是技术人员，包括工程技术人员、景物保养维修技术人员、专用设施设备技术人员等；二是服务人员，包括售票员、导游、商品售货员、卫生管理员、迎宾员、专门服务员等；三是其他工作人员，包括医务人员、安全员、勤杂人员等。他们直接接触游客，是游客对旅游景区满意度的重要影响因素，因而对其价值观、业务能力和身体素质均有一定要求。

1. 工作人员的品德素质要求

（1）思想观念。有正确的人生观和世界观，有为游客服务的思想准备。

（2）职业态度。树立牢固的专业思想，热爱并努力做好本职工作。

（3）职业道德。树立高尚的职业道德观，遵守规章制度，遵守涉外纪律。

（4）进取精神。有积极向上、努力进取的精神。

2. 工作人员的业务素质要求

（1）文化知识。具有一定的文化修养，有一定的外语能力，能满足境外游客的服务需要。

（2）业务知识。熟悉岗位业务和工作要求，能灵活处理岗位上发生的各类突发事件。

（3）从业能力。掌握服务技术、懂得服务礼仪，能带给游客宾至如归的感受。

（4）相关知识。了解相关知识，特别是互联网信息科技知识，为实际业务操作提供支撑。

3. 工作人员的身体素质要求

（1）身体健康。无传染性疾病及影响正常工作的疾病。

（2）气质端庄。这是对工作人员作为旅游景区形象第一道窗口的要求。

（3）精力充沛。有应对一线繁重的工作任务要求的良好精神。

（4）仪容仪表。有良好的仪容与仪表，这是工作人员对游客尊重的体现，也是专业形象的体现。

第二节 旅游景区人力资源招聘与培训

旅游景区人力资源开发指旅游景区充分利用人力资源本身体质、智力或特定的才干，对其进行专项、专业培训，使人力资源能够掌握专业的服务知识和业务技能，为旅游景区创造更好的效益，同时为社会创造更多的财富。旅游景区人力资源开发具体要做以下工作：工作分析、员工招聘和员工培训。

一、工作分析

工作分析，又称职位分析，就是确定该职务的成分和胜任该职务的条件。工作分析是旅游景区人力资源开发与管理的基础性工作，为旅游景区人力资源开发与管理的其他工作，如人员招聘、培训、绩效考核、薪酬管理等提供重要依据，在旅游景区人力资源开发与管理中起核心作用。工作分析是对旅游景区工作全面了解的过程，它需要掌握很多的工作信息。一般而言，工作分析分为五个阶段，即计划阶段、设计阶段、信息收集阶段、信息分析阶段和结果表达阶段。

（1）计划阶段。

在该阶段，旅游景区应该明确工作分析的目的、意义、方法和步骤，限定工作分析的范围并选择具有代表性的工作作为样本，制定详细的工作分析实施时间表，编写工作分析计划，并进行分析工作方面的宣传。

（2）设计阶段。

在该阶段，要设计出职务分析的具体实施内容。如采用问卷调查法时就需要编写一份比较详细的职务分析调查表，调查表应能够全面反映该职务的工作内容、工作职责、职务任职资格等；采用面谈法时就需要形成一个有效和完整的面谈提纲，面谈提纲的内容与职务分析调查表的内容基本相同。设计阶段还需考虑旅游景区工作的特殊性，结合景区一线服务岗位流动性强、季节性大等特点。

（3）信息收集阶段。

该阶段的主要工作任务是对整个工作过程、工作环境、工作内容和工作人员等方面进行调查，获取相关信息。它又可以分为工作资料收集和人员资料收集两部分。工作资料收集可以通过现有各部门所执行的规章制度，得到景区的组织架构、各部门的工作组织情况、各部门或岗位的工作流程图、各岗位的办事细则等。人员资料收集可以通过调查，获得有关各岗位的工作职责、工作特征、任职要求、知识水平、基本经历、业务能力等方面的信息。

（4）信息分析阶段。

该阶段是对收集到的信息进行统计、分析、研究、归类的过程。最好参照旅游景区以前的职务分析资料和同行业其他旅游景区的相关职务分析的资料，以提高信息分析的可靠性。

（5）结果表达阶段。

前四个阶段的工作都是以此阶段为工作目标的。此阶段的工作任务就是根据工作分析规范和信息编制工作岗位职责说明书。表 5 – 1 为岗位说明书范例。

表 5 – 1　岗位说明书范例

<table>
<tr><td colspan="7">一、基本资料</td></tr>
<tr><td>职务名称</td><td colspan="6"></td></tr>
<tr><td>所辖部门</td><td colspan="6"></td></tr>
<tr><td>直接上级</td><td colspan="6"></td></tr>
<tr><td>辖员人数</td><td colspan="6"></td></tr>
<tr><td>工资水平</td><td colspan="6"></td></tr>
<tr><td>工作性质</td><td colspan="6"></td></tr>
<tr><td colspan="7">二、工作内容</td></tr>
<tr><td>工作概要</td><td colspan="6"></td></tr>
<tr><td rowspan="4">职务说明</td><td>工作任务</td><td colspan="5"></td></tr>
<tr><td>工作职责</td><td colspan="5"></td></tr>
<tr><td>工作权限</td><td colspan="5"></td></tr>
<tr><td>时间消耗</td><td colspan="5"></td></tr>
<tr><td>工作关系</td><td colspan="6"></td></tr>
<tr><td colspan="7">三、任职资格</td></tr>
<tr><td rowspan="2">所需学历及专业</td><td colspan="2">最低学历</td><td colspan="2">专业要求</td><td colspan="2">其他说明</td></tr>
<tr><td colspan="2"></td><td colspan="2"></td><td colspan="2"></td></tr>
<tr><td rowspan="2">所需技能培训</td><td colspan="3">培训时间</td><td colspan="3">培训科目</td></tr>
<tr><td colspan="3"></td><td colspan="3"></td></tr>
</table>

（续上表）

所需经验			
基本素质		个性特征	
体能要求			
四、备注			

二、员工招聘

员工招聘是旅游景区人力资源管理的重要环节，是为一定的工作岗位选拔合格人才而进行的一系列活动，是发掘和运用人力资源的开端，是旅游景区经营成败的关键因素之一。

（一）员工招聘流程

旅游景区员工招聘的基本流程一般分为四个步骤，如图 5－1 所示。

（1）招募。招募是旅游景区为吸引人员前来应聘所做的一系列工作，包括招聘计划的制订与审批、招聘信息的确定与发布、应聘表格的设计与填写等。

（2）甄选。甄选是从岗位职责要求出发，挑选合适的人员来承担某一职位，主要包括审查应聘者应聘资格、初试、复试、任用面谈、体检、签订合同等。

（3）录用。录用主要涉及员工的初始安置、试用、正式录用等环节。

（4）评估。评估是对招聘活动的效益与录用人员质量进行的估计，可为下一次人员招聘提供参考。

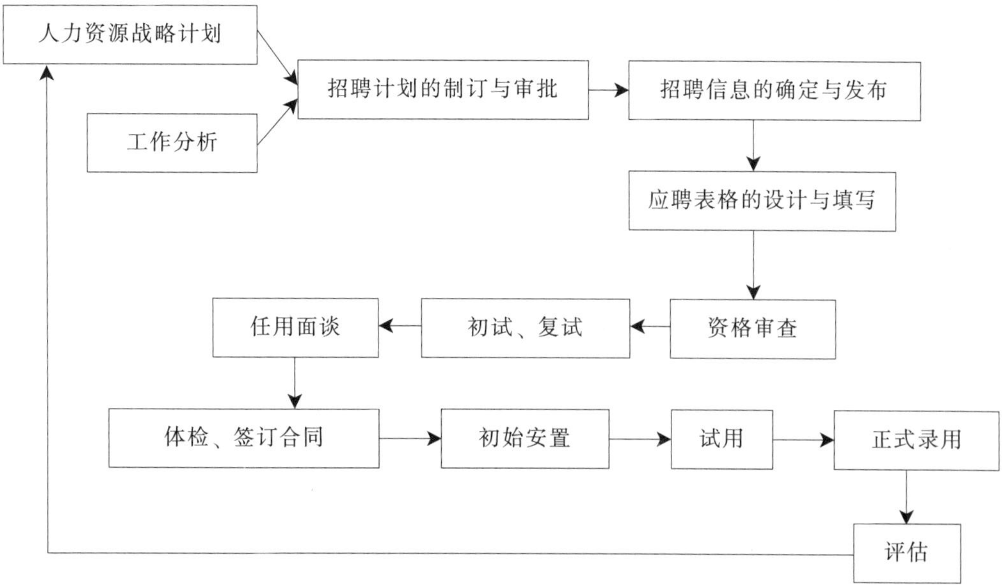

图 5－1　员工招聘流程图

（二）员工招募途径

员工招募途径的选择是招聘的重要内容之一，科学选择招募途径对降低旅游景区招募成本、提高招募效率等都有重要的作用。

1. 内部途径

内部途径是从旅游景区组织内部进行人员选拔，以补充空缺或新增职位的一种招募途径，其优点有以下三个：

（1）可信度高。组织一般对内部员工的个人资料都有存档，有利于更客观、更科学地了解员工，提高员工与岗位的匹配度，增强招募的有效性。

（2）文化认同感强。内部员工与组织长期的融合使他们对组织的价值观、道德观等文化理念有较强的认同感，这种认同感使其对组织的忠诚度加强，减少了新进员工文化培训、人员流失等大笔费用。

（3）效率高，节省费用。一方面表现为员工对组织文化趋同导致的沟通和协调增强，边际摩擦减少，组织运行效率提高；另一方面表现为在同一个旅游组织工作过的员工对组织安排的工作比较熟悉，可减少培训项目，提高工作效率。同时，招聘工作比较方便，减少了招聘过程中的费用开支。

当然，内部选拔也存在着明显的不足。例如，内部选拔是一个互相竞争的过程，内部员工竞争的结果必然有胜有败，这可能会影响内部关系；另外，组织内过分“近亲繁殖”会影响组织的创新能力；内部选拔还可能因为领导的好恶而导致优秀人才外流或被埋没，也可能出现“裙带关系”，滋生组织中的“小帮派”“小团体”，削弱组织效能。

2. 外部途径

外部途径是从组织外部招募适合组织需要的员工的一种途径，是现代企业招聘的主要途径。其优势主要有以下三个：

（1）利于组织创新。外部人员往往对旅游组织的经营模式不熟悉，这给他们提供了结合自己价值观和新观点、新思路、新方法进行组织创新的机会。

（2）利于增强组织活力。每一次人员招聘都是一个竞争的过程，不仅是外部人员之间的竞争，也是外部人员和内部员工之间的竞争。外聘员工会在无形中给原有员工施加压力，促使其形成危机意识，激发其斗志和潜能。

（3）选择面广。外部挑选的范围很广，有机会招聘到组织需要的优秀人才，尤其是稀缺的复合型人才，这样可以节省组织内部培养这些优秀人才的费用。

当然，外部招聘也不可避免地存在着不足。首先，由于信息不对称，往往造成筛选难度大、成本高，甚至出现逆向选择；其次，外聘员工需要花费较长时间来进行培训和定位，其与组织文化融合的程度还是未知数；最后，可能挫伤有上进心、有事业心的内部员工的积极性和自信心，或者引发内外部人才之间的冲突等。

三、员工培训

旅游景区企业是劳动密集型的服务型企业，人才的含义更多地体现在员工的整体素质上，人才投资也更多地转化为对员工这一人力资本的投入。培训作为对人力资本投资的主要形式，日益受到重视。培训既包括对新员工的培训，也包括对老员工的培训。现有的人力资源面临着知识更新的日益加快，以及目标顾客需求日新月异的局面，如果不经常对员工进行培训，员工将难以跟上时代发展的步伐，甚至有被淘汰的可能。

（一）员工培训的内容

旅游景区培训的内容可分为五个方面，即知识培训、技能培训、态度培训、观念培训、心理培训，这五个方面又相互联系。

（1）知识和技能的培训。

对于旅游景区内部知识和技能培训来说，主要包括两个方面的内容：一是基础知识和技能，即旅游景区各部门本职工作中最主要的知识技能；二是相关知识和技能，如旅游景区的工作人员除了要对本景区的旅游资源有所了解之外，还要对相关历史文化知识有一定的了解。

（2）态度和观念的培训。

旅游业是服务型企业，员工的服务意识是旅游景区的生命力，是服务质量的关键，是服务工作的灵魂，是员工素质的标志。旅游景区人力资源管理工作中要特别重视员工服务意识的培养。服务意识是指能自觉地、主动地、发自内心地为他人和社会提供有经济价值的劳动的反映。具体包括两层含义：第一层含义是对服务的认识，即用简单而明确的语言把服务具体化，使服务人员清楚什么是优质的服务；第二层含义是要制定出服务的标准。标准是服务质量的保证，服务标准的制定，可使服务人员明确自己的职责，最大程度地发挥自己的创造力，为顾客提供优质的服务。

（3）心理培训。

员工的心理培训越来越受到企业的重视，这是因为随着人才和市场的竞争日益激烈，人们生活和工作的节奏加快、压力增大。旅游业的员工也是如此。良好的心理教育、疏导和训练，能够增强员工的意志力、自信心、抗挫能力和自控能力，还能提高员工的创新意识、贡献意识、集体意识和团队意识。

（二）新员工的培训

为了让新招聘的员工尽快融入旅游景区的工作中，达到上岗要求，并使新员工向旅游景区所期望的方向发展，旅游景区需要对新员工进行岗前培训。培训有以下作用：第一，增进新员工对企业、对老员工的了解，减少新员工对不明朗因素的疑虑，同时也为管理人员对新员工的深入了解打下基础；第二，新员工培训的必备内容是让员工了解他们将来要从事的具体工作，掌握工作的基本内容、程序以及相关的技术细节，以使他们尽快进入工作角色；第三，岗前培训可以让新员工对旅游景区产生归属感，使他们在思想、感情和心理上产生对旅游景区工作的认同、参与和投入，培养其对旅游景区的忠诚度和责任感，为旅游景区留住优秀人才奠定基础。

从实际操作的角度看，旅游景区的新员工培训在知识培训、技能培训、态度培训、观念培训、心理培训的框架下，重点要明确以下三个方面的内容：

（1）企业文化培训。让新员工了解旅游景区的发展历程、企业宗旨、发展战略，以及对基本职业态度的要求，使新员工知道应该做什么、不应该做什么、应该以什么态度对待工作和对待游客。

（2）规章制度培训。让新员工知道旅游景区目前执行的各种制度及具体规定等。通过制度的培训，进一步规范新员工的行为，使其符合旅游景区的要求，也可以减少旅游景区内部管理中因新员工的到来而产生的矛盾，降低出现问题的概率。

（3）职业技能培训。这包括让新员工掌握旅游景区服务的基本知识，明确服务的质量标准，熟悉各岗位或项目的操作规则和基本工作流程、工作要求等。职能培训对加快新员工的上岗速度、提升新员工上岗后的工作能力有重要作用。

（三）员工培训的方式

员工培训的内容十分丰富，其形式也多种多样。新员工培训的具体方式可以是参观旅游景区的各个工作部门及园区，也可以是高层管理人员和部门负责人员进行授课，还可以是有关领导与新员工的单独面谈等。在实际操作中，应根据培训的要求和特点合理选用具体的培训方式。一般而言，员工培训的方式主要有以下六种：

（1）参与式。其主要形式包括会议、小组讨论、头脑风暴法和影视法等。通过这些形式的培训，可以让员工与员工、员工与管理者进行充分的讨论与沟通，以获得解决问题的新思路和新方法。

（2）讲授法。授课的对象包括经理、主管人员、一线骨干员工等，根据不同人群的特点和需要，恰当选择培训的内容。对于培训教师，既可以聘请专家，也可以选择优秀的经理、主管人员、一线骨干员工，分享他们的经验，使培训更贴近实际。

（3）角色扮演式。可以通过模拟训练、事务处理训练进行。通过虚拟情景设计，让员工扮演不同角色，使他们切身体会相关角色人员的思想、感情和反映，帮助他们更好地理解工作。

（4）参观考察式。组织受训员工参观本旅游景区或其他旅游景区，还可以出国考察，让员工在参观考察中进行横向和纵向的比较，学习并借鉴他人先进的工作经验和工作方法，弥补自身的不足，从而使旅游景区获得更好的发展。

（5）操作示范式。操作示范培训是为专业操作技能要求较高的岗位培训而设置的。为了使受训员工熟练掌握正确的操作方法，旅游景区专门安排专业操作技能优秀的员工在工作现场或模拟的工作环境中利用实际使用的器材，进行讲解和示范。

（6）员工自学。员工通过自学提高自身素质，以便更好地为旅游景区和游客服务。

第三节　旅游景区人力资源绩效考核

一、绩效与绩效考核的概念

绩效是员工完成工作的结果，是其能力在一定环境中表现的程度和效果，在实现预定工作任务的过程中所采取的行为及这些行为的成果。旅游景区员工绩效考核是旅游景区人事部门或业务部门依据若干项目或目标对员工某一阶段工作行为进行系统和科学的分析和评价，然后公平地确定被考评员工在旅游景区的价值。员工绩效考核是旅游景区人力资源管理工作的一项重要内容。

二、绩效考核内容

旅游景区员工绩效考核的基本内容包括员工的基本素质、工作态度、工作能力和工作业绩四个方面。

（1）基本素质。

基本素质包括员工的思想素质、心理素质、职业道德等方面。基本素质是人的灵魂，它决定了一个人的行为方向——人生奋斗目标，决定了行为的强弱——为达到目的而努力的程度，决定了行为的方式——为达到目的所采取的手段。

（2）工作态度。

工作态度包括员工的事业心、出勤率、服务态度等。服务行业的特性决定了工作态度的重要性，员工的工作态度对其工作表现有直接决定作用。员工工作态度的考评主要是依据各岗位的规章制度对员工的纪律性、责任感、积极性及自我提高热情等方面进行的测评。

（3）工作能力。

工作能力是指员工分析和解决问题的能力以及独立工作的能力，包括体能、学识、智能和技能等。对工作能力的考评一般由两部分组成：一是基础能力考评，如知识、技能；二是业务能力考评，如决策能力、规划能力、沟通能力、协调能力、理解能力、指导能力、监督能力及创新能力等。

（4）工作业绩。

工作业绩是指员工的工作效率和效果，包括完成工作的数量、质量、经济效益和社会效益。进行工作业绩考评首先要根据旅游景区的目标管理体系，确定各级别管理和工作目标，如营运收入目标、成本控制目标、质量管理目标及安全管理目标等，并且依据这些目标制定工作业绩标准，让考评工作有参照体系。另外，还要为各目标确定相应的考评权重，以表现各目标间的层级与关系。一般而言，工作业绩的考评内容包括工作质量、工作效率、工作成果和业务成绩等。

在具体实施考评时，这四个方面又可以表现为多个子项目，如对组织的忠诚度、知识水平的高低等，从而使考评更加客观。表 5－2 为旅游景区员工绩效考核表范例。

表 5－2　旅游景区员工绩效考核表

姓名			部门		考核期			
考核项目		评分标准	标准分	评分			小计	
				自评	部门评议	分管领导评议		
工作行为与态度（45分）	责任心	积极主动，责任心强，能很好地完成任务	13					
		有责任心，可放心交付工作	10					
		尚有责任心，基本能完成工作	8					
		无责任心，自由散漫，上班时常做与工作无关的事情	6					
	勤奋度	任劳任怨，爱岗敬业	12					
		守时守规，不偷懒，积极工作	10					
		时间观念不强，主动积极性不够，需有人督促	8					
		经常脱岗、迟到、混日子，交办工作不力	6					

（续上表）

姓名		部门		考核期	

考核项目		评分标准	标准分	评分：自评	评分：部门评议	评分：分管领导评议	小计
工作行为与态度（45分）	忠诚度	对公司的现状和前途有信心，讲求奉献在先，回报在后	10				
		视承担的工作和责任为重，而不仅仅是谋生手段	8				
		言行尚规范，无越轨行为	6				
		自我意识重，只讲获取，不讲奉献	4				
	诚信度	品德兼优，言行一致，以身作则	10				
		言而有信，品行好	9				
		诚实，行为规范	8				
		不够诚实，不能实事求是	4				
工作能力与效果（55分）	团队合作	善于团结合作，起带头作用，发挥部门优势	12				
		尚能与他人合作，保证部门完成任务	9				
		主动不够，勉强配合领导和他人完成任务	7				
		难与他人合作，成为公司、部门的包袱	6				
	执行力	认真执行领导交办的各项工作，理解力极强，办事得力、快速	15				
		快速执行领导交办的各项工作，时有提出合理建议	13				
		执行力一般，需督促	10				
		能力差，态度不积极	6				
	工作效率	善于团结合作，起带头作用，发挥部门优势	13				
		尚能与他人合作，保证部门完成任务	9				
		主动不够，勉强配合领导和他人完成任务	7				
		难与他人合作，成为公司、部门的包袱	6				
	综合素质	认真执行领导交办的各项工作，理解力极强，办事得力、快速	15				
		快速执行领导交办的各项工作，时有提出合理建议	13				
		执行力一般，需督促	10				
		能力差，态度不积极	6				
合计			100				

出勤奖惩记录	迟到	早退	事假	病假	超假	旷工	奖励	惩处	计分
加扣分									

三、绩效考核方法

绩效考核的方法多种多样，都是从业者在多年管理实践中积累并经过管理理论学者升华、改进的成果。但是，无论哪一种评估方法都因其特定的适应范围而有其优点和缺点。因此，在绩效考核时应根据实际情况选择最适用的方法。下面列举几种常用的绩效考核方法。

（一）图表尺度评价法

图表尺度评价法是旅游景区人力资源绩效考核最普遍、最容易操作的一种方法。它的流程是：首先，根据工作分析，将被考核岗位的工作内容划分为相互独立的几个模块，在每个模块中用明确的语言描述该模块工作需要达到的标准；然后，将标准分为几个等级选项，如“优”“良”“合格”“不合格”，赋予不同等级以具体分数；之后，考核人员根据被考核人员的实际工作表现，对每个模块的完成情况进行评估，最终得出的总成绩便为该员工的考核成绩。

此方法的优点是简便、易操作，考核人员只要在表格中的相应位置填写上相应等级即可；其缺点是主观性太强，具有很大的随意性。有研究表明，管理人员倾向于将被考核人员评为较高等级，从而使企业出现大量优秀员工。

（二）排序法

排序法是根据被评估员工的工作绩效，来确定各员工的相对等级或名次的方法。一般有三种排序方法。

（1）简单排序法。

简单排序法是考核人员根据员工工作的总体情况将其从最好到最差进行排序的一种方法。这种方法有利于识别绩效最好的员工和绩效最差的员工，在人数较少的情况下，简单、易操作、成本低。但人数较多时，排序将会变得很烦琐，容易出现分数差距不大而名次悬殊的情况，造成不公平的错觉。

（2）交替排序法。

交替排序法由简单排序法改进而来。在进行排序时，首先根据绩效评定的标准挑选出最好和最差的员工各一名，将之列为第一名和最后一名，然后从剩下的员工中挑选出次优秀和次差的，以此类推，得到一个完整的序列。这种方法优于简单排序法。

（3）配对比较法。

配对比较法是依照同一标准对相同职务的员工进行考核的一种方法。它是对员工进行两两比较，任何两名员工都要进行一次比较。两名员工相互比较之后，工作较好的员工记“1”，工作较差的员工记“0”。所有的员工相互比较完毕后，将其得分相加，分数越高者，绩效考核成绩越好。使用此方法时每次比较的员工不宜多，否则会使考核工作变得烦琐不堪，一般在 5 ~ 10 名即可。这种方法是对员工整体印象的比较，不涉及具体工作行为，较适合进行报酬决策，而不适合以培训等为目的的决策。

（三）强制分布法

强制分布法的假设前提是在正常情况下所有员工的最终排序在统计上基本符合正态分布。根据此原理，优秀的员工和不合格的员工的比例基本相同，大部分属于工作表现一般的员工。在考核过程中，要强制规定优秀员工的人数和不合格员工的人数。此方法适用相同职务员工较多的情况。其最大的优点是可以有效地避免由于考核人员的个人因素而产生的考核误差，缺点是这种强制性有可能会引起员工的不满。

（四）关键事件法

关键事件法是指主管或负责考评的管理人员把员工工作过程中发生的好的和不好的重要事情进行记录、汇总，以反映员工的全面表现，并以此对员工进行考核。采用这种考核法，如实地对从上次考评到本次考评这一整段时间内发生的每件事情及时地做好记录是考核有效的基础，记录必须包括正反两方面，才能使考评公平正确。

（五）目标管理法

目标管理法运用到绩效考核中，就是考核人员与员工共同讨论和制定员工在一定考核期内所需达到的绩效目标，以及实现这些目标的方法和步骤。到规定的考核期末，由双方共同对照原定目标测算实际绩效，找出成绩和不足。然后根据实际情况制定下一个考核期的绩效目标。

四、绩效考核流程

绩效考核的效果在很大程度上取决于考评系统的设计、考评方法的选择和实施过程的安排。一般而言，完整的绩效考核的实施过程必须包括以下基本步骤。

（1）规划、设计。单位主管领导和人力资源部门制订考核活动的实施计划，明确考核的目的、要求和内容，设计考核方案和具体执行办法，发布相应的文件。

（2）技术准备和人员培训。设定评估标准，选择或设计评估方法，确定客观、有效的收集员工绩效信息的方法和途径，培训评估人员等。

（3）收集绩效信息，填报表格。根据拟定的考核方案，收集考核所需的绩效信息（包括日常工作记录等资料），安排有关人员填写各种考核表格，以期全面反应考核对象的绩效情况。

（4）实施评估。包括员工自评和部门考评。员工自评是员工根据岗位说明书的要求和内容对自己的工作表现进行评价。部门考评就是根据预先确定的考评方法，参照考评标准，由考评人员对员工的表现进行评价。然后综合员工自我评价和考评人员的评定，得到员工最后的考评成绩。

（5）分析、评价评估结果。对所收集的数据、资料进行分析，得出评估结论。

（6）结果反馈与培训。把评估结果反馈给被评估者，与其进行双向沟通，并根据实际情况给予辅导、培训，同时还可以倾听被评估者对评估结果的意见，由此不断完善评估制度。

第四节　旅游景区人力资源薪酬与激励

一、薪酬管理

（一）薪酬和薪酬管理的概念

薪酬是指员工参与组织劳动而从组织中得到的各种酬劳的总和。薪酬管理是组织分配给员工的直接和间接的货币激励以及非货币激励的过程。现代薪酬管理理论认为，薪酬是激励员工积极工作的主要手段之一，达到或是超出员工期望的薪酬能使员工满意，从而激发他们的工作积极性。这些酬劳可以是货币形式的，如基本工资、奖金等，也可以是非货币形式的，如带薪假期、工作环境的改善等。在发达经济国家中，"薪酬"是一个薪酬组合或薪酬包的概念。它通常由基本工资、奖金、福利计划和股权激励组成。

旅游景区薪酬制度是指旅游景区通过与员工互动、了解员工需要来建立一套完整、系统、高效、科学的薪酬制度体系，以达到吸引员工、留住员工、激励员工，进而达到提高旅游景区经济效益和市场竞争力的目的。

（二）薪酬的内容

一般来说，薪酬的具体内容包括四个部分：工资、奖金、福利和股权。

（1）工资。

工资是以货币形式定期支付给员工的劳动报酬。旅游景区员工的工资一般包括基本工资、工龄工资、职位工资和若干国家政策性津贴。工资是员工劳动收入的主要部分，也是确定其劳动报酬和福利待遇的基础，一般具有稳定性、常规性、基准性和综合性的特点。工资的多少受很多因素的影响，包括国家整体经济状况、旅游景区短期经营状况、个人短期绩效、个人任职资格等。

（2）奖金。

奖金是一种基于经营业绩或者员工个人业绩的短期激励，是为了达到经营目标而设立的。奖金与工资不同，工资是一种连续的收入形式，具有延续性、稳定性、持久性和刚性的特点；而奖金是一种短期激励性薪酬，具有一次性、不稳定性的特点。对于旅游景区而言，支付奖金有更大的自由度。奖金的额度除了与旅游景区经营利润相关外，还与个人绩效、个人特别贡献及旅游景区的经营战略有关。

（3）福利。

福利与奖金、工资不同，它的表现形式是非货币化的，更多的是以实物和服务的形式支付，如带薪休假、保险、子女教育津贴等。福利的主要作用是给员工的生活提供保证和方便，以提高员工对组织的忠诚度。福利通常可以分为两大类，即法定福利和自助福利。法定福利是旅游景区组织按照国家规定向员工提供的福利，具有强制性，一般包括社会养老、医疗、工伤、失业保险等。自助福利是旅游景区组织根据自身情况和员工需要，自行定制的一个福利包，包括住房补贴、免费旅游、定期体检、专用交通工具等。自助福利的主要目的是利用这种方式体现旅游景区对员工的关怀和重视，以此提高员工的满意度，提升他们对组织的忠诚度。

（4）股权。

股权是旅游景区为了留住核心人才所使用的一种长期激励手段，其本质是捆绑员工利益与旅游景区利益，令员工主动参与旅游景区发展。使用股权激励时，应做到定人、定量和定时。定人指股权激励的对象不可过广，需参考岗位等级系数、绩效考核结果、工龄等综合评定，一般旅游景区的经理、核心技术骨干可作为激励的对象；定量指总股本中用于股权激励的份额不宜过多，单个个体获得的激励份额也不宜过大；定时指获得股权需满足一定条件，如满足工龄多少年或达成某些目标等。实际操作中股权发放可采取业绩股票、股票期权、虚拟股票、股票增值权、限制性股票、延期支付等方式。

（三）薪酬的作用

薪酬作为员工为企业所付出劳动的一种直接回报，是员工工作与责任的象征。薪酬的多少标志着员工的才能、积极性和贡献的大小，象征着员工的地位和荣誉。薪酬的作用有：

（1）补偿功能。薪酬实际上是一种公平的交易，用以补偿企业员工的劳动付出，他们用薪酬可以获取食物、保障、社会关系及尊重等。

（2）激励功能。薪酬作为旅游景区组织人力资源管理的重要工具，可以用来评价员工的工作绩效，促进劳动者工作数量和质量的提高，从而保护和激励他们的工作积极性。因此，从旅游景区组织管理的角度看，激励功能是薪酬的核心职能。

（3）协调和配置功能。薪酬管理与旅游景区组织的其他管理结合起来，就可以通过薪酬变动来调节企业各个生产环节的人力资源，达到有效配置旅游景区组织内部各种资源的目的。同时，薪酬水平的变动，也可以将组织目标和管理者的意图及时、有效地传递给员工，促进个人行为与组织目标一致化，调节员工与组织、员工与员工的关系。

（四）薪酬管理的原则

对于大多数人而言，工作是生活的核心活动之一。薪酬的支付是否合理得当，会影响员工的工作态度、工作效率以及员工对企业的忠诚度等。因此，进行有效的薪酬管理，要遵循以下五个基本原则：

（1）公平性。薪酬系统要公平，这是最主要的原则。要使员工认识到，人人平等，只要在相同的岗位上作出相同的业绩，都将获得相同的薪酬。

（2）合法性。薪酬系统是由旅游景区管理层建立的，应该使大多数员工认可，这样会起到更好的激励作用，当然要符合法律要求。

（3）激励性。薪酬虽不是激励员工的唯一因素，却是关键的因素。按劳分配、多劳多得能够提高员工的工作效率和满意度。

（4）竞争性。旅游景区各个职位的薪酬与同行业、同地区或者同等规模的其他旅游景区的相似职位相比，若具有竞争力，可吸引和留住优秀人才。

（5）可行性。一般而言，薪酬系统应该接受成本控制，即在成本许可的范围内制定薪酬系统。

二、激励机制

（一）激励与激励机制的概念

激励，顾名思义就是激发和鼓励。激励的目的是激发人的潜在能力，激励的过程就是调动人的积极性的过程。旅游景区人力资源的激励机制就是为调动员工的积极性，发掘其潜力而采取的措施。激励即通过高水平的努力实现组织目标的意愿，这种努力以能够满足个体的某些需要为条件。

机制原指机器的构造和工作原理，现已广泛应用于自然现象和社会现象，指其内部组织和运行变化的规律。在任何一个系统中，机制都起着基础性、根本性的作用。激励机制，也称激励制度，是激励主体（管理者）依据法律法规、价值取向和文化环境等形成的一套理性化的制度，对激励客体（管理对象）从物质、精神等方面进行激发和鼓励以使其行为继续发展。

（二）激励的类型

激励的形式多种多样，根据激励的内容可以将激励分为物质激励和精神激励；根据激励的作用可分为正向激励和负向激励；根据激励的对象可分为他人激励和自我激励；根据激励产生的原因可以分为外附激励和内滋激励。

1. 物质激励和精神激励

美国心理学家亚伯拉罕·马斯洛的需要层次理论概述了人的整个需要过程。需要理论的基本规律是：只有当低层次的需要得到满足（相对满足）时，高层次的需要才能成为人所追求的目标。当然个人对需要的满足程度有不同的要求，总体而言，需要层次之间有内在的重叠性，同一时期同一个人可能同时拥有多种需要。

物质激励和精神激励有不同的内涵，可以满足人们不同的需要及不同人的需要，如奖金可以满足人们的物质需要，但不能满足人们的荣誉感需要，而职位晋升可以满足人们的成就感需要，但不能满足人们的物质需要。

2. 正向激励和负向激励

正向激励是一种通过强化积极意义的动机而进行的激励；负向激励是通过采取措施抑制或改变某种动机。负向激励也是一种激励，通过影响人们的动机来影响其行为，使人们从想做某种事转变为不想做某种事。

3. 他人激励和自我激励

他人激励是调整他人动机。自我激励是对自己进行激励，是调整自己的动机。自我激励也应从需要、目标着手，通过分析自己的需要，选择合理的目标并实现这些目标。

4. 外附激励和内滋激励

美国管理学家道格拉斯·麦克雷戈把激励分为外附激励和内滋激励。

外附激励是指掌握在管理者手中，由经理运用，对被激励者来说是一种外附的激励。以下四种外附激励的方式是行之有效的：

（1）赞许。这是一种常用的激励方式，当面称赞、当众夸奖、通报表扬等属于赞许，即客观上对受赞许者的行为给予肯定，因而有强化其动机的作用。

（2）奖赏。奖赏也是一种赞许和鼓励，但它的激励作用要大得多。奖赏既可以是物质的，也可以是精神的，还可以是物质奖赏和精神奖赏并用。

（3）竞赛。一般人都有好胜的心理，特别是有高度成就感的人，其好胜心理更为强烈。因此，竞赛有激励的作用。但必须注意以下几点：竞赛要事先公布评比的标准，使大家明白争夺的目标及胜败的后果；标准要具有可比性；竞赛的结果要公布，许诺的奖励要兑现。

（4）考试。对员工的录用、选拔、晋升，采用考试的办法，有较好的激励作用，而且可以在一定程度上减少拉关系、走后门的弊端。

内滋激励是指被激励对象发自内心的一种激励力量。包括学习新知识和技能、责任感、光荣感、成就感等。内滋激励有助于员工“开发自己”，使自己始终保持“一种良好的舞台激情”。主要表现在以下两个方面：

（1）认同感。一个人对组织目标有了认同感以后，就会产生肯定性的感情和积极态度，从而迸发出为实现组织目标而奋斗的动力。

（2）义务感。这是人们的一种内在要求。人们往往把自己愿意承担的各种义务看成是“应该做的”，义务感能对自己的行为产生一种自觉的精神力量。

【本章小结】

人力资源有广义和狭义之分。人力资源是推动组织发展的关键资源。人力资源管理是有关人力资源方面的计划、组织、指挥、协调、信息和控制的一系列管理工作的总称。旅游景区进行人力资源管理，首先必须制订人力资源计划，然后进行招聘和选拔，之后是入职教育、培训和发展、薪酬与激励措施的设计和实施、工作绩效考核、人事管理、职业生涯管理。旅游景区在进行人力资源管理时要依据自己的特色，制订适合自己的人力资源管理方案。

【拓展阅读】

人力资源管理的“碧水湾样本”

“景区拥有员工近 500 人，80% 以上的管理人员由自己培养，景区营业收入每年保持 10% 以上的增长，员工基本工资每年上调一次至两次，每次上调的幅度不低于 8%，但人力资源成本支出仍未超过总收入的 20%。”在广州举行的第五期中国温泉旅游行业总经理培训班上，从化碧水湾温泉度假村总经理姜忠平在讲授“景区人力资源成本控制”的经验时如是说。

旅游景区是劳动密集型行业，人力成本的提高给景区造成巨大压力，人力资源管理成本问题越来越突出，如何激发人力资源的创造性、挖掘人力资源潜力、留住人才从而提高组织效率是很多旅游景区亟待解决的问题。从化碧水湾温泉度假村根据自身特点，探索出了一套独特的人力资源管理模式，如深入开展校企合作、实施员工满意度调查计划等，为景区发展节约了成本，积累了经验。

（一）招聘机制：深入开展校企合作

碧水湾温泉度假村位于广州市东北部，是国家 4A 级旅游景区。与大部分景区一样，该度假村在开业初期也面临着招人难的问题。姜忠平说，由于地理位置的特殊性，地处偏远山区的碧水湾温泉度假村的生活条件相对艰苦，工作环境也比较差，开业之初人员流动频繁，使得景区的服务质量波动性很大，直接影响景区的经济效益。

为提升服务质量，该度假村曾在人力资源培训方面投入了大量的资金，但这种资金投入是重复性的，直接导致了景区经营成本上升而使得景区年终利润下降。

为此，度假村决定实施“人力资源甄选与配置优化战略”。

在岗位设置和人员配备方面，碧水湾温泉度假村人事部门首先认真分析每个岗位和进行岗位设计，其次在分析的基础上计算出每个岗位和职位的人力资源需求量，再次是计算出每个职位或者岗位的人力成本，最后根据预算目标做好人力资源规划，即进行岗位编制，以减少不必要的人员。

与此同时，度假村采用各种灵活的用工方式，建立科学的工作安排、合理的用工机制，如游客量少时，可适量减少当班人力资源，旺季用工不足时，与学校合作聘用实习生，避免了淡季大量人力资源闲置，减少了若在旺季大量招聘正编人力资源而产生的岗位工资、津贴、社保缴费等费用项目。

据姜忠平介绍，目前碧水湾温泉度假村已与多所旅游院校开展校企合作，其中包括广东省旅游职业技术学校、桂林旅游高等专科学校、广州市旅游商贸职业学校等，这些学校每年向碧水温泉输送数以百计的学生，解决了旺季用工荒的问题。校企合作也成为碧水湾温泉度假村甄选人才的重要途径，很多实习生都愿意留下来工作，减少了人力资源招聘的成本。

（二）留人机制：创造友爱人文环境

就管理效率来看，景区内适度的人员流动可以促进人力资源间的竞争，提高人力资源工作效率，但是过于频繁的人员流动会导致景区人力资源成本的浪费，造成人力资产的损失。人力资源成本的控制不仅要考虑人力资源所带来的效益，更重要的一点是，要能让员工安心留下来。

为减少人力资源浪费，碧水湾温泉度假村倡导人文关怀、以人为本的管理理念，在工作上强调严，生活中强调爱，实行严与爱相结合的管理方式。姜忠平认为，员工才是企业最大的财富，“有满意的员工，才有满意的顾客”。

为了提升员工的满意度，2007 年起，碧水湾温泉度假村在员工宿舍配备了空调、电视、网络等基础设施。除了每年妇女节、劳动节等节日组织特殊员工集体出游外，每一位员工每年都有旅游的机会，工作年限越长，奖励旅游的力度越大。作为管理人员，每年还有出国学习考察的机会，入住体验各国以服务著称的豪华酒店。

更值得一提的是，从 2007 年开始，碧水湾温泉度假村实施“员工满意度调查”计划，从 27 个维度、5 个层面了解员工的情况。刚开始是一年一次调查员工的满意度，现在是每季度一次，主要关心员工“开不开心”“有没有朋友”“对工作是否满意”“最满意与最不满意的地方”等问题。

此外，度假村还推行了众多关爱员工的举措，增进了员工对景区的认同感与归属感。比如，员工有困难，都要去帮助；员工生病了，家属来了，管理人员必须去探望；中秋节给每位员工家里寄月饼；过年发贺年卡，企业办晚会时，让员工与家人进行现场亲情连线……

与此同时，度假村每年投入大量的资金培养员工兴趣爱好，定期举办插花、舞蹈、摄影、心理等培训班，并在培训完之后组织一次比赛，如插花比赛、摄影比赛等。

由此，度假村形成了一个相对友爱的人文环境。在该度假村酒店前厅服务员生日那天，同事为这位员工连续熬夜精心制作了一个生日短片，收录了这位员工在碧水湾温泉度假村工作、生活的点点滴滴，让这位员工感动得热泪盈眶。

（三）激励机制：制订职业生涯规划

温泉康乐部副经理是一个东北姑娘，在碧水湾工作了5年多，她大学毕业后来到此地，一直没有离开过。与她一样，在碧水湾温泉度假村工作5年以上的员工有近100人，据介绍，80%的管理人员从最基层做起。

姜忠平强调，在员工培养上，要帮助他们成长，制订一个目标明确的职业规划。他说，职业生涯的规划是一项程序性极强的工作，每个培养阶段都要有人力资源使用成本以及其他各项成本的控制，所以规划需要有战略性，而绝对不能仅重眼前利益，应进行人力资源的梯队规划，即给每个重要的部门进行接班人的培养，使部门能不间断地保持正常的运作，有效控制景区成本。

为帮助员工成长，碧水湾采用多样化激励措施，建立了“学习培训机制、问题处理机制、信息管理机制、快速反馈机制、员工考核机制、及时奖惩机制”。比如在学习培训方面，碧水湾实行“三级培训”“交叉培训”“案例培训”的制度，每天坚持进行正反三个案例的学习。此外开通员工进城的班车，给员工关爱，以带来更高的工作积极性。

碧水湾虽然规模不大，仅有各类度假客房217间、温泉池36个，硬件水平在蓬勃发展的温泉队伍中并不占优势，但通过建立科学的管理机制，2011年营收达到1.08亿元，在携程网的用户评分中保持在4.7分（满分5分），连续16个月蝉联广州地区酒店第一位。

（资料来源：郭光明《人力资源管理的“碧水湾样本”》，有删改）

说一说：

1. 碧水湾人力资源管理成功的经验是什么？
2. 碧水湾激励员工的具体措施有哪些？

【思考与练习】

1. 简述旅游景区人力资源的特性及人力资源的要求。
2. 分析旅游景区人力资源的招聘及培训流程。
3. 探讨旅游景区人力资源绩效考核的内容及机制。
4. 讨论旅游景区人力资源的薪酬内容和管理原则。
5. 试述旅游景区人力资源的激励办法。

第六章　旅游景区环境和卫生管理

【学习目的】

通过本章的学习，熟悉旅游景区环境卫生管理的内容，了解环境卫生管理的意义；掌握旅游景区环境容量的概念和测量方法；了解旅游景区环境卫生管理的标准、办法。

【学习要点】

1. 旅游景区环境卫生管理的内容
2. 旅游景区环境容量的概念及测量
3. 旅游景区环境卫生的管理标准
4. 旅游景区生态环境容量调控对策

【关键词】

旅游景区环境卫生管理；环境卫生管理标准；景区环境容量

旅游景区的环境卫生是关系到游客及当地居民身体健康的重要因素，是旅游景区赖以生存的基础条件，是旅游景区形象的重要组成部分，也是旅游景区可持续发展的重要保证。良好的环境卫生状况能给游客带来更舒适的享受，增加旅游体验值，提升对旅游目的地的形象认识。所以，旅游景区的环境和卫生管理也是至关重要的，它是旅游景区良性发展的必要条件。

第一节　旅游景区环境和卫生管理

一、旅游景区环境和卫生的概念

环境是指围绕着某一事物（主体）并对该事物会产生某些影响的所有外界事物（客体），即环境是指某个主体周围的情况和条件。旅游景区的环境既包括以空气、水、土壤、动物、植物等为内容的物质因素，也包括以观念、制度、行为准则等为内容的非物质因素；既包括自然因素，也包括社会因素；既包括生命体形式，也包括非生命体形式。

卫生指个人和集体的生活卫生和生产卫生的总称。“卫”即卫护、维护；“生”即生命、生机；卫生即卫护人的生命、维护人的健康。旅游景区卫生一般指为增进人体健康、预防疾病，改善和创造适合游客生理、心理需求的游乐环境和工作条件所采取的有关卫护、维护的措施。

二、旅游景区环境及其管理

按环境的属性，可将旅游景区的环境分为自然环境、人工环境和社会文化环境。旅游景区的环境卫生管理也是从这三个方面入手，而旅游景区环境卫生主要是指物质环境的卫生。

（一）自然环境

自然环境可分为大气环境、土壤环境、水环境、生物环境等。因此，旅游景区的自然环境卫生也包括这四个方面的内容。

1. 大气环境

大气是维持一切生命所必需的重要资源，大气质量的优劣，对整个生态系统和人体健康有着直接的影响。恶劣的气象、气候条件，如冰冻、暴雨、沙尘暴等，会对顺利开展旅游活动形成障碍，甚至会对游客的生命财产造成威胁，特别是大气污染会影响旅游景区的发展，而良好的大气环境是吸引旅游者的重要资源。旅游者对高质量大气有强烈的需求，如张家界的黄石寨、金鞭溪等景区在进行宣传时，就强调其空气质量好、负离子含量高，有“天然氧吧”之美誉。因此，大气环境的好坏对旅游景区有着重要的影响，改善大气环境卫生是旅游景区环境卫生管理的一个重要内容。

（1）破坏大气环境的因素。

现代社会工业、交通业等发展，使大气环境所遭受的破坏越来越严重。影响大气环境的因素是多方面的，对于旅游景区而言，破坏大气环境的因素主要有以下三个方面：

一是交通工具的污染。随着旅游业的发展和人们生活水平的提高，越来越多的人选择自驾车出游，含有有害气体的尾气排放，对旅游景区的大气环境造成污染。

二是旅游景区内的餐饮企业、宾馆等所排出的废气。主要是指燃烧煤、煤气和液化气等排放的二氧化硫、二氧化氮、一氧化碳和烟尘等，其总量虽较工业少，但排放源分散、高度低、距景点近且多无除尘设施，对旅游景区大气质量影响较大。

三是垃圾堆积产生的多种有害气体。旅游景区内的垃圾等固体废弃物有机含量高，如处理不当，会滋生细菌，特别是堆放在底层的有机物，因严重缺氧，厌氧菌迅速繁殖，病原菌滋生。另外，旅游公厕如管理不善也会增加大气含菌数。

除此之外，如果旅游景区周边存在一些工业企业，它们在生产过程中排放的废气也会严重破坏旅游景区的大气环境。

（2）防治对策。

第一，限制和减少旅游景区内交通工具的尾气排放量。已有不少旅游景区如张家界武陵源景区，禁止外来车辆在旅游景区内行驶，而在旅游景区内启用电瓶车、节能车等交通工具来减少车辆的尾气排放量。

第二，减少煤等易造成空气污染的燃料使用量，代之以环保节能燃料。

第三，采取高效的垃圾处理措施，如加强跟踪式清扫力度、设置生态型垃圾箱、加强垃圾清运等。

第四，提高旅游景区内的绿化覆盖率，绿色植物大多能吸收空气中的废气，可以改善旅游景区的大气质量。

第五，建设环保、绿色旅游公厕，减少对空气的污染。

2. 土壤环境

土壤是旅游景区环境构成的重要内容，对于自然旅游景区更为重要。随着旅游活动的开展和旅游设施的开发，很多完整的生态区已被逐渐分割，逐渐岛屿化，生态环境面临着各种人工改造，如地表铺面、植被更新、外来物种引入等。无论是陆地还是水域表面都会受到旅游活动的影响，岩岸、沙滩、湿地、泥沼地、天然洞穴、土壤等不同的地表都会受到不同程度的冲击，地表植物赖以生存的土壤有机层更是首当其冲。土壤一旦受到冲击，其物理结构、化学成分、生物因子等都会随之发生变化，进而影响土壤表面植物的种类与生长，动物也会随之迁徙或减少。

（1）破坏土壤环境的因素。

一是游客践踏土壤。游客为休息、取景拍照、寻找“野趣”，扩大了土壤遭受践踏的范围，或游客接待量超过旅游承载量，加深了旅游景区土壤受践踏的程度，这使得旅游景区内的许多草地都变成了板结的土地。

二是固体废弃物的污染。目前，在旅游景区可见旅游者将塑料袋、饭盒及其他垃圾随手乱扔。固体废弃物污染已成为旅游景区环境卫生一个亟待解决的问题。

（2）防治措施。

第一，提高游客的环保意识，这是保持旅游景区良好卫生环境的重要前提。在旅游景区内设置提示标语，提醒游客不要践踏草坪、乱扔垃圾等。

第二，增设垃圾桶、增加卫生清洁人员，确保第一时间清除旅游景区内的各种垃圾，保持旅游景区良好的卫生环境。

3. 水环境

无论是以水景为主的旅游景区，还是其他类型的旅游景区，水都扮演着重要的角色。一方面，旅游景区水资源是旅游者和工作人员饮用水的重要来源，水的质量影响着他们的健康安全；另一方面，水还是旅游景区景观资源的构成要素。无水不活，水是资源构成的基本元素之一。几乎每一个旅游景区都有水景，大到瀑布、湖泊，小到喷泉、水池等。而对于如杭州西湖等以水景为主的旅游景区而言，水环境的保护管理应该摆在更加重要的位置。

（1）影响旅游景区水体水质的因素。

一是旅游景区内经营活动的污染。旅游景区内的宾馆、餐饮等单位每天都会产生大量的污水、废水，有些旅游景区甚至将未经处理的污水直接排入水源或水体中，对旅游景区内的水体造成污染。

二是旅游者造成的破坏。旅游者缺乏环境保护意识，在旅游景区的水体内任意丢弃垃圾、有害物品。这不仅破坏了水体景观，而且一旦污染物的数量超过水体的净化能力，将造成水质的恶化。

三是旅游景区外的污染。旅游景区周围的工业废水、生活污水、农业污水等有害物质排入水体，随着地表水的流入和地下水的渗透进入景区，也会影响旅游景区的水体卫生。

（2）防治措施。

第一，建立污水处理设施，将污水经过净化后再排放。

第二，配备专门的水面清洁人员，保证第一时间清除水面的垃圾，并及时清理水底的垃圾沉积物。

第三，在旅游景区的选址中，要避免选在有重大污染源的下游区域。

第四，在水景旁边设立提示标语并采取一些宣传教育手段，提醒游客不要向水中扔垃圾或有害物质。

第五，运用法律手段、经济手段、行政手段保护旅游景区的水体安全。

4. 生物环境

动植物是旅游资源的重要组成部分。因动植物具有观赏、疗养、科研等功能，所以许多旅游景区把动植物作为专门的旅游景观，如武陵源的银杏和水杉、四川的大熊猫等。一般的旅游景区也常常以动植物作旅游景区的装饰、美化之用。但随着一些不合理旅游活动的开展，旅游景区的生物环境也遭到了不同程度的破坏。

（1）破坏旅游景区生物环境的因素。

一是大面积移除。旅游景区为兴建宾馆、停车场、索道、电梯或其他旅游设施，将地表植物大面积的移除，甚至破坏受保护的森林、湿地等，对植物造成了难以挽回的破坏，同时破坏了动物的生存空间。这种破坏不仅影响了旅游景观的整体和谐性，也使旅游景区的可持续发展面临挑战。

二是游客践踏。游客为了游玩、拍摄方便，常常“不走寻常路”，不顾旅游景区的警告标示，踩踏绿地。大量游客的长期踩踏，造成植被被破坏、土壤板结，植物无法生长。

三是旅游活动的干扰。游客从事户外旅游活动时，不可避免地对较为敏感的鸟类和哺乳动物造成干扰。如西双版纳的野象谷，由于大规模游客的进入，影响了野象的生活规律，使原本经常出没于原始森林溪水旁的野象，现在已难觅其踪。

四是对野生动物的消费。游客对野生动物的消费行为是旅游活动对野生动物影响最为严重的一种。对于少部分游客，一些珍禽异兽有可能成为他们猎食的目标，从而造成这些动物族群数量下降甚至绝迹。除直接食用外，有些游客还喜欢购买野生动物的相关制品，如动物毛皮、象牙等。

（2）防治措施。

第一，在设计旅游景区时，规划好游客的步行道和车道，尽量避免游客踩踏绿地。

第二，对于以动植物为主要景观的旅游景区，开放时间应合理安排，给植物和动物留出休整时间。

第三，加强游客的素质教育，增强其环保意识，提高环保知识水平。

第四，加强法制建设，对食用或贩卖受保护的野生动物的行为进行惩罚。

（二）人工环境

1. 设施设备卫生

旅游景区的设施设备按其功能可分为旅游基础设施、旅游接待服务设施、娱乐游憩设施三类。旅游基础设施包括交通设施、排水及排污设施、电力通信设施、绿化环卫设施等；旅游接待服务设施包括接待服务设施和导游服务设施等；娱乐游憩设施包括旅游景区内的各种游乐设备和建筑，如索道、缆车、茶室、酒吧等。

保持这些设施设备的清洁卫生，是旅游景区环境卫生管理的重要内容。旅游景区设施设备环境卫生管理也可参照餐饮等企业的“五常法”进行。“五常法”是用来创造和维护良好工作环境的一种技术，包括常组织、常整顿、常清洁、常规范、常自律。常组织，即判断必需与非必需的物品并将必需物品的数量降低到最低限度，将非必需的物品清理掉，把“空间”腾出来活用并防止误用；常整顿，即使用的东西依规定定位、定量、明确标示的摆放整齐；常清洁，即清除工作场所各区域的脏乱之处，保持环境、物品、仪器、设备处于清洁状态，防止污染的发生；常规范，即连续地、反复不断地坚持前述的“三常”活动，养成坚持的习惯，并通过制度化来维持成果；常自律，即要求人人依规定行事，养成规范认真的习惯。

2. 卫生设施管理

旅游景区中卫生设施主要有公共厕所、垃圾桶、废弃物处理设施、公共盥洗室等。

公共厕所是景区基础设施的必要组成部分，也是影响游客满意度的重要因素。随着城市现代化的发展，厕所，尤其是公共厕所已经发展成为具有生理代谢、卫生整理、休息乃至审美、商业、文化等多种功能齐全的公共场所。旅游景区公厕已成为现代景区文明形象的窗口之一，是旅游景区服务质量和管理水平的重要标志，体现着旅游景区物质文明和精神文明的发展水平。

旅游景区厕所应尽量达到“六有”和“六无”标准。“六有”是指达到有水、有纸、有篓、有挂钩、有专人值守、有残疾人厕位的星级标准；“六无”是指厕所标识醒目，干净卫生，无污垢、无堵塞、无异味、无破损、无滴漏、无垃圾。同时，旅游景区公厕的设置、布局及格调应与旅游景区环境相协调。

垃圾桶的设置应该达到的标准是标识明显、布局合理、数量能满足需要、造型美观实用、与背景环境协调。按照垃圾可否再利用，将垃圾桶分为可回收垃圾桶、不可回收垃圾桶及有害垃圾桶。游客应按照垃圾的类别，将垃圾投入相应的垃圾桶。

（三）社会文化环境

随着旅游业发展层次的提高，人们越来越重视旅游的文化层面。旅游景区在开发过程中重视挖掘文化因素，突显其文化内涵。旅游的发展使得外来人口大量涌入，对旅游目的地的经济、文化等方面产生深刻影响，而对旅游景区文化环境更多的是产生冲击，使之恶化。特别是比较偏远落后的旅游目的地，传统的习俗、质朴的民风都受到了较大的冲击，社会治安问题不断出现，这些都严重破坏了旅游景区的文化环境，使得当地居民对游客的态度发生变化。

1. 旅游景区文化环境恶化的表现

（1）当地文化受外来文化冲击。

大多数游客来自经济相对发达地区，他们在物质和文化上具有优越感，这种外来文化不断地对旅游景区社区原有的相对朴素、原始的文化造成冲击。游客的行为习惯、穿着打扮、生活方式、语言等都对旅游地的社区产生影响。当地的居民会逐渐认同并接受这种外来文化，特别是年轻人，他们会对外来文化产生羡慕和向往，继而进行模仿，甚至抛弃原有的传统文化。外来文化有积极影响的一面，也有消极影响的一面。另外，当游客发现旅游景区的文化与自身文化趋同时，便会失去游玩的兴趣。旅游景区失去了当地文化的依托，其吸引力将大为减弱。对于旅游景区而言，这也是重大的损失。

（2）当地居民对旅游产生排斥态度。

旅游开发初期，绝大多数当地居民对旅游抱着积极的态度，认为旅游可以改变当地落后贫困的局面，会给他们带来经济上的收益。然而，在旅游开发的现实中，往往不能达到当地居民最初的愿望。他们原本赖以生存的森林、土地等资源被旅游景区占据，却没有得到相应的经济补偿。当地居民没能参与到旅游的开发中，无法从旅游发展中受益，容易导致他们心理严重失衡，继而导致其对旅游产生排斥态度。譬如，刻意破坏旅游景区的设施、砍伐旅游景区的树木、对游客恶言相对等。

2. 治理措施

（1）保护当地文化。

旅游景区只有依托当地文化才有生命力。旅游景区在开发过程中，要大力发掘、尊重并保护当地的文化，尽量使其少受外来文化的干扰。对于文物古迹等有形文化资源应当妥善保护，对于无形的民风民俗、传统表演艺术要避免舞台化、商品化。在文化产品化的过程中，要注意保持文化的原生态，切忌一味地投游客之所好，导致破坏传统文化本身的韵味。

（2）加强社区参与。

当地居民是旅游规划开发经营中重要的利益相关者，旅游景区开发过程中必须考虑他们的利益。应当注重社区参与，让当地居民从旅游开发中获益。如在旅游景区规划时不要破坏居民的生存环境，并划分专门区域供当地居民售卖土特产使用。在旅游景区的经营过程中，也要充分考虑当地居民的利益，如旅游景区的接待工作，尽可能聘用当地居民。加强社区参与度，让更多的当地居民参与到旅游开发中，有利于解决旅游景区和当地社区的冲突。

第二节　旅游景区环境和卫生管理的标准

一、旅游景区环境保护法律依据

旅游景区环境保护要做到有法可依。目前，我国对旅游景区环境保护具有约束力的法律有：《中华人民共和国宪法》《中华人民共和国旅游法》《中华人民共和国环境保护法》《中华人民共和国森林法》《中华人民共和国城市规划法》《中华人民共和国土地管理法》《中华人民共和国海洋环境保护法》《中华人民共和国文物保护法》《中华人民共和国野生植物保护法》《中华人民共和国野生动物保护法》《中华人民共和国民事诉讼法》《风景名胜区条例》《城市园林绿化管理条例》等。

上述法律文件对旅游景区环境保护提出了一些具体要求，诸如：旅游景区的土地，任何单位和个人都不得侵占；在旅游景区及其外围保护地带内的各项建设应与景观相协调，建设不得破坏景观、污染环境、妨碍游览的设施；在游客集中的游览区内不得搭建宾馆、招待所以及休养、疗养机构；在珍贵景物周围和重要景点，除必需的保护和附属设施外，不得增建其他工程设施；对旅游景区内的文化古迹要认真加以保护。

此外，一些行业规范也提出了环境卫生管理的要求，如《旅游特色街区服务质量要求》（LB/T 024—2013）对旅游特色街区的卫生有以下规定：公共场所卫生方面，需符合公共场所无乱堆、乱放现象；公共场所地面无污垢、无积水；建筑物墙面无污垢、无剥落；垃圾清扫及时（日产日清、流动清扫）；街区每隔 40 米应放置一个具有垃圾分类投放标识的垃圾箱；污水纳管排放，不污染地面、水体等。餐饮场所卫生需符合《饭馆

（餐厅）卫生标准》（GB 16153—1996）所规定的要求。卫生应达到《旅游厕所质量等级的划分与评定》（GB/T 18973—2016）规定的二星级以上要求。商场商店卫生符合《商场（店）、书店卫生标准》（GB 9670—1996）规定的要求。文化娱乐场所卫生符合《文化娱乐场所卫生标准》（GB 9664—1996）规定的要求。

其中，《旅游厕所质量等级的划分与评定》对厕所卫生的管理服务质量有以下规定：洗手盆、水龙头、便器及其触发装置应保持洁净，无污垢，并保持正常运转；水冲厕所的水压应保持正常，采用新技术的便器内应保有足够的功能性耗材；管路、管件应无堵塞、无滴漏；厕所涉及的各种耗材（如卫生纸、坐垫纸、洗手液、垃圾袋等）应及时补充，不能短缺；厕所外的责任区域应保持整洁；应严格按照除垢剂、杀虫剂使用说明书所规定的标准、剂量使用，保管好药品，接受各部门人员的检查监督，防止造成环境影响和污染。

二、景区环境卫生分类标准

（一）空气标准

我国现行的《国家环境空气质量标准》（GB 3095—2012）最早在 1982 年颁布实施，并先后于 1996 年、2000 年和 2012 年进行修改，2018 年审议并通过修改，为旅游景区的空气环境质量监测提供了权威的标准。

1. 环境空气功能区分类

环境空气功能区分为两类：一类区为自然保护区、风景名胜区和其他需要特殊保护的区域；二类区为居住区、商业交通居民混合区、文化区、一般工业区和农村地区；三类区指特定工业区。

2. 环境空气功能区质量要求

一类区适用一级浓度限值，二类区适用二级浓度限值。一二类环境空气功能区质量要求如表 6－1 和表 6－2 所示。

表 6－1 环境空气污染物基本项目浓度限值

序号	污染物项目	平均时间	浓度限值		单位
			一级	二级	
1	二氧化硫（SO_2）	年平均	20	60	μg/m³
		24 小时平均	50	150	
		1 小时平均	150	500	
2	二氧化氮（NO_2）	年平均	40	40	
		24 小时平均	80	80	
		1 小时平均	200	200	
3	一氧化碳（CO）	24 小时平均	4	4	mg/m³
		1 小时平均	10	10	

（续上表）

序号	污染物项目	平均时间			
4	臭氧（O_3）	日最大 8 小时平均	100	160	μg/m³
		1 小时平均	160	200	
5	颗粒物（粒径≤10μm）	年平均	40	70	
		24 小时平均	50	150	
6	颗粒物（粒径≤2. 5μm）	年平均	15	35	
		24 小时平均	35	75	

表 6－2　环境空气污染物其他项目浓度限值

序号	污染物项目	平均时间	浓度限值		单位
			一级	二级	
1	总悬浮颗粒物（TSP）	年平均	80	200	μg/m³
		24 小时平均	120	300	
2	氮氧化物（NO_x）	年平均	50	50	
		24 小时平均	100	100	
		1 小时平均	250	250	
3	铅（Pb）	年平均	0. 5	0. 5	
		季平均	1	1	
4	苯并［a］芘（BaP）	年平均	0. 001	0. 001	
		24 小时平均	0. 0025	0. 0025	

（二）水体环境标准

《地表水环境质量标准》（GB 3838—2002）是关于地表水环境质量的标准，为旅游景区的水体环境质量监测提供了权威的标准。

1. 适用范围

（1）本标准按照地表水环境功能分类和保护目标，规定了水环境质量应控制的项目及限值，以及水质评价、水质项目的分析方法和标准的实施与监督。

（2）本标准适用于中华人民共和国领域内江河、湖泊、运河、渠道、水库等具有使用功能的地表水水域。具有特定功能的水域，执行相应的专业用水水质标准。

2. 引用标准

《生活饮用水卫生规范》（GB 5749—2006）和本标准中表 4 至表 6 所列分析标准及规范中所含条文在本标准中被引用即构成本标准条文，与本标准同效。当上述标准和规范被修订时，应使用最新版本。

3．水域功能和标准分类

依据地表水水域环境功能和保护目标，水域按功能高低依次划分为五类：Ⅰ类，主要适用于源头水、国家自然保护区；Ⅱ类，主要适用于集中式生活饮用水地表水源地一级保护区、珍稀水生生物栖息地、鱼虾类产卵场、仔稚幼鱼的索饵场等；Ⅲ类，主要适于集中式生活饮用水地表水源地二级保护区、鱼虾类越冬场、洄游通道、水产养殖区等渔业水域及游泳区；Ⅳ类，主要适用于一般工业用水区及人体非直接接触的娱乐用水区；Ⅴ类，主要适用于农业用水区及一般景观要求水域。

对应地表水上述五类水域功能，将地表水环境质量标准基本项目标准值分为五类，不同类别分别执行相应类的标准值。水域功能类别高的标准值严于水域功能类别低的标准值。同一水域兼有多类使用功能，执行最高功能类别对应的标准值。实现水域功能与功能类别标准为同一含义。

4．景观娱乐用水水质标准

《景观娱乐用水水质标准》（GB 12941—91）于1992年实施，其目的是贯彻《中华人民共和国水污染防治法》及《中华人民共和国海洋环境保护法》，保护和改善景观、娱乐用水水体的水质，恢复并保持其水体的自然生态系统，促进旅游业的发展。

（1）适用范围。本标准适用于以景观、疗养、度假和娱乐为目的的江、河、湖（水库）、海水水体或其中一部分水体。

（2）标准分类。本标准按照水体的不同功能，分为三大类：A类，主要适用于天然浴场或其他与人体直接接触的景观、娱乐水体；B类，主要适用于国家重点风景游览区及那些与人体非直接接触的景观娱乐水体；C类，主要适用于一般景观用水水体。

景观娱乐用水水质标准如表6-3所示。

表6-3 景观娱乐用水水质标准

序号	分类标准值		A类	B类	C类
1	色		颜色无异常变化		不超过25色度单位
2	嗅		不得含有任何异嗅		无明显异嗅
3	漂浮物		不得含有任何漂浮的浮膜、油斑和聚集的其他物质		
4	透明度，m	≥	1.2		0.5
5	水温，℃		不高于近十年当月平均水温2℃		不高于近十年当月平均水温4℃
6	pH值		6.5～8.5		
7	溶解氧（DO），mg/L	≥	5	4	3
8	高锰酸盐指数，mg/L	≤	6	6	10
9	生化需氧量（BOD_5），mg/L	≤	4	4	8
10	氨氮，mg/L	≤	0.5	0.5	0.5
11	非离子氨，mg/L	≤	0.02	0.02	0.2

（续上表）

序号	分类标准值		A类	B类	C类
12	亚硝酸盐氮，mg/L	≤	0.15	0.15	1.0
13	总铁，mg/L	≤	0.3	0.5	1.0
14	总铜，mg/L	≤	0.01（浴场0.1）	0.01（海水0.1）	0.1
15	总锌，mg/L	≤	0.1（浴场1.0）	0.1（海水1.0）	1.0
16	总镍，mg/L	≤	0.05	0.05	0.1
17	总磷（以P计），mg/L	≤	0.02	0.02	0.05
18	挥发酚，mg/L	≤	0.005	0.01	0.1
19	阴离子表面活性剂，mg/L	≤	0.2	0.2	0.3
20	总大肠菌群，个/L	≤	10 000		
21	类大肠菌群，个/L	≤	2 000		

注：①氨氮和非离子氨在水中存在化学平衡关系，在水温高于20℃，pH≥8时，必须用非离子氨作为控制水质的指标；②浴场水温各地区根据当地的具体情况自行规定；③本标准未作明确规定的项目，执行《地表水环境质量标准》和《海水水质标准》中的标准值及其有关规定。

（3）标准的实施与管理。①各地环境保护部门会同同级有关部门划定景观、娱乐水域的保护范围及其使用类型；②若是景观、娱乐水体中有些标准项目的自然本底值（即没有受到人为的污染）高于本标准所规定的标准值，应维持原自然状态；③在不发生事故和特殊自然条件干扰情况下，景观、娱乐水体的水质一年内应有95%以上的分析样品数符合本标准值的规定；④A类水体内的天然浴场在游泳季节内水质应保证全部分析样品符合本水质标准；⑤含有毒有害污染物的废水，禁止排入景观、娱乐用水水域，一般工业废水、生活污水禁止直接排入A类、B类水域，该废水必须经过处理并保证其受纳水体符合水标准的情况下方可排入C类水域；⑥同一水域兼有多种功能的，执行最高功能用水的水质标准。

（三）噪声标准

环境噪声标准制定的依据是环境基本噪声。各国大都参考国际标准化组织（ISO）推荐的基数（如睡眠为30分贝），根据不同时间、不同地区和室内噪声受室外噪声影响的修正值以及本国具体情况来制定。

我国根据《中华人民共和国环境保护法》，在进行大量的调查研究基础上颁布了《声环境质量标准》（GB 3096—2008），将城市按不同社会功能划分为六类区域，规定各类区域的环境噪声标准。该标准规定我国环境噪声允许的范围（见表6-4）。

表 6－4 我国环境噪声允许范围 单位：分贝（A）

人的活动	最高值	理想值
体力劳动（保护听力）	90	70
脑力劳动（保证语言清晰度）	60	40
睡眠	50	30

该标准还规定了我国城市区域环境的噪声标准（见表 6－5），位于城郊和乡村的疗养院、高级别墅区、高级宾馆区等严于 0 类标准 5 分贝（A）执行；乡村居住环境可参照 1 类标准执行；穿越城区的内河航道两侧区域，穿越城区的铁路主次干线两侧的背景噪声（指不通过列车时的噪声水平）限值按 4 类标准执行；夜间突发的噪声，其最大值不超过标准值的 15 分贝（A）。

表 6－5 我国城市区域环境噪声标准 单位：分贝（A）

类别		适用区域	时段	
			昼间	夜间
0 类		特殊安静区（疗养院、高级别墅区）	50	40
1 类		居住、文教机关区	55	45
2 类		居住、商业、工业混杂区	60	50
3 类		工业区	65	55
4 类	4a 类	高速公路、一二级公路、城市快速路、城市主次干道、城市轨道交通（地面段）、内河航道两侧区域	70	55
	4b 类	铁路干线两侧区域	70	60

《声环境质量标准》规定：旅游景区应尽量满足其 0 类、1 类、2 类标准。环境噪音标准控制在 60 分贝以内。

（四）固体废弃物排放标准

这里的固体废弃物排放主要是指地表的污染物排放。与此相关的已颁布的法律和卫生标准有《中华人民共和国固体废物污染环境防治法》（1995 年初次颁布，最新修订时间为 2020 年 4 月 29 日）、《危险废物鉴别标准》。同时，景区还须规定固体废弃物排放的限量标准、废物处理标准等。

（五）公共场所卫生标准

已颁布的公共场所卫生标准有《旅店业卫生标准》（GB 9663—1996）、《公共浴室卫生标准》（GB 9665—1996）、《理发店、美容店卫生标准》（GB 9666—1996）、《文化娱乐场所卫生标准》（GB 9664—1996）、《体育馆卫生标准》（GB 9668—1996）、《商场（店）、书店卫生标准》（GB 9670—1996）、《医院候诊室卫生标准》（GB 9671—1996）、《公共交通等候室卫生标准》（GB 9672—1996）、《公共交通工具卫生标准》（GB 9673—1996）

等。旅游景区根据设立场所的性质，参照相应的标准，制定可行的、科学的、适用的标准。

（六）设施设备卫生标准

旅游景区的设施设备的卫生管理包括设施设备原材料采购量的控制、设施设备对环境的影响等。由于各种设施设备的管理不尽相同，旅游景区应以保证良好的环境质量为宗旨来决定添置、拆除、迁移设施设备等活动。

（七）饮食卫生标准

1. 食品卫生标准

饮食服务是旅游景区服务的一个重要组成部分，有时，美味卫生的饮食也是吸引人们前来游玩的因素之一。旅游景区的饮食卫生应严格遵循食品卫生标准的规定。如2020年的新冠肺炎疫情，使饮食业受到了严重影响，但影响旅游景区饮食业的主要原因还是游客不信任旅游景区的饮食卫生。饮食业应在危机期间更应提高卫生标准，采取有效的应对措施，保证食品的卫生安全。

2. 《饮食业油烟排放标准（试行）》

为贯彻《中华人民共和国大气污染防治法》，防治饮食业油烟对大气环境和居住环境的污染，特制定该标准。旅游景区的饮食业必须在保证本身质量的同时，将其对旅游景区的环境影响控制在最小限度。

（八）卫生服务标准

旅游景区要在国家服务业卫生服务标准的基础上，根据旅游景区各种服务的特性和流程的特性，制定相应的卫生规范。服务人员是旅游服务提供的主体，制定服务人员的个人卫生保健标准也是旅游景区卫生管理的内容之一。

（九）其他标准

旅游景区对绿化覆盖率有很高的要求，除特殊地貌景观地域（如沙漠、盐湖、冰川）外，均应达到一定标准。其他的如垃圾处理率、旅游利用容量强度等指标的规定适用于个别客流量大、游客满意度低的景区类型。旅游景区的环境卫生管理具有灵活性的特点，在制定标准时可根据需要，参考相应的国际或国家标准，在旅游景区实际状况的基础上，制定卫生标准。

第三节　旅游景区环境容量管理

一、旅游环境容量的概念

（一）旅游环境容量理论的发展

旅游环境容量的概念来源于环境容量。环境容量是指某一时刻环境系统所承受的人类系统的作用量。这里的人类系统主要是指社会系统和经济系统。环境容量是环境系统功能的外在表现。郭怀成认为，环境容量既不是一个纯粹描述自然环境特征的量，也不是一个描述人类社会的量，它反映的是人类与环境相互作用的界面特征，是研究环境与经济是否协调发展的一个重要判断依据。

1963年，Lapage首次提出了旅游环境容量（Tourism Environmental Carrying Capacity,

又称旅游容量或旅游环境承载力）的概念，但未进行深入研究。进入 20 世纪 70 年代以后，生态学家与环境学家开始意识到旅游环境容量的重要性。1971 年，环境学家 Lime 和 Stamkey 对这一问题进行了进一步的讨论，旅游环境容量的概念被重提并引起人们的关注。世界旅游组织（WTO）在其 1978—1979 年度报告中，正式提出了旅游承载容量的概念，开始有了讨论旅游容量与旅游报告的内容或专门的研究报告。

我国对旅游环境容量的研究晚于欧美国家，但随着我国旅游业的迅猛发展，旅游环境容量的问题日益突出，对旅游环境容量的研究更加迫切和重要。1983 年，赵红红首次提出了旅游容量问题。1989 年，楚义芳对旅游容量进行了系统分析，并给出了测量公式。1995 年，崔凤军提出了旅游环境容量的概念。近年来，旅游环境容量成为旅游界的热点问题。不少学者对旅游环境容量进行了实证分析，使旅游环境容量成为一个实用性和普及性广泛的理论。2013 年，《中华人民共和国旅游法》颁布，其中第四十五条规定“景区接待旅游者不得超过景区主管部门核定的最大承载量。景区应当公布景区主管部门核定的最大承载量，制定和实施旅游者流量控制方案，并可以采取门票预约等方式，对景区接待旅游者的数量进行控制。旅游者数量可能达到最大承载量时，景区应当提前公告并同时向当地人民政府报告，景区和当地人民政府应当及时采取疏导、分流等措施”，环境容量从此在国内有了法律体系的支撑。

（二）旅游环境容量的内涵

旅游环境容量是一个建立在旅游环境系统的基础之上，涉及自然环境、社会、经济等多个方面的综合性概念。其大小与旅游地规模、旅游资源质量和数量、自然条件、基础服务设施、人口构成、传统观念、活动类型等因素密切关联。

崔凤军指出，旅游环境容量是指在某一旅游地环境（指旅游环境系统）的现存状态和结构组合不发生对当代人（包括旅游者和当地居民）及未来人有害变化（如环境美学价值的损减、生态系统的破坏、环境污染、舒适度减弱等）的前提下，在一定时期内旅游地（或景点、景区）所能承受的旅游者人数。

依据这些认识，我们认为，旅游景区环境容量是指在可持续发展的前提下，旅游景区在某一时间段内，其自然环境、人工环境和社会经济环境所能承受的旅游及其相关活动在规模和强度上极限值的最小值。一般包括景区空间容量、生态环境容量、社会经济容量和旅游心理容量等。

旅游景区具有地域性和季节性等特征，开发时间、开发者的行为、设施的设计方式等行为又会对旅游景区产生不同程度的影响，而且环境本身具有动态的特点。因此，在旅游景区的开发建设过程中，应该对旅游景区的建设、旅游者的活动等综合考虑。鉴于环境容量的综合性和动态性特征，有些学者认为，计算一个旅游景区的准确容量有失科学性，转而提出应当研究生态旅游景区可接受的环境变化范围究竟有多大。这种观点认为，只要开展旅游而产生的负面影响在可接受的范围之内都是可行的。但就目前的研究而言，对旅游景区环境容量的计算仍不失为一种操作性较强的、定量的旅游景区环境管理方法。

（三）旅游景区环境容量的构成

目前对于旅游景区环境容量的构成研究略有差异，依据《景区最大承载量核定导则》（LB/T 034—2014），旅游景区容量包括空间容量、设施容量、生态容量、心理容量、社会容量五种类型。

（1）空间容量。

空间容量是指在一定时间条件下，旅游资源依存的游憩用地、游览空间等有效物理环境空间能够容纳的最大旅游者数量。

（2）设施容量。

设施容量是指在一定时间条件下，景区内各项旅游服务设施在正常工作状态下，能够服务的最大旅游者数量。

（3）生态容量。

生态容量是指在一定时间条件下，景区在生态环境不恶化的前提下能够容纳的最大旅游者数量。具体包括环境空气、地表水体、地下水体、自然植被、生态系统抗干扰稳定性等自然环境。这些自然环境本身具有一定的纳污能力，如大气、土壤、水等都有自净功能，即自我维持功能。其自净强度决定了其承受污染的能力，没有一个生物物理系统经受得起毫无限制的开发利用。因此，要在对生态系统脆弱性评估的基础上，设定一个明确的开发使用界限。自然环境的容量水平取决于环境的面积、复杂性等，相对而言，这一容量较易测定，故在旅游管理的实践中被广泛利用。

（4）心理容量。

心理容量是指在一定时间条件下，旅游者在进行旅游活动时无不良心理感受的前提下，景区能够容纳的最大旅游者数量。

（5）社会容量。

社会容量是指在一定时间条件下，景区周边公共设施能够同时满足旅游者和当地居民需要，旅游活动对旅游地人文环境的冲击在可接受范围内的前提下，景区能够容纳的最大旅游者数量。

按照旅游景区容量的时间差异，旅游景区的容量则包括瞬时容量、日容量和最大容量三种类型。

（1）瞬时容量。

瞬时容量是指在某一时间点，在保障景区内每个景点旅游者人身安全和旅游资源环境安全的前提下，景区能够容纳的最大旅游者数量。

（2）日容量。

日容量是指在景区的日开放时间内，在保障景区内每个景点旅游者人身安全和旅游资源环境安全的前提下，景区能够容纳的最大旅游者数量。

（3）最大容量。

最大容量是指在一定时间条件下，在保障景区内每个景点旅游者人身安全和旅游资源环境安全的前提下，景区能够容纳的最大旅游者数量。

二、旅游景区环境容量的测算

依据《景区最大承载量核定导则》（LB/T 034—2014），旅游景区应首先测算出空间容量和设施容量，再根据实际情况确定景区最大容量的基本值。在此基础上，以生态容量、心理容量、社会容量等方面的指标或经验值作为参考。具体核定流程如下：

1．核定方法

（1）瞬时容量。

①景区瞬时容量是指瞬时空间承载量，瞬时空间容量 C_1 由以下公式确定：

$$C_1 = \sum X_i / Y_i$$

式中：

X_i——第 i 景点的有效可游览面积；

Y_i——第 i 景点的旅游者单位游览面积，即基本空间承载标准。

②当景区设施容量是景区容量瓶颈时，或景区以设施服务为主要功能时，其瞬时容量取决于瞬时设施容量，瞬时设施容量 D_1 由以下公式确定：

$$D_1 = \sum D_j$$

式中：

D_j——第 j 个设施单次运行最大载客量，可以用座位数来衡量。

（2）日容量。

①景区日容量是指日空间承载量，日空间容量 C_2 由以下公式确定：

$$C_2 = \sum X_i / Y_i \times \mathrm{Int}(T/t) = C_1 \times Z$$

式中：

T——景区每天的有效开放时间；

t——每位旅游者在景区的平均游览时间；

Z——整个景区的日平均周转率，即 Int（T/t）为 T/t 的整数部分值。

②当景区设施容量是景区容量瓶颈时，或景区以设施服务为主要功能时，其日容量取决于日设施容量，日设施容量 D_2 由以下公式确定：

$$D_2 = \frac{1}{a} \sum D_j \times M_j$$

式中：

D_j——第 j 个设施单次运行最大载客量；

M_j——第 j 个设施日最大运行次数；

a——根据景区调研和实际运营情况得出的人均使用设施的个数。

通过系数 a 去掉单一旅游者使用多个设施而被重复计算的次数。

③当旅游者在景区有效开放时间内相对匀速进出，且旅游者平均游览时间是一个相对稳定值时，日最大容量 C 由以下公式确定：

$$C = \frac{r}{t} \times (t_2 - t_0) = \frac{r}{t_1 - t_0} \times (t_2 - t_0)$$

式中：

r——景区高峰时刻旅游者人数；

t——每位旅游者在景区的平均游览时间；

t_0——景区开门时刻（即景区开始售票时刻）；

t_1——景区高峰时刻；

t_2——景区停止售票时刻。

2. 核定步骤

（1）资料采集。

资料采集应收集整理景区空间容量、设施容量、生态容量、心理容量、社会容量等方面的相关资料，包括但不限于：景区面积；有效游览面积；年均客流量；停车场停车位数；景区周围缓冲区承载量；绿化面积标准；噪声管理标准；垃圾最大处理量。

（2）指标选取。

指标选取应根据景区所属类型与特殊性，结合景区敏感目标，按照空间容量、设施容量、生态容量、心理容量、社会容量五方面指标将数据进行归类，得出景区的基本空间容量标准。不同类型景区的基本空间容量标准如表6－6所示。

表6－6 各类旅游景区基本空间容量标准

景区类型	举例	空间类型	核心景区	游步道
文物古迹类	八达岭长城	人均空间承载指标	1～1.1m^2/人	
	故宫博物院	人均空间承载指标	0.8～3m^2/人	
	龙门石窟、敦煌莫高窟	人均空间承载指标	0.5～1m^2/人（洞窟等卡口）	2～5m^2/人
文化遗址类	秦始皇兵马俑博物馆	人均空间承载指标	2.5～10m^2/人	1～3m^2/人
古建筑类	黄鹤楼、永定土楼	人均空间承载指标	1～3m^2/人	>2.5m^2/人
古街区类	周村古商城	人均空间承载指标	核心景区2～5m^2/人， 其他区域1～2m^2/人， 保护建筑0～30人/栋	2～5m^2/人
古典园林类	颐和园	人均空间承载指标	0.8～2m^2/人	>60m^2/人
山岳类	吉林长白山景区	人均空间承载指标	1～1.5m^2/人	0.5～1m^2/人
主题公园类	中华恐龙园	人均空间承载指标	0.5～1m^2/人	0.5～1m^2/人

（3）测算核定。

测算核定应将空间容量指标和设施容量指标代入适合的公式进行测算，确定基本值，再根据生态容量、心理容量、社会容量指标进行校核。

三、旅游景区生态环境容量调控对策

生态环境容量是监控旅游景区生态环境质量的重要指标，反映了一定环境空间内各环境要素的净化能力。当生态旅游环境容量过低时，可以通过调控的方式提升容量，具体操作对策包括：

（1）统筹规划，适当分流。

旅游流是在一个或大或小的区域，由于旅游需求的近似性而引起的旅游者集体性空间移动现象。旅游者从始发地至目的地所产生的客流，又称旅游者潮流或旅游人流。生态旅游景区的长期连续性饱和或超载的状况可以通过对旅游流的合理引导和调控改善。分流措施有以下两个：一是通过大众传播媒介，向潜在的生态旅游者陈述已发生的饱和或超载现象及由此带给旅游者的诸多不便；二是允许或以立法形式要求生态旅游景区经营者和管理者实行浮动价格机制，在旅游旺季提高门票、食宿、交通等费用，以使部分旅游者改变流向。

（2）休养生息，环境补给。

针对短期生态旅游环境饱和或超载的生态旅游景区，如云南石林圭山森林公园、楚雄紫溪山国家级森林公园等，应充分重视旅游淡季的休养生息和环境补给。由于在旅游旺季生态旅游环境系统的物质、能量、信息等消耗过量，在旅游淡季时就不能仅依靠环境本身的调节能力去休养生息，还需要人工补给大量物质、能量和信息等来促使生态旅游环境尽快恢复，保持其容纳能力。

（3）轮流开放，分区恢复。

针对局部性生态旅游环境容量饱和超载的生态旅游景区，除可采取上述排斥旅游者进入饱和超载旅游景区及分区引流调控措施外，还有一个可以利用的措施就是轮流开放和分区恢复。例如，黄山实行热门景点单独出售游览证，从而有效地控制客流量。

（4）人工治理，加快恢复。

生态旅游环境受损较大的地域单靠短期的环境自净能力和自我恢复能力难以解决其生态环境问题，应采取人工治理措施，依靠人工干预恢复其生态平衡；对受污染的水体等要采取相应的措施加以治理。

（5）低碳消费，源头控制。

旅游业是人类行为发展的一种具体方式，是一个综合性极强的行业，对“资源”“环境”具有很强的依赖性，只有保证资源环境的可持续性发展，才能保证旅游业可持续发展。如何在旅游景区中导入可持续发展理念，实行旅游景区的绿色管理，主要可以从旅游景区的人力资源管理、财务管理、经营管理、旅游者管理、市场营销管理等方面着手。

所谓低碳经济，是指在可持续发展理念指导下，通过技术创新、制度创新、产业转型、新能源开发等多种手段，尽可能地减少煤炭、石油等高碳能源消耗，减少温室气体排放，达到经济社会发展与生态环境保护双赢的一种经济发展形态。发展低碳经济，一方面是积极承担环境保护责任；另一方面是调整经济结构，提高能源利用效益。

（6）设计路线，调整分布。

为调整游客在空间上的合理分布，可以设计新的旅游线路，改变旅游者游程，分散旅游旺季客流，缓解热点景区的旅游承载压力，实现更合理的游客空间分布。如可以开辟新的旅游景区（点），增加景区内游览面积和游览线长度，扩大旅游空间，将景区内一些著名的“必游景点”，由于缺少宣传而知名度不高的新景点及偏远的景点和重要的旅游设施合理串联，实现游客在空间上的合理分布，以减轻生态旅游环境容量压力。

（7）灵活休假，错峰出游。

目前我国的大众旅游者受休假制度影响，在国庆和春节等长假期间纷纷外出。这尽管给景区带来了丰厚的经济效益，却导致了游客体验的明显下降，对环境的负面影响也是显而易见的，长期影响更是难以估计。因此可实行更为分散的“弹性假期制度”，分散游客出游的时间，从而减少因环境容量超载对生态旅游环境造成的影响。

（8）建立系统，实时监测。

网络信息系统的建立可以为旅游者、经营者、管理者和研究者的及时沟通提供媒介基础，同时还能实现监测数据的更新与传输、调控方案的反馈与及时调整，从而使景区迅速作出反应，制订调控以及疏散方案。

（9）利用网络，实行预约。

随着网络科技和数字技术的进步，旅游景区或旅游企业应大力加强发展旅游电子信息系统，包括在网上发布旅游地客流信息。另外，针对全国性的主要景点容易发生超载的情况，应逐步推广景区预约制度，开发旅游预售系统，以预订门票的方式解决高峰期的容量超载问题。通过调控让游客主动避开旅游高峰，减少旅游高峰期时旅游环境的负荷，提高景区环境容量的利用率。

【本章小结】

旅游景区环境与卫生是两个不同的概念，环境是指某个主体周围的情况和条件；卫生是个人和集体的生活卫生和生产卫生的总称。按环境的属性，旅游景区的环境可分为自然环境、人工环境和社会文化环境。目前，对旅游景区环境保护具有约束力的法律有《中华人民共和国宪法》《风景名胜区条例》《城市园林绿化管理条例》等。此外，旅游行业也提出了一些环境卫生管理的要求，按照相应的标准与规范加强旅游景区环境卫生的管理。旅游景区要合理地计算环境容量，有效调控旅游景区生态环境容量。旅游环境容量是涉及自然环境、社会、经济等多个方面的综合性概念，其大小与旅游地规模、旅游资源质量和数量、自然条件、服务设施、人口构成、传统观念、活动类型等因素有密切关系。

【拓展阅读】

全球濒危世界遗产增至53处，澳大利亚大堡礁正面临“降级”危机

大堡礁是世界最为著名的自然奇迹之一，也是澳大利亚最受欢迎的旅游胜地之一，于1981年被列入《世界遗产名录》，是澳大利亚首个列入名录的项目。然而，近年来由于化石资源开采和相关货运港口建设、农业污染、气候变化等造成遗产地生态恶化问题，专业咨询机构世界自然保护联盟（IUCN）曾多次建议世界遗产委员会考虑将该项目列入《濒危世界遗产名录》。

世界遗产委员会2021年7月23日，经讨论决定，推迟到第45届世界遗产大会再审议澳大利亚大堡礁项目有关议题。此次决定，给予澳大利亚政府更多时间。澳大利亚方面表示，已经为改善大堡礁状况投入超过30亿澳元。

自1995年以来，全球气候变暖已经导致大堡礁损失了一半珊瑚。其中，体积较大、本身也是一系列海洋生物栖息地的枝状珊瑚尤其受到威胁。珊瑚虫是形成珊瑚礁的主体，它们对海水温度高度敏感。如果水温太高，它们便会死亡。仅仅在过去的五年，大堡礁已经遭遇了三次大范围珊瑚白化事件。珊瑚白化是指受到压力的珊瑚排出生活在它们里面的藻类的现象，这些藻类既赋予了它们颜色，也给了它们生命。这些珊瑚之后会变成白色，这个过程也称白化。气候变化也会导致海洋酸化及珊瑚礁侵蚀问题。如果在白化之后海水水温重新下降，珊瑚礁有可能得到恢复，整个恢复过程至少要花10～15年的时间。

在2016年及2017年的白化事件发生后，一项研究发现，当地已经没有足够多的成年珊瑚来让受影响最严重的区域实现正常再生。2019年，澳大利亚将大堡礁的长期展望下

调至“非常差”。大堡礁海洋公园管理局曾表示，气候变化仍然是这里面临的最大威胁。

另外，多年来，沿海开发及农业污染物排放等也对大堡礁的健康带来了挑战。附近农场的沉积物、氮和杀虫剂流入大堡礁，降低了水质，使得藻类不断生长。非法捕鱼，对珊瑚的破坏也是当地面临的问题。而珊瑚的天敌——棘冠海星则是另一个大问题。伴随周围海洋生物的减少，棘冠海星的数量增长迅速。一个棘冠海星便可消灭大片区域内的珊瑚。

（资料来源：《面临“降级”危机！是什么在威胁澳大利亚大堡礁?》，有删改）

说一说：

1. 一些旅游景区被列入“濒危名单”的原因是什么？
2. 如何保护濒危的世界遗产旅游景区？

【思考与练习】

1. 简述旅游景区环境卫生管理的内容。
2. 简述旅游景区环境卫生的管理标准。
3. 试述旅游景区环境容量的概念及测量方法。
4. 旅游景区生态环境容量调控对策。

第七章　旅游景区设施设备管理

【学习目的】

通过本章的学习，了解旅游景区设施设备类型和相关知识，了解设施设备规划、实施与管理的内容，掌握旅游景区的设施设备维护、维修和更新改造管理的基本内容。

【学习要点】

1. 旅游景区设施设备的分类
2. 旅游景区设施设备管理的内容
3. 旅游景区设施设备的维护、维修和更新改造管理

【关键词】

旅游景区设施设备；设施设备维护、维修和更新改造；可持续发展

旅游景区设施设备是旅游景区开展经营管理的物质基础。对旅游设施设备的有效管理，一方面可以充分发挥设施设备的作用，提高旅游景区服务质量，保障设施设备安全，满足游客的需要；另一方面可以促进设施设备正常使用、降低设施设备生命周期费用，提高景区的效益。对旅游景区设施设备管理是旅游景区基础性的管理工作之一。

第一节　旅游景区设施设备管理概述

旅游景区的设施设备是指构成旅游景区固定资产的各种有形物品，是旅游景区提供旅游产品和服务的物质依托。一般而言，设备是单一的，设施是成系统的，且由多套设备组成。设备以机电为主，设施范围较广，如道路设施、排水设施等。但我们有时将它们作为一个合成词“设施设备”一并使用。

一、旅游景区设施设备的分类

根据旅游景区的设施用途，可将其分为基础设施、接待服务设施、娱乐游憩设施三大类。

（一）基础设施

旅游景区基础设施主要有道路交通设施、导游设施、给排水及排污设施、电力通信设施、绿化环卫设施、建筑及安全防护设施等。旅游景区基础设施是开展旅游活动的基础。

（1）道路交通及导游设施。

道路交通设施是保证游客在旅游景区正常合理流动的前提条件，是旅游景区游客使用最普遍、最基本的设施。道路交通设施是供游客进出景区和在景区内移动的道路基础设施，包括车行、步行、水运、缆车、索道、乘骑、单轨列车（游览列车）等基础设施，以及交通使用的通信设施等。导游设施主要有游客中心、景点引导牌和标志牌等。

（2）给排水及排污设施。

水是游客在旅游景区开展旅游活动必不可少的重要条件，因此旅游景区内必须有足够的水源或蓄水、提水工程设施，有完善的给排水系统设施。为保证不污染环境，还必须有污水处理设施。旅游景区的给水设施主要有水净化处理设施、上下水管道、提水、蓄水设施；排水设施主要有排水管道、污水处理设施。

（3）电力通信设施。

电力设施是旅游景区其他设施的动力和夜间照明的光源。旅游景区是游客游览、参观、娱乐、住宿、会议的重要活动场所，对供电的可靠性有较高要求。而通信设施是旅游景区内游客和管理者与外界保持联系的基本保证。因此，旅游景区应备有一个能保质、保量、安全可靠的供电、输电网，以及方便、快捷的通信设施，才能保证整个景区的正常运转。

（4）绿化环卫设施。

在旅游景区内布置一些绿化设施，不仅可以起到美化的作用，还可以保护环境、维护生态平衡。而一定数量的环卫设施可以保持旅游景区内环境的整洁和卫生。

（5）建筑及安全防护设施。

建筑设施主要是指旅游景区内的公用、基础建筑设施，如邮政、各种游览标识、停车场、海滨浴场更衣室、园林建筑、民俗建筑等。安全防护设施主要起防火、防洪、防雷、防盗等安全保障的作用。

（6）智慧旅游景区设施。

智慧旅游景区是指科学管理理论同现代信息技术高度集成，实现人与自然和谐发展的智能运营的旅游景区。智慧旅游景区设施是迎合智慧旅游发展需要，在信息化、科技化趋势下旅游景区应具备的基础设施。智慧旅游景区整体化的建设离不开票务、停车、导览、餐饮、住宿等各个方面的软硬件配备。以智慧导览为例，需要提供室内导览触摸屏、室外风冷型液晶广告机、配备 LBS 定位技术的导览软件等帮助游客一键导航。各种传感设备嵌入景区的各类设施和物体中，并与互联网连接，支持构建智慧旅游景区平台：①数据中心。景区信息资源数据库的存储中心、管理服务中心和数据交换中心；②信息管理平台。地理信息系统同时将多媒体技术、数字图像处理、网络远程传输、卫星定位导航技术和遥感技术有机整合到一个平台；旅游电子商务平台和电子门禁系统；景区门户网站和办公自动化系统；高峰期游客分流系统；其他配套系统，如规划管理系统、资源管理系统、环境监测系统、智能监控系统、LED 信息发布系统、多媒体展示系统、网络营销系统和应急管理系统等；③综合决策平台。景区管理和服务的综合决策平台。

（二）接待服务设施

旅游景区接待服务设施是开展旅游活动的支持系统，主要有餐饮住宿设施、商业服务设施、公共服务设施等。

（1）餐饮住宿设施。

餐饮住宿设施包括各种宾馆饭店、休疗养院、野营地、度假村、民宿等。餐饮住宿设施的选址应符合旅游景区的生态要求，与旅游景区的环境一致，外观要体现特色化、生态化、景观化，能够为游客提供良好的就餐住宿环境。

（2）商业服务设施。

商业服务设施是指为游客提供日常用品和旅游商品购买的商业网点，其选址应考虑游客在旅游景区内活动的生理和心理习惯。商业服务设施的布局除了分散于旅游过程当中，有时还设置于旅游过程的结束阶段，如华侨城欢乐谷就将购物商店设置在出口处。

（3）公共服务设施。

公共服务设施包括旅游景区的电脑售票系统和检票系统、智慧景区管理系统、公共厕所，以及交通运载工具，如观光电梯、电瓶车、单轨车、共享车等。

（三）娱乐游憩设施

旅游景区娱乐游憩设施是游客在景区开展旅游活动的娱乐游憩对象设施，按所处位置可分为水上娱乐游憩设施、陆上娱乐游憩设施和空中娱乐游憩设施。

（1）水上娱乐游憩设施。

水上娱乐游憩设施主要有天然游泳池、戏水池、溜索、竹筏、漂流、垂钓场、海水浴场、沙滩排球、游艇、游船、帆板、水面跳伞、水族馆等。

（2）陆上娱乐游憩设施。

陆上娱乐游憩设施主要有歌舞厅、会议厅、健身房、保龄球馆、茶室、棋牌室、温泉、美术馆、展览厅、纪念馆、滑雪滑草、游乐场等。

（3）空中娱乐游憩设施。

空中娱乐游憩设施主要有旅游景区缆车、玻璃栈道、蹦极、滑翔、跳伞、充气球、太空游船等，还包括游乐场内的过山车、摩天轮等。

随着虚拟旅游的兴起，娱乐游憩设施也可依据是否在景区内分为景区游憩设施、虚拟游憩设施等。

二、旅游景区设施设备管理内容

旅游景区设施设备管理是指旅游景区为了实现经济效益的最大化，保证为游客提供优质服务，保障设施设备正常有效使用，精减设施设备生命周期费用，使其发挥最大效能的目标，应用现代科技的管理方法，动员旅游景区全体工作人员参加，对设施设备系统进行的综合管理。旅游景区设施设备管理包括以下几个方面的内容：

（一）人员管理

人员管理是实施旅游景区设施设备管理、保证旅游景区正常运营的基础和前提。旅游景区设施设备有关人员管理的内容包括：

（1）角色管理。在基础设施、景观设施、表演设施上的工作人员要求定岗配备，操作人员与维修人员均为专职。而服务类设施及娱乐设施中的操作人员是双重岗位，他们既是设施设备的操作人员，也是旅游景区的服务人员。

（2）技能培训。旅游景区设施设备管理的工作人员在上岗前需要具备相应的工作等级证。工作人员即使具备上岗工作等级证，企业也要针对具体不同的设施设备，对操作人员进行技能培训，让操作人员熟悉设备的性能、运行规程和操作规程，确保设施设备的正常运行。

（3）人性化管理。由于长期单调的操作工作枯燥乏味，操作人员的麻痹大意容易成为安全隐患的源头。因此，旅游景区要时刻注重培养员工的敬业精神和安全责任意识，并且充分利用各种激励机制，有针对性地开展人性化管理，激发员工的工作积极性，使之以饱满的热情和良好的精神状态投入工作之中。

（二）安全管理

旅游景区设施设备安全管理是保证旅游景区正常运营的基本要求。旅游景区设施设备的安全不仅会影响游客在旅游景区的旅游活动，而且会对旅游景区形象和品牌建设产生影响。旅游景区设施设备安全管理要做到以下四点：

（1）建立健全设备安全管理体系。旅游景区的基础设施和景观设备等都是不直接产生效益的，因其运行成本大、维护费用高，安全问题很容易被忽视。旅游景区必须设立自上而下的设备安全管理体系，明确分工、责任到人，并直接与员工的绩效考核挂钩，做到“安全无盲区，责任有人担”，确保旅游景区设施设备的安全运行。

（2）制定操作规程。对各种设施设备制定相应的操作规程，并要求相关操作人员认真学习、熟练操作。

（3）制定管理制度。制定旅游景区设施设备的维护、保养、检测制度。制度中应包括每天的日常检查内容及检测参数，还有每月检查和年度检查等内容。

（4）设施设备的作业人员要求持证上岗。特种设备如客运索道、大型游乐设施的作业人员，应当按照国家规定，经地级市以上特种设备安全监督管理部门考核合格，取得相应的特种设备作业人员证书后，方可上岗或者从事管理工作。

（三）档案管理

旅游景区内的各种设施设备需要进行详尽的档案管理。在设备安装调试正常投入使用时，需要建立规范的设备档案。设施设备的各种技术资料，包括设备的说明书、图纸，设备维修、检修周期等都要存档保管，以备日后维修时查阅。对于设备运行中的维护、检修、技改等内容也要详细记录，作为设备管理的基础性技术资料。

（四）应急管理

旅游景区的设施设备需要进行应急管理，以主动的方式，确保设施设备的正常运行，将安全事故扼杀在萌芽状态，防患于未然，杜绝安全事故。由于旅游景区服务的特殊性，为了不影响正常运营，许多设备要求故障停机时间尽量缩短，这样就需要准备充足的备品备件，以便维修时更换，确保设施设备得到及时、有效的抢修。同时，旅游景区要制定完善的应急预案，以便在突发事件发生时能紧急启动，应对突发事件所带来的影响。

第二节 旅游景区设施设备规划与实施

一、旅游景区设施设备现状调查与需求预测

（一）旅游景区设施设备现状调查

旅游景区设施设备调查是对现有水电供应能力、电信设施、交通道路状况、林木花卉绿化、接待服务设施、娱乐文化设施进行调查，关注旅游景区是否可以提供充足的水电资源、游客与外界联系是否方便、旅游景区是否具有良好的可进入性、内部交通路网和游道是否完善、旅游景区的绿化环境如何。调查设施设备现状，对开展旅游景区规划具有重要意义，不仅关系到游客的旅游体验价值，还关系到旅游景区的旅游形象和良性发展。

（二）旅游景区设施设备需求预测

1. 设施设备需求预测所需的资料

旅游景区设施设备需求预测所需的资料包括以下几个方面的内容：

（1）在目标年和过渡阶段预期抵达的游客人数。当游客人数接近或超出旅游景区的接纳能力时，在旅游景区资源等允许的条件下，应开发新旅游景区、拓展旅游景区范围、开发后期工程或其他旅游项目，以增强旅游景区的接待能力。

（2）游客参加旅游活动要求的预测计量资料。即游客逗留日期、各类旅游点的游览时间（小时）、对各种服务设施的最低要求的数量资料。

（3）游客在各类设施服务项目上的预计开支。

（4）需求的季节性变化。由于旅游的季节性变化，游客的数量在淡旺季相差非常明显。许多旅游景区的设施设备在旺季不能满足游客需求，而在淡季又过度闲置。

（5）与上述资料相对应的区域性分布数据，作为本旅游景区规划的参照。

2. 设施设备需求预测方法模型

（1）定性预测模型。

定性预测方法也被称为“有判断力的方法”，专家在预测变量时对过去信息使用的判断力要多于使用数学规律，它不是依靠数学模型计算所得，而是依靠经验、知识、技能、判断和直觉来作出预测的一种方法。定性预测方法很多，典型的有头脑风暴法、经验判断法、专家会议法、德尔菲法、主观概率法和景气预测法等。

（2）动向外推模型。

动向外推模型即根据历史数据推断未来，用数字绘制成图表是最常见的一种方法。图表上的纵轴表示旅游需求量或市场活动量，而横轴表示时间单位，将数据连成一条线，然后延伸到未来的某一点上。除此之外，也有较复杂的方法，如简单回归模型、指数模型、逻辑模型、二次方程式模型等。由于方法各异，每种模型的外推曲线形状不尽相同，但预测者仍可以从中推测出动向变量未来的变化趋势。

（3）结构模型。

结构模型即依靠识别旅游需求量和一系列因变量之间的关系来进行预测，如价格、收入、距离或竞争等。识别这些关系的方法通常有复合回归法或方差分析法及截面数据法。一旦模型建立起来，因果变量的未来值便可用在模型中以预测未来旅游需求。

二、旅游景区设施设备建设规划

（一）旅游景区给排水设施规划

蓄水、提水、净水设施的规模，供排水干管的走向，污水、污物处理工程设施是旅游景区的基础给排水设施设备。

如果旅游景区地表水、泉水资源十分丰富，水质良好，绝大多数旅游景区可以就近取得优质水。取水点（蓄水池）应划出适当的保护范围，防止水源污染。旅游景区应根据游客量、旅游服务设施规模，结合各游览区的实际情况，规划蓄水设施或取水设施的规模。如现有供水设施只能满足现状，根据游客量的增长，必须扩建供水设施或寻找新的水源，新建供水设施，以满足旅游景区发展需要。

一些旅游景区内河流纵横、水量丰富、植被较好，有一定的环境自净能力。规模小的服务网点产生的污水可巧借地势，通过排污管道，分散排污；如自净能力差，必须集中通过简易的污水处理设施处理排放。规模较大的接待服务、商业服务设施及各游览区产生的污水，宜采用中小型生物氧化池的方式解决，根据污水的性质，建立级别不同的污水处理站。排水设施采用分流制，清污分流，“散”“蓄”并重。处理后的污水水质应达到国家有关规定标准后方能排放。

（二）旅游景区电力及通信设施规划

旅游景区电力及通信设施包括各等级电压的输电线路的走向及通信、网络设施。

一般旅游景区用电是依托于就近城镇或电站，各游览区就近主要骨干线路架设 10 千伏的输电线，就可满足旅游景区的用电。电力线一般以架空为主，但不得破坏旅游景区景观。在主要游览区和游览点应采用地下电缆铺设。如乌镇在古城保护中，采用“管线地埋”模式，投入巨资对电力高压线、低压线、有线电视、自来水管、排污管线等进行了地埋。

旅游景区内应根据游客发展规模规划安装有线电话和无线电话设施，总容量应满足中远期旅游通信需要。根据旅游景区实际，设置与市话网连接的通信系统设施或构成旅游景区内部通信系统。主要景点附近电信线路尽量采用地下线路，以免破坏景观。旅游景区也需要移动电信商设置无线电话机站，覆盖旅游景区，方便游客使用手机通信。实现计算机网络覆盖，逐步实现 5G 网络通信，满足游客和工作人员对方便、快捷通信的需求，满足智慧景区发展的需要。

（三）旅游景区道路及交通设施规划

旅游景区游道是旅游景区的脉络，既要有使用功能，又要与环境协调。旅游景区道路是旅游景区的重要组成部分，起着组织空间、引导、联系并提供休憩场所等作用。

旅游景区交通设施规划不同于一般的城市公共交通规划，它有特殊的要求，要在“安全、舒适、美观”思想的指导下，采取基于景观的设计手法来创新设计各项设施，一般要遵循以下四个原则：①交通设施与景观协调。停车场、码头等交通设施要与旅游景区的景观相协调，布局合理。注重设施与自然环境的协调，做到尊重自然、保护自然，最大限度地减少工程对环境和景观的破坏。②游览线路布局合理。旅游景区内的游览线路或航道布局合理、顺畅，通行便利，路面平整、坚实。③旅游景区内尽量不使用对环境造成污染的交通工具。④旅游景区内交通设施的布置要体现“安全第一”的理念。

旅游景区交通设施的规划，应该特别注意以下三点：

（1）一些分散的景点或相距中心景区较远的景区，只有通过汽车或船才能到达。为使游客安全快捷地到达景区、景点，要求有质量较高的道路、安全可靠的水路以及安全完善的交通运输设施。联系各景区和分散景点的道路都应尽可能改扩建为四级柏油路以适应旅游景区的发展。水路应选择河道较宽、水流较缓的地段，以确保游客安全。

（2）旅游景区入口附近必须有管理完善、布局合理，与景观环境相协调、符合生态理念的专用停车场或者码头。旅游景区内的标识系统除了要符合国家相关标准外，还要做到以下几点：一是与景观环境相协调；二是体现人与自然和谐；三是体现当地旅游景区自身独特的韵味；四是材料经久耐用。

（3）缆车和索道作为一些旅游景区常采用的交通设施，既可以为游客节省时间、减轻游客攀爬的辛苦，又可从另一个角度观赏风景，在资源允许和保护环境的情况下可以考虑建设，但必须严格遵守安全标准和生态破坏限制，以免给游客造成人身伤害和财产损失，给旅游景区生态环境造成不可挽回的损失。

旅游景区内连接各景点的步行路以1～2米宽为宜，道路选择应依山就势。具体要求如下：①根据步行的长度和攀登的高度，适时设置休息点，走走停停，随处可安，灵活行止。②旅游景区游道要有选择性，供不同年龄、兴趣的游客选择。③小径宜曲不宜直、宜险不宜夷、宜狭不宜宽、宜粗不宜平，要尽量保留自然风貌。游人或攀山，或越涧，或穿林，或涉水，不断变幻空间、变幻视线，错落有致，处处领略诗情画意的意境。④沿途有丰富的风景观赏面，有最佳的视角和视距，可以让游客从不同角度重复观赏。⑤游道尽量为环行，不走回头路，使游客处处感到新奇，游兴未尽。

（四）旅游景区建筑设施规划

在旅游景区开发中，每个景点中的建筑设施都应被当作景观的组成部分来对待。应运用工程和艺术手段，通过改造地形、种植花草树木、布置园路、设置假山水景等途径创造“园林化”“景观化”的自然环境和游憩区域。对于以人文景观为主的景区，空间上应力求曲径通幽、曲折有度，视觉上应强调建筑与自然的协调效果，提高观赏性、艺术性。对于以自然景观为主的景区，区内建筑设施要坚持“宜小不宜大、宜低不宜高、宜藏不宜露、宜疏不宜密”的原则。例如，巴厘岛就是典型的以自然景观为主的景区，区内的酒店设施全部掩映于树木之中而不突兀，给游客带来了良好的旅游体验。

为了满足游客求新、求异的需求，景区建筑的样式应尽量避免雷同，要勇于创新，不断增强景区的观赏性和吸引力。

（五）旅游景区绿化及环卫设施规划

旅游景区要注重园林艺术和景观绿化，做好重点地段绿化、树种花卉选择及环卫设施规划。

旅游景区要坚持植被保护与人工绿化相结合、生态建设与园林绿化相结合、绿化树种的经济效用与观赏特色相结合原则，营造景区优美的生态环境。适地适树选用绿化树种，在以乡土树种为主的基础上，注重绿化树种的多样性。重视发展花果兼优的风景林经济树种，注意选用观赏特性突出、季相变化明显的珍贵树种，以丰富景区景色，力求达到三季有花、两季有果、四季见绿的效果。

属于旅游景区一级保护区的区域为重点绿化区，应在现有植被和林带基础上，增植和更植一些适应性强、生长迅速、观赏价值高且突出地方特色的植物种类，也可在局部区域或大面积突出植物的特性。游览区内应注意植物景观的季节色彩，错落有致的外观轮廓。种类上，将乔木、灌木、藤木、草本巧妙有机地组合起来。

在旅游景区内，一些有碍风景的建筑物，如公厕、配电房等建筑可用丛林、林带、树丛、绿篱进行隐蔽和遮挡。在漫长或广阔的墙面上和缺少变化的屋面上，蔓布攀缘植物可打破其单调感。二层以上的楼房，可种植悬垂植物，形成花帘。

同时，接待服务设施也要遵循和贯彻生态、绿色、低碳、环保的原则，采用生态技术、环保设施、环保材料营造生态化旅游氛围。在旅游景区内增加一些趣味性强、造型精美的垃圾箱，引导游客将垃圾丢入垃圾箱内，或在部分旅游景区内实行垃圾换奖品活动，提高游客的环保意识。

（六）旅游景区旅游服务设施规划

从规划建设的成本来看，旅游景区服务接待设施建造费用是旅游设施费用中最昂贵的部分。旅游服务设施的规划主要考虑以下三个方面：①根据旅游需求的预测，确定床位、餐位数；②从区域规划、旅游景区总体布局的角度出发，研究它的位置、风格、间距、体量、建筑密度、等级标准等问题；③考虑将来发展、扩建的可能性。

1. 旅游景区住宿服务设施

一个旅游景区服务接待设施的旅游床位数，是该地旅游业规模的重要标志，也是衡量该旅游地影响力、吸引力的重要指标。有些山岳景区如张家界旅游景区，由于山上用水、用地、食物供应都很困难，且大规模修建旅馆等服务设施会造成景观被破坏，所以旅馆的布局以“山上游，山下住”为原则。但景区也不是要完全“山下住”，因为山岳景区都以山顶作为观日出、日落、云海的最佳处，如峨眉山山顶、黄山山顶、泰山山顶、阿里山山顶等。所以高山顶部的旅游床位设施也要有一定的规模，在选址上，适宜建在山坡开阔处，建设标准也可以根据实际情况灵活变动。

随着旅游业的发展、旅游规划的不断完善，业内人士都主张建设低层旅游接待服务设施，其理由有四个方面：①减少对电力、机械等基础设施设备的依赖；②节约材料，降低造价，加快建设与回收投资速度；③充分利用当地材料及当地施工力量；④采用低层院落式，与周围景观、地方建筑风格相协调。

2. 旅游景区餐饮服务设施

餐饮服务建筑是旅游景区商业服务设施中另一个重要的设施，它也是旅游服务设施中所必需的辅助设施。在旅游景区建设餐饮设施，是为了满足游客对餐饮的需求，以及保证游程顺利完成的重要条件。

随着人们对于生活水准要求的逐步提高，游客希望游得高兴、住得舒服，如能够住在环境条件十分优越的自然景区中，即使在经济上多付出一些也是可以接受的。自然旅游景区中餐饮住宿设施的设立并不一定就会破坏景观的自然风味，根据自然景观特色建设融入自然环境中的餐饮住宿设施，既可以满足游客需求又可以成为景观的组成部分。例如，在西双版纳有许多外表像小竹楼，内部设施完备、服务优质的四星级酒店；广东长鹿农庄的水下酒店和餐厅也很有特色。总之，在自然景观中设计的住宿餐饮设施应该建成具有当地建筑特色、与旅游景区景观协调的休闲式建筑。有的国家对于自然景观中的住宿设施建设的外部结构有明确的限制，要求内部设施的使用产品必须是环保的、对自然环境没有负面影响的。只要通过科学合理的规划和设计，住宿餐饮设施不仅不会破坏景观，还会给景观增添新的特色。

（七）旅游景区娱乐、游憩设施规划

在旅游景区一般不宜设置城市型的游乐设施项目，应该充分考虑到自然和人文环境对它的影响，如在民风淳朴的山林旅游景区设置大型的歌舞厅，不仅是对旅游景区生态环境的严重破坏，更是旅游景区规划设置的败笔。应因地制宜、因景制宜，设置一些与山水风景、地方民俗有关的文化体育游乐设施，如在以山体为主要景观的旅游景区，设置山顶远望台，方便游客观看日出日落；开辟登山探险道，满足游客挑战自我的需要；将有科考价值的山林植被加以圈养保护，设置植物园，供游客或科研工作者学习之用等。通过合理的规划设置将游、娱、教相结合，达到寓教于游的目的，从而提升游客的旅游体验价值。

同时，各类游憩娱乐设施应严格遵守安全标准，并配备相应救助设施与专门的监管维护人员。对于游乐场和主题公园这类游憩设施比较密集的旅游景区，更要做好安全防护工作，建立健全旅游景区危机管理机制。

三、旅游景区设施设备规划的实施

旅游景区设施设备规划的实施包括以下几个环节：

（1）旅游景区设施投资项目的呈报和审批。

设施设备的投资是旅游景区成本构成中的大额投资部分，所以对设施设备的申报和审批的程序是非常严格的。设施投资项目的可行性论证是其中最关键的环节，一份完整的项目投资可行性报告必须包括以下内容：①旅游景区各类设施现状；②与项目有关的市场状况和前景；③设施安装和施工的环境条件；④设施项目技术方案；⑤设施投资方案的经济评价；⑥设施项目实施计划；⑦可行性研究的结论。

（2）旅游景区投资决策分析、编制采购方案。

做好设备的投资决策工作对保证设备质量、充分发挥旅游景区设备技术水平和系统功能、取得良好投资效益都具有重要意义。购置设施设备一般需要旅游景区投入一定的资金，在购置前必须进行合理的投资决策分析，必须坚持“经营上适用，技术上先进，经济上合理，运行可靠且便于维修”的原则。根据调查结果和实际需要，列出所需投资的旅游景区设备，并编制具体的采购方案。

（3）旅游景区设施设备的购置、施工与安装。

设施设备的购置要考虑它的适用性、经济性、可靠性、安全性、节能性、环保性、特色性等要素，通过旅游景区采购部或工程部进行统一购置。旅游景区设施设备的施工与安装的质量对设施设备的服务效果产生直接影响。因此，在设施设备施工与安装时必须由旅游景区派工程技术人员监理或委托给专业安装单位。若委托给专业安装单位，必须对安装单位的资格进行审查。对于重要设备，可以由设备生产商或者由该生产商指定的安装单位进行安装。安装完成后还要进行调试，这也是对设备安装质量的检查。

第三节　旅游景区设施设备维护、维修与更新

一、旅游景区设施设备使用管理概述

（一）旅游景区设施设备服务期管理的实质

旅游景区从对外开放接待游客起即进入运营阶段，在此期间对设施设备的管理关系到旅游景区经济效益的发挥及旅游景区声誉的提升。设施服务期管理的实质就是要达到最好的服务质量和获得最大效益，防止安全事故的发生，保证游客完成高质量的旅游活动。

（二）旅游景区设施设备管理的人员系统

旅游景区的设施设备管理人员系统包括以下人员：

（1）管理层人员。设施管理层人员，负责旅游景区内设施设备的管理协调工作，指挥日常工作的进行。

（2）运行操作人员。设施设备的运行操作人员，负责设备的正常运行和保养，做到“三好”（用好、管好、保养好）、“四会”（会使用、会保养、会检查、会排除故障）。

（3）维护检修人员。设施设备维护检修人员，负责设施设备的检查和维修，及时发现设备存在的问题并及时解决，保证设施设备的正常运行。

（4）操作监督人员。设施设备日常操作的监督人员。

（5）游客。游客作为旅游景区设施的主要使用者，其行为也影响着景区设施设备的管理，不文明的游客行为会造成景区设施设备的损坏。因此，需要对设施服务对象即游客进行提醒和教育。

二、旅游景区设施设备维护管理

（一）旅游景区设施设备的使用维护管理

旅游景区设施设备的使用维护管理包括以下几个方面：

（1）对操作人员的规范化管理。必须强化管理人员的责任心和敬业精神，让操作人员学习和掌握设施设备的原理、性能、结构、使用、维护及技术等方面的知识。

（2）对服务人员的规范化管理。服务人员必须参加旅游景区设施设备的使用操作学习和培训，向游客介绍设施设备的使用方法和注意事项。服务人员在游客使用过后要定期对设施设备进行清洁和维护。

（3）制定设施设备使用管理制度。旅游景区设施设备使用管理的规章制度包括运行操作规程、设备维护规程、设施设备操作人员岗位责任制、交接班制度和运行巡检制度等。

（二）旅游景区设施设备维护制度

1. 日常维护

设备的日常维护是设备最基本的保养，又称例行保养。由于旅游景区的各种设备性能、结构和使用方法不同，对其维护保养的工作也不尽相同，一般有清洁、润滑、防腐、防虫、浇水、施肥、修剪整形等。日常保养又分为每班保养和周末保养两种，每班保养的

主要工作是对设备进行清洁、润滑和点检；周末保养则要求用1～2小时对设备进行彻底清洁、擦拭和上油等。

设备的日常维护是维护工作的基础，具有经常化、制度化的特点。旅游景区设备的日常维护及保养主要包括：做好清洁卫生工作，定期检查设备是否存在漏油、漏气、漏电等情况，检查设备是否有虫害、腐蚀等现象，紧固松动的螺丝和零部件等。

2. 定期维护

设备的定期维护是指由工程部制订设备维护保养计划，由专业设备维修人员实施的对设备的维护、修理工作。定期维护保养的时间间隔视设备的结构情况和运行状况而定。

根据保养工作的深度、广度和工作量可以将定期维护保养分为一级维护保养和二级维护保养。一级维护保养的工作内容包括对设备的全面清洁，沟通油路，调整配合间隙，紧固螺丝、螺栓及对有关部位进行必要的检查等。其目的是使设备处于正常工作状态，减少设备的磨损，消除设备的隐患，排除小故障。二级维护保养的工作内容着重对设备进行局部解体检查，清洗换油，修复或更换磨损的零部件，排除故障，恢复局部工作精度，检查并修理电气系统等。其目的是使设备达到完好标准，延长设备的使用寿命。

3. 区域维护

设备的区域维护又称维修工包机制。维修人员承担一定生产区域内的设备维修工作，与生产操作人员共同做好日常维护、巡回检查、定期维护、计划修理及故障排除等工作，并负责完成管区内的设备完好率、故障停机率等考核指标。区域维修责任制是加强设备维修，调动维修人员的积极性，是生产操作人员主动关心设备保养和维修工作的一种有效形式。

4. 计划维护

计划维护是一种预防性维护方法，一般是根据设备的磨损规律事先确定维护内容。在对设备实施计划维护时，一般会参考该设备的使用说明书、其他单位同类型设备的定期维修经验及景区设备使用特点。

设备维护保养工作的关键是合理制订并有效实施维护保养计划。设备维护保养计划是设备维护保养的指导性文件，编制设备维护保养计划是根据设备的实际技术情况，贯彻以“预防为主”的方针的重要技术措施。通过维护保养计划确定设备维护保养的类别、时间、工作量、材料、费用预算、停机时间等内容，正确编制维护保养计划，合理安排维护保养工作，可以为保养工作做好充分的准备，缩短停机时间，提高工作效率，降低维护费用。

（三）旅游景区设施设备点检制度

1. 点检的分类及重要性

设施设备的点检是对影响设备正常运行的关键部位进行经常性检查和重点控制的一种方法，分为日常点检、定期点检和专项点检三部分。日常点检是每日通过当班的员工对设备运行中的关键部位的声音、振动、温度、油压等进行检查，并将检查结果记录在点检卡上；定期点检是按一定的时间间隔，用专用检测仪表工具对设备的性能状况进行检查；专项点检是有针对性地对设备特定项目进行检测，使用专用仪器工具，对设备进行检查。

设施设备的点检可以及时发现和消除故障隐患，提高设施设备的完好率和利用率，节省设施设备购置费用，提高总体利用效益。

2. 点检的工作步骤

点检的工作包括以下步骤：①确定设施设备检查点和点检路线，检查点的设定应以设施设备的关键部位和薄弱环节为重；②确定点检项目和标准；③确定点检方法；④确定点检周期；⑤制定点检卡；⑥落实点检责任人员；⑦点检培训；⑧建立和利用点检资料档案；⑨点检工作的检查。

三、旅游景区设施设备维修管理

（一）设备的磨损

设备在使用或闲置过程中，总会受到各种外力和环境的影响而发生磨损，包括有形磨损和无形磨损。有形磨损是指设备实体上的磨损，也称物质磨损；无形磨损是指设备实体形态上看不见的磨损，也称精神磨损，是指固定资本在其有效使用期内，由于技术进步而引起的价值上的损失。

（二）设备的维修

1. 设备维修的概念

设备维修是指当设备的技术状态劣化或发生故障后，为了恢复其功能和精度而采取的更换或修复磨损、失效的零部件，并对整机或局部进行拆装、调整的技术活动。

2. 设备维修信息的获得

根据发现设备故障的不同途径，设备维修信息的获得主要有四种方式：报修、巡检、计划维修和预知性维修。

（1）报修。报修是旅游景区员工在发现设备故障后，通过填写“设备报修单”或以电话、网络信息传递的方式将设备的故障情况通知工程部，由工程部安排人员进行维修。通过这种方式可以及时获得设备状态信息，使设备得到及时修复。

（2）巡检。由于许多设备是在旅游景区的公共区域，发生故障时不一定能被及时发现，这就需要通过巡检来发现。通过工作人员根据既定路线和检查内容对设备进行逐一的检查，可以发现故障并及时处理。

（3）计划维修。计划维修是一种预防性维修方法，一般是根据设备的磨损规律事先确定维修内容。在对设备实施计划维修时，一般会参考该设备的使用说明书、其他单位同类型设备的定期维修经验及景区设备使用特点。

（4）预知性维修。预知性维修是一种以设备技术状态为基础的预防维修方式，是根据设备的日常点检、定期检查、状态检测和诊断提供的信息，经统计分析、信息处理来判断设备的劣化程度而进行的有针对性的维修。通过这种维修方法对设备适时地、有针对性地进行维修，不但能保证设备经常处于完好状态，而且能充分利用零件的寿命，提高维修效率。

3. 设备维修的方式

旅游景区设备维修主要有五种方式：

（1）事后修理。事后修理是指设备发生故障后进行的修理。这种情况出于事先不知道故障在什么时候发生，缺乏修理前准备，修理是无计划的，常常打乱旅游景区活动。

（2）预防维修。为了加强设备维修，减少设备停工时间，可以定期进行设备预防维修，在设备运行过程中做好维护保养工作，根据设备磨损规律和检查结果，在发生故障之前有计划地进行修理。

（3）生产维修。预防维修虽有优点，但有时会增加维修工作量，造成过度保养。生产维修要求以提高生产经济效果为目的来组织设备维修。即根据设备重要性选用维修保养方法，重点设备采用预防维修，一般设备采用事后修理。这样，既可以集中力量做好重要设备的维修保养工作，又可以节省维修费用。

（4）维修预防。维修预防是指在设备的设计、制造阶段就考虑维修问题，提高设备的可靠性和易修性，以便在使用中尽可能地减少或不发生设备故障。即使发生故障，也能使维修工作顺利进行。

（5）升级维修。升级维修是指使用新技术、新工艺、新材料替代“过时”的设备，通过升级维护生产“新”设备、“新”产品的过程。该维修手段在智慧旅游景区平台日常维护中的体现尤为突出，如对接各文旅大数据平台及时更新数据、定期升级硬软件设备等。

4．设备维修的实施方式

旅游景区设备维修的实施方式有两种：

（1）自行维修。当设备存在故障时，由旅游景区的维修人员自行修理。

（2）外包维修。委托外修，即由专业维修公司的维修人员在旅游景区内实施维修。

旅游景区必须从自身特点出发，制定适当的设施设备维修策略，可以按照维护保养—检查监测—日常小修—项修—技术改造的次序进行设备的维修。对于一些小设备可以放弃项修和改修，大修项目可以通过专业维修公司或设备厂家来完成。旅游景区也应培养出自身的全能维修队伍，提高设施设备管理和维修的效率。

四、旅游景区设施设备更新改造管理

随着旅游景区设备使用年限的增加，设备的有形磨损和无形磨损都会日益加剧，使用安全可靠性相对降低，导致维护费用上升，也影响了游客的感知质量，应通过设备的改造和更新对设备磨损实施补偿。随着技术的进步，旅游景区的硬件设施和软件系统也需要不断改造升级。

（一）旅游景区设施设备更新改造概述

旅游景区设施设备的更新是指用经济效果好、技术先进、可靠的新设备替换经济效果差和技术落后的老设备。就实物形态而言，设备更新是用新的机器设备代替旧的机器设备；就价值形态而言，是机器设备在运转中消耗掉的价值重新得到补偿。旅游景区设施设备的改造是指通过采用先进技术对景区现有的落后的设施设备进行技术改造，使其提高节能效果、改善安全和环保特性。

随着科学技术的进步，性能更加完善、生产效率更高、服务功能更全的新设施设备不断涌现，设施设备淘汰的周期越来越短，而很多旅游景区的服务设施设备老化、质量差、效率低，已成为景区提高服务质量的严重障碍。同时，随着旅游需求的不断变化，旅游景区面临新设施、新设备的更新需求。旅游景区需要添置新设施、改造旧设施，加快设施设备更新是提高旅游景区接待能力、服务质量和服务水平，实现技术现代化，不断提高经济效益和社会效益的重要途径。

（二）旅游景区设施设备更新改造分类

旅游景区设施设备更新改造一般分为三种情况：

（1）全面更新改造。全面更新改造一般是在基本保留原有的项目基础上，对一些已陈旧或不能满足需要的主要大型设备进行改造或更新。

（2）系统设备更新改造。系统设备更新改造是针对某一设施设备内具有特定功能的配套系统设备性能下降、效率低或者能耗高、环保特性差等具体问题所采取的改造和更新。随着新技术的进步，一些传统的系统需要升级改造。如对景区网络的5G更新改造；对门票预订系统的数字化改造。

（3）单机设备更新改造。单机设备更新改造是对设施设备内某一单机设备所采取的技术措施。如对旅游景区智能门禁系统进行单机设备更新改造。

（三）旅游景区设施设备更新决策

对每一个列入改造、更新计划的设备都应进行技术、经济的可行性分析。很多设备使用到最佳更新期以后不必立即报废，可以通过大修或技术改造来恢复设备的技术性能。如果大修或改造已不经济，那么就应更新。旅游景区的设施设备，特别是大型设施设备的更新，往往需要投入大量的资金，属于旅游景区的重大决策，一般要进行全面的决策分析，综合考虑设施设备可利用现状、市场潜力、竞争对手状况、投入回收等。

总之，在进行设施设备技术改造和更新时，要突出重点，力求将有限的人力、财力和物力优先用于关键设施设备和重点项目。依据计划性和资金的投入产出等技术、经济分析进行设施设备的更新和改造工作。旅游景区要根据发展目标，制订3～5年的设备添置和技术改造、更新计划。对设备的处理，要及时在财务账目和固定资产账目上具体反映出来。

【本章小结】

旅游景区的设施设备是指构成旅游景区固定资产的各种有形物品。旅游景区的设施分为基础设施、接待服务设施、娱乐游憩设施三大类。旅游景区设施设备管理是为了实现经济效益的最大化，保证为游客提供优质服务，保障设施设备正常有效使用，精减设施设备生命周期费用。旅游景区设施设备管理包括人员管理、安全管理、档案管理、应急管理等。设施设备的使用维护管理包括对操作人员的规范化管理、对服务人员的规范化管理、制定设施设备使用管理制度。设施设备的点检是对影响设备正常运行的关键部位进行经常性检查和重点控制的一种方法，分为日常点检、定期点检和专项点检。设备维修是指当设备的技术状态劣化或发生故障后，对整机或局部进行拆装、调整的技术活动。设施设备的更新改造一般分为全面更新改造、系统设备更新改造、单机设备更新改造。

【拓展阅读】

破解庐山核心景区交通大换乘瓶颈

一、山上核心景区交通现状

庐山风景区有公路可以直达山上，这在全球同类型山岳风景区中也是不多见的，加上山上有一定数量的居民居住，历史上留存了较多欧美别墅，形成了独特的欧式小镇风情。

（一）交通市场状况

庐山山上核心景区道路覆盖范围较广，设施设备较为齐全。

1. 景区道路情况

景区内有南北两条登山公路，全长合计 47 公里；景区内建成公路 51 公里，覆盖山上大部分景区景点。

2. 客运市场情况

庐山本地运输企业有庐山旅游观光车公司和庐山旅游汽车运输公司。另外，还有九江市其他运输企业参与客运市场营运。

3. 车辆拥有情况

山上核心景区的单位与个人拥有各种车辆达 3 400 余辆，其中私家车辆有 3 000 余辆。

（二）旅游交通情况

庐山山上核心景区旅游交通以庐山旅游观光车公司为主导，其他营运车辆补充。通过调研庐山旅游观光车公司的运营、发展和存在的问题，即可破解核心景区交通大换乘瓶颈，解决困扰人们的交通堵点和服务短板问题。

1. 庐山旅游观光车公司基本情况

庐山旅游观光车公司专门从事核心景区旅游交通，于 2009 年 5 月试运营，有中巴以上车辆 180 余辆，现有职工 354 人。2009 年该公司运行之初，主要经营庐山山上东线、西线核心景区；2011 年 7 月将运行线路延伸至山下南、北门换乘中心；2017 年 7 月参加部分时段交通大换乘。

2. 庐山旅游观光车公司经营情况

从历年的经营数据来看，可分成三个阶段。即：起步阶段（2009—2012 年）、低迷阶段（2013—2016 年）、换乘阶段（2017—2019 年）。起步阶段，得益于设备新、人员干劲足、线路延伸、红色旅游等因素，企业发展势头猛，创下购票人数 121 万人、经营收入近亿元的历史最好成绩；低迷阶段，优秀人才流失、管理机制滞后、服务水平下降等弊端开始显现，购票人数和经济效益持续下滑，出现亏损年份；换乘阶段，受益于政策调整、政府支持、管理水平上升等因素，企业发展效益回升。

二、调研分析发现的问题

通过实地调研、问卷调查、调阅资料、数据分析，发现景区交通大换乘存在以下问题：

第一，道路和停车设施先天不足。山上景区道路临崖、狭窄，有些地段没有回旋路段，导致车辆容易堵塞、行进缓慢。同时，高峰时段，山上山下都存在停车场（位）不足的问题。

第二，旅游观光车公司管理方式还相对落后，现代企业管理模式融入不够，人员素质不高，车辆等设备老化。

第三，企业服务质量提升较慢，企业员工服务意识不强。

第四，换乘部分站点设置不尽合理、容量不够，拥挤现象依然存在。

第五，客运市场有时存在混乱问题，庐山南北门换乘中心处于不同地区结合部，偷逃票、拉客揽客等现象屡禁不止。

三、存在问题的原因

存在的问题有新老问题交织，也有主观客观原因。我作为庐山管理局党委分管领导和管理局换乘领导小组组长，在思想认识和工作思路上还有差距，统筹协调不够好，深入基层具体指导有欠缺，面对新问题破解难题不够。同时，庐山旅游观光车公司现代管理模式及人才引进还有差距；换乘站点设置不尽合理；部分车辆运行时间长，设备老化；网络化、智能化跟进不够，主要依靠人力和经验管理；客运市场综合协调管理力度不够。

四、改进的方法和建议

1. 深化企业内部改革

加快引入现代管理模式，实施多元考核机制，减少管理层级，员工向一线倾斜；加大对管理者的培训，提升基层管理者眼界、理念、管理能力。

2. 不断提升旅游服务质量

注重企业文化的打造，大力倡导“情系游客，用心服务”理念，完善奖惩方法，设立服务奖、委屈奖，激发广大员工的积极性，不断提升旅游服务质量。

3. 最大限度缓解拥堵

科学调配运力，采取购置车辆、租赁车辆增大运力和有计划地控制进入景区的人数等措施，缓解重点站点高峰拥堵问题。

4. 实施走出去战略

积极探索旅游淡季观光车走出去战略，结合庐山旅游淡旺季明显的特点，与冬季热门旅游景区联合，不断发展壮大企业经济效益。

5. 加大支持力度

继续扩大核心景区大换乘的覆盖面，逐步实现全区域、全时段的旅游交通换乘。对山上景区道路、站点、山下停车场，制订新的发展规划，以适应游客数量和车辆数量的增长。

6. 整治市场秩序

进一步解决好客运市场的乱象问题，坚决打击“黑车”“黑导”等扰乱市场的行为。庐山山上核心景区旅游交通的发展，关乎庐山旅游形象，关乎游客与居民出行方便，应创新理念、深化改革，不断破解难题，为庐山旅游的高质量发展创造新佳绩。

（资料来源：王迎春《破解庐山核心景区交通大换乘瓶颈》，有删改）

说一说：

1. 庐山风景区现有的交通系统存在哪些问题？
2. 庐山风景区应该如何解决居民和游客的交通问题？

【思考与练习】

1. 旅游景区设施设备如何分类？
2. 旅游景区设施设备管理的内容有哪些？
3. 旅游景区设施设备维护制度有哪些？
4. 旅游景区设施设备在什么情况下应采取维修或更新改造措施？

第八章　旅游景区安全管理

【学习目的】

通过本章的学习，了解旅游景区安全管理的意义和安全管理系统的构建，明确旅游景区安全问题的表现形式，分析出现安全问题的原因，掌握游客行为管理的内容以及实施综合防治的安全管理手段，了解景区自然及人为灾害的预防及处理方式。

【学习要点】

1. 旅游景区安全问题的表现和原因
2. 旅游景区安全管理系统的构建
3. 旅游景区游客行为影响因素、行为安全管理内容
4. 旅游景区旅游灾害的类型及预防和处理

【关键词】

旅游景区安全管理；游客安全；旅游灾害预防及处理

旅游景区的安全问题涉及游客及景区的生命财产安全，关系到旅游景区乃至所在地区的旅游形象，是旅游景区管理之重。旅游景区管理必须坚持“以人为本”理念，把安全管理放在首位，做好旅游景区常见安全事故的预防与处理，加强游客行为及其安全管理，促进旅游景区的平稳有序运营。

第一节　旅游景区安全管理概述

一、旅游景区安全管理概念

旅游景区安全管理是为实现旅游景区安全目标而进行的有关决策、计划、组织和控制等措施，有效地使用人力、财力、物力、时间和信息，开展安全防范和应急处置而进行的各种活动。旅游景区安全管理运用现代安全管理原理、方法和手段，分析和研究旅游景区各种不安全因素，从技术上、组织上和管理上采取有力的措施，解决和消除各种安全隐患，防止安全事故的发生，或对出现的安全问题采取有效应对措施，减少损失和危害。安全管理是旅游景区管理的首位重要事项。

“平安景区”是旅游景区建设的重点内容，旅游安全关系到游客的生命财产安全，关

系到一个旅游景区、一个国家、一个地区的旅游形象，是旅游经济稳定运行的重要保障。对游客而言，旅游景区安全是游客的基本需要，是提高游客满意度的重要保证。对旅游景区经营者而言，旅游景区安全是保证旅游活动顺利进行，维护旅游景区良好形象和声誉，取得合理经济效益的前提。对旅游业而言，旅游景区安全是旅游业可持续发展的基础。

二、旅游景区安全问题的表现形态

旅游景区安全问题时有发生，其表现形态多种多样，主要有以下几种：

（1）设施设备出现的安全问题。

旅游景区的设施设备因设计不合理、质量问题或操作不当可能造成安全事故。如机械游乐设施设备安全事故、水难事故、缆车索道事故等，这些问题主要是由于设施设备自身存在安全隐患或是设施设备操作人员操作不当造成的。如贵州马岭河峡谷缆车坠落事件的主要原因是该项目在立项报批、设计建造、运营管理等方面均存在安全隐患，且缆车的操作人员不具备熟练的操作技能。又如2010年深圳东部华侨城太空迷航娱乐项目顶部的高压舱突然爆裂，造成重大事故。2021年4月，北京欢乐谷海洋馆内一高空游乐设施发生故障，致多名儿童被倒挂在高空。

（2）犯罪行为带来的安全问题。

在旅游景区发生的犯罪行为具有特定的规律和特点。可以分为侵犯公私财产类犯罪、危害人身安全犯罪、性犯罪及与毒品、赌博、淫秽等有关的犯罪。这些犯罪行为给游客和社会带来了严重的负面影响，对旅游景区的安全产生极大威胁。例如，2021年4月24日，美国新奥尔良市著名景点波旁街发生枪击案，造成很大影响。

（3）旅游活动产生的安全问题。

旅游景区有些活动，诸如攀岩、探险、漂流、蹦极等项目本身具有一定的危险性，活动不当可能产生安全危害。例如，2020年5月，游客在张家界天门山公园进行翼装飞行时发生意外而不幸罹难。在有些景区，游客走失而遇险的情况也时有发生。对于这些危险性项目，旅游景区必须特别加强安全管理，确保游客的人身及财物安全。

（4）自然及人为灾害造成的危害。

地震、海啸、洪水、泥石流等自然灾害，火灾、爆炸等人为灾害，往往会造成不可预料的严重后果，如人员的伤亡、基础设施遭到破坏、财产遭受损失等，严重时甚至造成整个旅游景区设施系统的紊乱。例如，2004年12月，印度洋海啸造成东南亚许多滨海度假区的破坏和大量游客伤亡；2017年8月，九寨沟景区发生7.0级地震，造成游客伤亡或被困。旅游景区的消防部门、环境地质部门等必须参与其中，共同营建良好的旅游景区安全环境。

（5）其他意外事故。

游客在旅游景区游览过程中由其他不可控、不可预料的意外因素引起的安全事故。例如，2017年1月，马来西亚沙巴州发生沉船事件，造成游客遇难；2020年9月，有游客在重庆奥陶纪景区乘坐速滑线过程中发生意外坠亡；2020年10月，福建天柱山欢乐大世界景区体验潜水时有游客发生溺亡。又如，在景区旅游中，出现动物伤害游客、食物安全问题，等等。

三、旅游景区安全问题发生的原因

旅游景区安全问题的产生各有其特殊性，归纳起来主要有以下五个方面的原因：

（1）旅游景区安全防范不足。

旅游景区安全管理意识不强、防范措施不足主要表现在：第一，旅游景区重生产轻安全。为追求经济利益，没有处理好生产与安全、效益与安全、发展与安全的关系，忽视安全生产投入，造成安全生产基础薄弱、安全技术落后、安全设施不足、安全设备老化，以致消防、交通、饮食、治安等方面存在安全隐患。第二，旅游景区应急救援体系不健全，机制不完善。突发事件的应急预案不完备，缺乏具体的可操作性措施。第三，安全旅游宣传教育和培训工作不够普及、深入、细致和实用，对教育和培训重要性的认识不足。

（2）游客对旅游安全重视不够。

游客在游程中为追求精神愉悦和身体放松，经常流连于山水之间而放松安全防范，导致安全问题时有发生。有的游客对旅游活动场所的安全隐患认识不足，再加上游览过程中麻痹大意，没有做充足准备就冒险行动，以致酿成灾害事故；也有因身体和心理素质原因，参加了不适宜的旅游项目而造成对人身的伤害。

（3）管理部门安全监管不力。

有些旅游景区的监管制度不完善，监管力度不足，人员、经费和设备投入不够，技术手段落后，造成监管工作不能及时到位。根据国家有关政策和法规，旅游景区的主管机构有旅游局、林业厅、环保局、水利厅、建设部等，这些部门形成了旅游安全管理的外围机构群体，能有效地抑制安全问题的发生，但有时也会因主管机构分散而导致安全监督管理不作为现象的发生。

（4）旅游管理存在法律盲区。

旅游景区安全事故和法律纠纷时有发生，在纠纷解决过程中出现了适用法律不明确和安全责任界定的问题，这与旅游法制还不够健全相关。一方面，旅游政策法规相对于经营实践具有滞后性，使得一些颇受游客欢迎且对安全需求较高的特殊旅游项目还未纳入安全管理范畴；另一方面，在实践中安全管理政策的贯彻并不彻底，仍有不少旅游景区安全管理力量配备不足。

（5）其他因素的影响。

导致旅游安全事故的其他因素主要是自然因素，如洪水、泥石流、山体滑坡、地震、海啸、自燃火灾等，这些因素往往会给旅游景区造成重大损失。这些自然灾害不仅破坏景观环境，还会对旅游景区形象造成负面影响，削弱旅游吸引力。此外，也有人为因素，如旅游设施设备的设计不合理、质量不过关等，也会给旅游景区的安全运营埋下隐患。

四、旅游景区安全管理系统的构建

（一）外部旅游安全管理系统的构建

1. 建立旅游景区安全管理的法规体系

依法管理是旅游景区安全管理的根本途径。我国目前景区安全管理相关的法规主要有《风景名胜区条例》《漂流旅游安全管理暂行办法》《游乐园（场）安全和服务质量》《旅行社安全规范》等，《中华人民共和国旅游法》《中华人民共和国安全生产法》《中华人民共和国突发事件应对法》及《生产安全事故报告和调查处理条例》等有关法律、行政法规规定都是重要的法律依据。当然，相关部门应该进一步完善和细化旅游景区安全管理法律体系，使法律理论超前于旅游实践，能够对实践起到积极引导作用，进而提高安全管理的运作效率。

2. 建立自上而下的监管和执法体系

贯彻从高层宏观指导和管理到基层日常监督和严格执法。如旅游行政管理部门对旅游景区的监督检查方式有日常监督、专项监督、个案监督、年度监督等。通过建立完善的监管和执法体系，确保旅游安全管理工作落到实处。

3. 建立旅游景区安全宣传教育体系

配合旅游景区发挥好旅游安全宣传、旅游事故事实澄清和发布旅游安全信息等各项公共职能。对旅游安全的宣传教育，既要面向游客，又要面向旅游地社区和旅游从业人员。利用各种媒体，特别是新媒体开展旅游安全宣传教育；对游客可通过旅途中的各种宣传册和旅游从业人员的安全建议来进行宣传；对旅游地社区可通过各种招贴告示、新闻媒体乃至学校等各种渠道来宣传教育；对旅游从业人员可通过两种方式来宣传教育，一是宣传旅游安全问题的危害性及其与旅游业的关系，二是加强对旅游安全事故的处理。

4. 建立旅游景区安全社会联动系统

旅游安全涉及旅游业各部门和社会各环节。在区域旅游安全管理中，建立一个由旅游行政管理部门牵头，由旅游地居民、旅游从业人员、旅游管理、治安管理、社区医院、消防、保险、交通等多部门、多人员参与的旅游安全联动系统，并和社会安全系统衔接，形成资源共享、全社会关注旅游安全的局面。

（二）内部旅游安全管理系统的构建

1. 完善旅游景区安全管理的组织系统

旅游景区安全组织是确保旅游安全的基础。大型旅游景区应建立包括旅游安全宣传组织、旅游安全过程管理组织、旅游安全预警组织、旅游安全救助组织等在内的组织体系；小型旅游景区应做到有专人专职负责安全管理工作，并落实责任到位。

2. 加强旅游安全宣传、教育与培训

依托旅游景区安全组织或人员向游客、旅游地社区及旅游从业人员进行旅游安全宣传教育工作。对于游客可通过各种告示及解说系统和旅游从业人员的安全建议等进行宣传。对社区居民和旅游从业人员的安全宣传教育包括两部分，一是加强安全教育与培训，二是严肃处理旅游安全事故。旅游从业人员的安全意识和安全技能直接关系到安全事故的发生概率，培养具有较高安全管理素质的旅游从业人员，可以避免或减少安全事故的发生。

3. 完善安全救助应急系统

在旅游景区内应组建一支健全的抢救和医疗应急反应队伍，开展一系列安全服务活动。如运送紧急药品，现场紧急救援，就地紧急处理，及时送往医院并安排需住院的游客入院，入院后的追踪服务，尽快与游客亲友进行联系等。这不仅关系到游客的旅游体验问题，而且直接关系到游客的人身安全。

4. 建立旅游安全预警系统

依托旅游安全预警组织或人员开展这一工作，包括建立旅游景区安全监测网络，将高新科技运用到旅游景区安全监测中，如在森林旅游景区和山岳景区运用全球定位技术进行安全监测，建立安全报警系统。另外，设立完备的旅游景区安全标志也可以对游客的行为起到预先警告和提示作用。

5. 完善旅游保险服务

完善旅游保险是适应旅游发展需要、做好安全事故善后工作、保障游客合法权益的保证工作。为了旅游业更长远的发展，旅游景区应与保险业联合，制定出适合不同类型、不同情况的各种旅游保险险种，并针对不同游客和特殊游客群体的需要，制定出相关实用的保险险种并提供配套的保险服务。

第二节 旅游景区游客行为安全管理

旅游景区安全问题主要是针对游客的，游客行为又往往是安全问题产生的关键原因。游客安全有序的行为可以消除一些安全隐患，而游客不合理的行为可能给旅游景区及其自身造成安全问题。因此，必须加强对游客行为及其安全管理。

一、旅游景区游客行为分析

（一）游客行为的影响因素

游客行为是指游客在旅游过程中表现出来的行动。旅游景区是游客活动的主要场所，因此也是游客行为主要表现场所。

由于游客在年龄、个性气质、兴趣爱好、受教育程度、组织方式等方面存在差异，不同游客在旅游景区旅游时会表现出不同的行为方式。

（1）年龄的影响。

不同年龄段的游客在身体健康状况、体力、精力、个性心理等方面有很大差异，其行为方式也表现出不同的特点。

青少年游客精力充沛、好奇心强，富有冒险精神和挑战精神，喜欢互动，自尊心强烈，情绪较为敏感且易波动，行事可能不太顾及他人感受。在旅游景区受奇异景观和特殊活动的影响，容易激动，自制力较差，容易违反旅游景区内游客行为规范和安全准则，做出一些危及自己及他人安全的举动。

中年游客的自我控制力较强，行为比较稳重，但这一群体的游客往往也具有较强的自我中心意识，在旅游景区活动时可能过分强调自己的思想和行为的正确性，在某些问题上坚持按自己的方式行事。

老年游客具有充足的时间和一定的经济基础，但由于身体状况的原因多会选择休闲性的旅游活动。

（2）个性气质的影响。

气质是游客的个性心理特征之一，是游客行为产生的内在驱动力，不同个性气质的游客行为方式差别较大。

多血质游客具有热情开朗、反应迅速、行动敏捷、喜欢交际、能够很快适应变化的环境等优点；其缺点是兴趣广泛而不定向、注意力容易分散、缺乏毅力。在情绪反应方面，表现为快而多变；在行为方面，表现为活泼好动，爱参加各种活动，但常常有始无终。

胆汁质游客具有热情坦率、精力充沛、言语明快、表情丰富、有较强的毅力等优点；其缺点是性格急躁、容易激动。在情绪反应方面，这类游客大多十分热情、直爽且精力旺盛，易动感情；在行为方面，这类游客的自制力相对较差，容易感情用事。

黏液质游客具有安静稳重、情绪体验深刻而不外露、忍耐力强、踏实谨慎等优点；其缺点是反应较慢、行动迟缓、沉默寡言、缺乏灵活性。在情绪反应方面，这类游客大多安静、稳重，注意力不易转移；在行为方面，反应较为迟缓，做事力求稳妥。

抑郁质游客具有体验深刻、细心谨慎、智慧聪颖、想象力丰富等优点；其缺点是多愁善感、优柔寡断、敏感多疑、孤立不合群。在情绪反应方面，这类游客难以忍受或大或小的神经紧张，会回避强烈刺激；在行为方面，这类游客喜欢三思而后行，求稳不求快，表现为循规蹈矩，略显刻板。

（3）兴趣爱好的影响。

游客的爱好不同，对旅游活动的选择也有所不同。喜好追求冒险和刺激的游客会选择有一定危险系数的旅游项目，如蹦极、漂流等；喜好平和安逸的游客多会选择观赏型或参与程度不高的旅游项目。

（4）受教育程度的影响。

游客受教育程度体现在旅游活动的各个方面。一般来说，受过较高层次教育的人，掌握的知识和关于外界的信息也相对较多，从而更有了解外部世界的兴趣和热情，行为上多为他人考虑，具有较高的素养。

（5）组织方式的影响。

旅游景区内游客按组织方式可以分为团队和散客，其行为方式也有不同的特点。团队游客往往按既定路线统一行动，行程安排较为紧凑，可变性较小。游客行为在群体中相互约束、相互影响，在从众心理、标新立异心理的驱动下，游客行为也会表现出一些独特之处。散客突破了旅游团队的约束，追求个性化行为的表现，具有决策自主性。

（二）游客不良行为的表现及危害

游客不良行为也称不文明旅游行为，是指游客在旅游景区游览过程中所有可能有损旅游景区环境和景观质量，可能对景区和他人造成不利的行为。它主要表现为两大类：一类是游客在旅游景区游览过程中随意丢弃各种废弃物的行为，如随手乱扔废纸、果皮、饮料瓶、塑料袋、烟头等垃圾，随地吐痰、随地便溺等；另一类是游客在游览过程中不遵守旅游景区有关游览规定的违章行为，如乱攀乱爬，乱涂乱刻乱画，越位游览，违章拍照，违章采集，违章野炊、露营，随意给动物喂食，甚至袭击、捕杀动物等。

游客不良行为最根本的危害可能导致旅游景区环境污染、景观质量下降甚至寿命缩短，其最终结果必然是造成旅游景区整体的吸引力下降、旅游价值降低。它严重影响、直接威胁着旅游景区的可持续发展。更有甚者，会给旅游景区带来灾难性影响，如违规抽烟、燃放爆竹、违章野炊等行为很容易引起火灾。就最直接的影响而言，首先，游客的不良行为会给旅游景区环境管理、景观管理带来极大的困难；其次，游客的不良行为本身往往会成为其他游客游览活动中的视觉污染，破坏环境氛围，进而影响其他游客的游览质量；最后，游客更严重的不良行为往往会给自己和他人的人身及财物安全带来隐患。

（三）游客不良行为产生的原因

旅游景区游客不良行为产生的原因主要有如下几点：

（1）环保意识不强。

环保意识差、文化素养低的游客很少考虑自己的行为对景区及社会造成的影响，容易在不知不觉间出现不良行为。游客不良行为对环境、景观的消极影响往往是潜移默化的，它所造成的后果往往是长期的，而游客的旅游活动却是暂时的、动态的，所以游客有时并不能立竿见影地看到自己的不良行为所造成的严重后果，这就导致游客对旅游景区环境问题的严重性缺乏认识，且对自己的不良行为造成的环境污染问题的责任归属缺乏认知。游客不良行为存在，也使游客个体对解决环境问题的有效性缺乏认知，因而自己也不愿付出努力。这些因素决定了游客在游览活动过程中不会自觉形成保护环境的愿望，因而也不会自觉产生保护环境的行为。

（2）道德感弱化。

旅游活动作为人们追求闲适与放松的一种方式，是对日常生活的超越和远离，因而游客在旅游过程中不同程度地存在着随意、放任、无约束的心理倾向。当一个人以游客的身份在异地游览时，往往想摆脱日常生活中的“清规戒律”，道德的约束力量远不及在日常生活圈子中那样强，人性中潜在的劣的东西会不自觉地流露出来。

（3）占有意识外显。

游客花费一定的金钱和时间、体力和精力，得到一种体验，可能除了照片什么实物都不能带走，潜意识里会存在一种求补偿的心理，常常希望在景区留下自己的印记。占有欲也是每个人都有的普遍心理，看到美好的事物常常希望能占为己有。面对旅游景区内独特的环境和景物，部分游客无法控制自己的感情，以致有意无意地对旅游景区的旅游资源造成破坏。

（4）发泄不满情绪。

个别游客纯粹为了寻求开心或刺激，或为了发泄自己某种不满情绪，对旅游资源、旅游设施施暴，发泄心中的不满。

（5）信息不对称。

对很多游客而言，并不十分清楚在旅游景区游览时应该注意什么、应该保护什么，这在很大程度上与旅游景区提供的信息不完备有关。旅游景区如果能明确告知游客在游览中应该注意的事项，并配备必要的人员进行管理，那么游客不文明的行为就会减少。

二、旅游景区游客行为管理

（一）游客行为管理的概念

游客行为管理是指旅游管理部门或机构通过运用科技、教育、经济、行政、法律等各种手段组织和管理游客行为的过程。一方面，由于游客在旅游活动中因各种原因所带来的诸多负面影响，需要面向游客实施教育管理措施；另一方面，游客自发游览时总是集中于某些季节、部分时段及景点场所，容易造成拥挤、等待等不愉快的旅游体验。因此，旅游景区对游客行为进行管理是十分必要的。

（二）游客行为管理的目标

1. 保障游客人身财产安全

保护游客人身财产安全是旅游景区管理者的基本职责。游客外出旅游是基于满足自我实现的需求，这种需求必须是在安全需求得以满足的前提下产生的，没有游客愿意冒着生命危险或财物损失的危险去旅游。因此，旅游景区游客行为管理必须做好提醒、防范、检查、监督等工作，保证游客的人身财产安全。

2. 提升游客体验价值

让游客获得良好的旅游体验是旅游景区游客行为管理的一个重要目标，也是旅游景区树立良好形象、提高美誉度、提升游客忠诚度的重要基础。游客不良行为本身往往影响其他游客的游兴，进而降低其他游客的体验质量。旅游景区游客行为管理可以通过实施一定措施，抑制游客的不良行为，以提升旅游体验价值。

3. 保护旅游资源和环境

旅游景区内游客的行为直接影响旅游资源和环境，如过度践踏使旅游景区土地板结，乱刻乱画、违章野炊、采摘花卉、攀爬景观等行为会影响游客的旅游体验，降低旅游景区的吸引力。旅游资源和旅游环境是旅游景区赖以生存和发展的物质基础，旅游景区的某些旅游资源具有珍稀性和不可再生性，游客的破坏行为将给景区带来负面影响。因此，旅游景区必须把控制游客数量和游客活动强度放在重要位置，减少或杜绝游客对旅游资源和旅游环境的破坏。

（三）游客行为管理的内容

旅游景区游客行为管理的主要内容包括：

（1）数量管理。

旅游景区游客的体验价值和对环境的影响程度与游客数量相关，正因为如此，环境容量理论虽被不断地发现存在缺陷，但仍一直在实践中运用。例如，喀斯特溶洞、石窟文物等其负面影响因素主要是二氧化碳、细菌含量的增多，而这种情况主要与游客数量相关。为此，旅游景区必须考虑限制游客进入数量。对游客进行数量控制最常用的方法就是强制性限制，但考虑到对旅行社业务、游客出游计划的影响，一般要采取建立客流信息系统、预定系统、价格策略以调节、控制。有时为达到控制数量的目的，可以采取特别的办法，如美国黄石国家公园采取抓阄进入的办法控制每天进入公园的人数；故宫等旅游景区开展网上预约门票，实现游客数量的数字化管理。旅游景区可以适当保持或提高旅游景区进入难度，采用数字技术和适合的市场营销手段以管理游客数量。

（2）分流管理。

限制游客进入景区的数量对游客而言是一件不愉快的事，所以在游客数量与环境的影响并无主要关联的多数旅游景区，应该考虑实施游客分流，降低客流在旅游景区内部局部景点的时空集中程度，从而缓解局部景点游客的拥挤状况。对游览线路顺序及时间安排、客流的时空分布情况的掌握非常有助于游客的分流，通过信息的及时传递反映各处的游客拥挤情况，可组织引导游客分流或实现游客自发分流。有时需要考虑游客的心理特征，如人们在进入某个空间的时候，习惯向左行，为此应尽量分散游客的注意力，把游客吸引到其他景点去。此外，景区还可以通过景区智能技术，进行游客导游分流管理。

（3）队列管理。

分流措施并不能保证一定可以解决游客数量过多的问题，其效果与措施的实施成本也有联系，因此排队现象难以避免，这种现象在主题公园等旅游景区十分突出。排队是影响游客旅游体验的重要因素，因此要尽量采取措施缩短游客的排队时间。排队管理是景区服务管理的重要内容，以下是一些可供借鉴的改善游客体验的队列管理方法，如提供排队的详细资料、超额估算剩余时间、使游客排队时有事可做；智能技术在排队管理中也逐渐得到应用。各种措施的目的主要在于减少或避免游客在枯燥单调的环境中的等待。如英国奥尔顿塔楼、伦敦眼等主题公园引入绩效排队体系，即通过计算机订票系统保留各自位置，并在指定时间获得相应位置，绩效排队的意义在于基本避免了排队等待的现象。

（4）团队管理。

保持适宜的团队规模、频率、距离对游客体验质量是非常重要的。团队规模过大易造成空间拥挤。在旅游景区狭小的景点往往出现有几个团队的导游同时解说，造成相互干扰的现象。所以，对旅游团队适当进行节奏和步调的调整是有必要的。

（5）投诉管理。

要高效地处理投诉，需要建立一套完善的投诉处理程序。首先，必须要有一个完善便捷的投诉受理渠道，如设置投诉电话、意见箱、邮箱和网络即时通信渠道；其次，对游客的投诉要做出及时的、合适的反应，注意对游客的意见做到耐心倾听、安慰、负责；最后，要快速拿出一个使投诉游客满意的处理方案。

（6）解说系统管理。

旅游景区解说系统就是通过各种媒体形式和表达方式，向游客等信息接受者提供信息服务，帮助信息接受者了解相关事项，并达到服务和教育的目的，实现对游客的分流、安全提示、行为提示等管理功能。解说系统形式可以分为向导式解说和自导式解说，包括各种导游讲解、咨询服务、影音材料、标志、牌示、地图、手册等。让游客有更多的机会获得信息是关键的一步，对此应充分发挥导游的解说、引导作用，设置智能导游服务。旅游景区应设置专门的游客中心为游客服务；尽量低价或免费提供地图、手册等资料供游客浏览。旅游景区内牌示、标志等位置应得当，信息应醒目、简洁、准确；注重人性化的设计、提示，这样更能赢得游客的配合。完善的解说系统可以起到将对游客的直接管理变为间接引导，真正体现游客管理的服务性特点。

（7）游客行为管理。

游客行为管理内容包括：环境卫生方面的常规行为管理，如对乱扔垃圾、吸烟、随意践踏、随地吐痰、随地小便、恶意争吵、大声喧哗等管理；破坏性行为管理，如对涂刻、攀折、违规拍照、收集纪念品、违规闯入保护地带管理；安全行为管理，如对进入危险性地带、接近一些危险动物等管理。不同的旅游景区对游客行为的要求是不同的，如在生态旅游景区，对游客的活动范围、装备乃至所穿的鞋子都有要求；而在文物古迹景区，重点是监管游客的触摸、涂刻及拍照等行为。除配备足够的人员进行监管外，导游的配合是有效的补充，为此必须加强对导游的管理。管理的方式主要通过提醒、宣传教育，但在特殊情况下使用强制性手段也是必不可少的。

（四）游客行为管理的方法

游客行为管理的方法有激发型管理方法和约束型管理方法两种。

1. 激发型管理方法

激发型管理方法是通过激发个体的自我控制意识，从而保证其按照社会基本行为准则和规范行动的手段和途径。旅游景区激发型管理方法可采取如下措施：

（1）建立健全服务设施和人员服务。在旅游景区内设立游客服务中心，提供自助餐厅和艺术走廊等休息场所；在停车区和某些景点建造卫生间；在旅游景区内设置小径或木栈道，避免游客对景观资源的随意践踏；增加为游客提供安全保障和排忧解难的旅游警察，并可在拥堵时疏导和分流游客。

（2）为游客提供准确、详细的信息。大多数游客对旅游景区的兴趣在于该地的历史、文化、环境等。因此，游客是否满意在很大程度上取决于信息的获得量。游客获得信息主要通过三种方式：①口头信息，即通过导游或旅游景区从业人员传递的信息；②书面信息，如地图、导游手册、游客信息公告牌等；③智慧信息，如智能导游系统、电子显示屏等。

（3）对游客的指导和提醒。旅游景区要有与环境和周围景物相协调的美观的标识牌，针对不同的情况，配上有亲和力的提醒文字，达到引导游客行为的目的。

2. 约束型管理方法

约束型管理方法即强制性管理办法，是通过明确制定相关行为规范，并借助强制力使个体遵守该规范的手段和途径。使用约束型管理方法首先要制定比较完备的规章制度，对可能出现的各种不文明行为，尤其是对故意破坏行为加大制约力度，并配备一定数量的管理人员约束游客的不文明行为，包括加强巡查、长期雇用看护员、使用闭路电视或摄影机监视等，对违规行为实施罚款等处罚措施。

三、旅游景区游客安全管理

游客安全管理是旅游景区游客管理中一项重中之重的工作。一旦出现游客的安全事故，一方面会对旅游景区的形象造成很大影响，甚至是毁灭性的打击，使旅游景区受到巨大的经济损失；另一方面会大大降低游客的旅游体验质量，甚至对游客造成人身伤害。

（一）游客安全问题产生的原因

旅游景区安全问题主要涉及游客，所以游客安全问题产生的原因和安全管理的措施往往与整个旅游景区安全管理一致。

（1）游客安全意识不强。

游客在进入旅游景区游玩时将日常生活的烦恼抛之脑后，安全意识不强的游客在游览过程中可能不会遵照旅游景区的提示或规定，如不听从工作人员的劝阻，在景区内吸烟，违反游乐设施的操作规程等。

（2）旅游景区管理不到位。

有些旅游景区的解说系统缺乏必要的安全警示，没有定期检查旅游设施的安全性能，缺乏完备的安全事故预防与处理机制。

（3）不可抗力因素的影响。

旅游景区主要是依托旅游地的景观资源而发展起来的，而许多不可抗力因素如地震、海啸、泥石流等自然灾害也会对游客的安全构成威胁。

（4）旅游活动本身存在的安全隐患。

某些旅游活动的刺激性和冒险性会给游客的安全带来危险，如过山车、激流漂流、蹦极等对游客身体素质的要求较高的项目。所以，旅游景区应该事先向游客说明这些游乐项目对身体素质的要求及注意事项，让游客量力而行，以免对游客的人身安全造成损害。

（二）游客安全管理的措施

1. 建立安全预防机制

旅游景区要制定完善的安全问题预防机制，如游乐场内对游乐设施和其他旅游服务设施定期进行检查，制作游客安全手册等。

2. 实施安全管理措施

旅游景区要加大安全管理力度。旅游景区的管理者应通过各种手段提高游客的安全意识，如在危险地段设立警示牌、工作人员当面提醒游客、劝阻可能带来安全问题的行为等。

3. 加强对游客安全教育

加大游客安全教育的普及力度，使进入旅游景区的游客在放松身心的同时不放松安全意识，保证自己人身财物的安全。

4. 制定必要的应急措施

对于游客安全问题，旅游景区应该以预防为主、应急救援为辅。因为旅游景区有些安全问题是很难避免的，必须建立一整套系统的事故处理程序和紧急救援程序，一旦出现安全事故，便可按照这些程序快速开展科学的救援和善后处理工作。旅游景区要设立急救中心，培养一支训练有素的救援队伍，救援人员应掌握包括疾病救护、失踪搜救、水上救护、火灾抢险、突发事件应急救护等各种技能。

第三节　旅游灾害的预防与处理

旅游灾害是指由于自然或人为因素所导致的对旅游景区景点的旅游资源及生态平衡的破坏，进而危及旅游景区财物乃至人身安全的现象和过程。旅游灾害的危害性体现在以下几个方面：一是对旅游资源本身及旅游景区景点生态平衡的破坏；二是损害游客的人身和财产利益；三是给人类财富带来巨大损失。按照旅游灾害的成因，可以把旅游灾害分为自然灾害和人为灾害。

一、自然灾害

（一）自然灾害的类型及成因

自然灾害是指由于自然方面的灾害性因素而导致的对旅游景区资源的破坏，甚至危及人身与财物安全的现象和过程。自然灾害因具有突发性与永久性、频繁性与不确定性、周期性与不重复性等特点，其对旅游景区的破坏强度大、难以控制，且一旦发生，影响不可逆转。根据产生灾害的自然要素的不同，自然灾害可分为以下三种类型：

（1）天文灾害。

天文灾害主要包括宇宙灾害、太阳系灾害及月球灾害等。这些灾害多是由天文变化引起的，如太阳黑子的周期性活动、引力潮及月相变化产生的破坏作用等。

（2）陆地灾害。

陆地灾害主要包括地质地貌灾害、气象气候灾害、生物灾害等。地震、火山、泥石流、沙漠化等属于地质地貌灾害，这类灾害的破坏性强，严重时将造成景区重大的人员伤亡和经济损失。气象气候灾害主要是指台风、暴风雪、干旱等。生物灾害则包括土壤盐碱化、森林火灾、植被退化、生物侵害等。

（3）海洋灾害。

海洋灾害主要包括海水流动、海温变化、海面变化及海水污染。例如，2004 年 12 月 26 日印度洋地震引发的海啸使印度尼西亚、印度、泰国、斯里兰卡等多个国家受灾，其中泰国和斯里兰卡等国的旅游业遭到重创，许多滨海度假区被毁坏，海啸共造成约 30 万人死亡、超过 136 亿美元的经济损失。

（二）自然灾害的预防与处理措施

现在旅游景区的日常灾害防治工作一般由地方灾害防治管理部门和相关旅游机构共同负责或分别管辖。随着科学技术的进步，旅游景区自然灾害的防治管理也在进步，但自然灾害频繁发生仍然造成很大影响。为了减少自然灾害的影响，旅游景区必须加强对自然灾害的预防与处理。

1．自然灾害的预警

灾害防治管理的关键是灾前的预警工作。预警是通过对自然灾害的监测提供数据和信息，从而进行示警和预报。旅游景区建立经济有效的预警体系应该从以下几方面着手：

（1）与相关灾害信息发布机构合作。旅游景区应与地震局、气象局、防汛办等相关灾害信息发布机构合作，保证随时获取当地未来 48 小时内的天气变化情况和灾害预警信息。

（2）与其他灾害预警组织联盟。缺乏对特定自然灾害的预警系统是灾情扩大的重要原因之一。例如，2004 年 12 月的印度洋地震发生前，美国地质调查局在监测到地震后试图通知印度洋沿岸各国，可竟然无法找到与这些国家沟通的途径。由此可见，旅游景区应与区域性或国际性灾害预警组织形成联盟，实现灾害信息共享。

（3）安排联络人员。旅游景区安全管理部门应设有专职的联络人员，随时与相关灾害信息发布机构保持联络，实时获取信息。如有灾害示警立即向上级汇报，并争取舆论主动权，明确信息发布渠道和时间，建立与媒体的联络机制。

（4）对游客的警示和教育。旅游景区管理者对可能危及游客人身、财物安全的事宜，应及时通过相关途径向游客作出公开、真实的说明和明确的警示，并及时采取有效的安全防护措施。还应对游客进行警示，提示游客景区所在地区正值某灾害多发季节，并告之目前情况和采取的相应措施。

2．自然灾害的防范

自然灾害的防范也是旅游景区灾害防治管理中重要的工作。旅游景区应结合具体情况，积极主动地从各个方面加强灾害防范，以减少自然灾害发生的可能性，降低灾害可能造成的损失。

（1）救援指挥中心。

旅游景区应设立灾害救援指挥中心。灾害发生后，救援指挥中心负责救灾管理的指挥，统一安排救灾的各项工作。

（2）安全管理部门。

第一，旅游景区应设立安全管理部门或职能岗位，专门负责旅游景区自然灾害的预测、防范和救援。

第二，旅游景区安全管理部门应遵循“统一领导、分级管理、以基层为主”的原则，贯彻“全面规划，综合治理，防治结合，以防为主”的自然灾害防治方针。

第三，旅游景区安全管理部门应建立科学、全面的安全管理制度，将安全管理的责任落实到各个岗位、每位员工。

（3）防范设施。

第一，旅游景区内应设有 24 小时开通的求助及报警热线和视频网络，并派人轮流值守。

第二，旅游景区的主要景点应有灾害警铃、固定求救电话等示警设备和贯穿整个景区游览线路的广播和警铃系统。

第三，旅游景区安全管理部门的工作人员应配备有可靠的移动通信设备，如对讲机、手机等。

第四，旅游景区应根据当地的气候和天气情况，在易发生自然灾害的危险地段、场所设置规范、醒目的警示标识或禁止进入标识。

第五，旅游景区在各个公共建筑、娱乐场所和客流量较大的地段应设有安全出口、应急通道和安全疏散通道，并确保这些通道的畅通。

第六，旅游景区消防管理应符合有关法律法规和其他相关标准的规定，并对消防设施设备进行定期检查。

第七，旅游景区应有生态平衡破坏的应急方案，应在景区周围修建防护林、塘坝、排洪渠等防灾基础工程，并修建与景区规模相匹配的地震避难所、防洪高台和其他布局合理的灾害避难所。

第八，旅游景区应配备有一定规模的医疗室（站），其设施设备的配置应达到《旅游规划通则》的相关要求。

第九，旅游景区应配备畅通的互联网，与相关自然灾害专家达成协议，能及时针对灾情与其进行电话通话或网上咨询。

3. 自然灾害的救援

（1）指挥协调。旅游景区救援指挥中心的主要负责人应在灾情发生后立即赶赴事故现场，指挥紧急救援，合理安排和协调医疗、公安、武警、消防、通信、交通等多个部门的救援工作。

（2）救灾系统的启动。救援指挥中心应设专门负责人在灾情发生后按指示启动安全管理系统或其他安全控制系统，并能熟练地操作系统。

（3）医疗救护。首先，救援指挥中心应统一指挥和调遣旅游景区内参加医疗救援的单位和个人，并派专人协助医疗队救援；其次，在可能引起疫情的灾情发生后，医疗队应派专门的医护人员对旅游景区进行彻底的清理、消毒、阻隔等防疫工作。

二、人为灾害

（一）人为灾害的类型及成因

人为灾害是指由于人类不合理的活动所导致的对旅游景区资源破坏，甚至危及人身与财物安全的现象和过程。人为灾害具有潜伏性、渐进性、可控制性等特点。人为因素导致的旅游景区灾害主要体现在以下几个方面：

（1）旅游开发造成的灾害。在旅游开发过程中，由于规划不合理、无序化、急功近利、乱砍滥伐等因素造成的对旅游景区的破坏。

（2）旅游经营造成的灾害。旅游景区景点的粗放式经营，给旅游景区的生态造成的破坏，经营管理不善引发的安全问题等。

（3）过度接待造成的灾害。由于旅游市场需求极不平衡，高峰期游客超过旅游景区的承载能力，从而使旅游景区生态环境遭到破坏，进而引发安全问题。

（4）污染造成的灾害。工业、生活、旅游等形成的污染，给旅游景区造成的破坏，进而引发污染灾害和其他安全问题。

（5）游客不良行为造成的危害。部分环保意识差的游客的不良行为，对旅游资源造成直接破坏以及引发安全问题等。

（二）人为灾害的预防及处理

1. 法律体系的建设和依法管理

建立健全旅游景区安全管理法律体系，加大执法力度，建立旅游开发建设中旅游地灾害评价、预测和治理的配套法规或防灾体系，使旅游资源的开发和保护工作有法可依，对违反法规的开发行为和破坏资源的行为进行依法管理。

2. 强化行政管理部门的职能

（1）组织制订科学的旅游发展规划。通过制订旅游规划和实施规划，有效防止旅游开发中低层次重复建设的盲目行为、急功近利的短期行为和乱砍滥伐的破坏行为，确保旅游景区开发健康有序地进行。

（2）对旅游景区的生态环境实行等级管理。通过评等定级、年度等级复核等手段，强制景区必须达到国家规定的有关生态指标。对于“年审”不合格者，视其情况给予黄牌警告、降级、停业治理直至关门等处罚，以确保旅游景区的生态环境不受损害。

（3）构建完善的旅游信息系统。建立完善的旅游信息系统是实现旅游可持续发展的有力举措之一。旅游信息系统发布的信息必须做到：信息量大、涉及面广、准确度高。通过构建旅游信息系统，使企业和游客可以获取准确的信息，起到规范行为的作用，以此减轻盲目开发和过度旅游给旅游景区带来的生态压力。

（4）倡导发展生态旅游。大力倡导以认识自然、保护自然生态环境为内容的真正意义上的生态旅游，并将部分旅游收益返还给自然界，用以维护旅游景区的生态环境，确保旅游资源得到永续利用。

3. 加强游客素质教育

旅游业要实现从“观赏环境”到“侍奉环境”的跨越，必须努力提高游客素质。对政府而言，应该通过各种渠道有针对性地对公众进行环保宣传教育，使旅游业肩负起游客教育的崇高职责；对旅游企业而言，应该利用好旅游景区这一天然课堂对游客进行生态教育，共同提升游客的旅游素质。

第四节　旅游景区常见安全事故预防与处理

研究旅游景区常见安全事故，有利于旅游景区管理者了解它们发生的特点、性质和规律，以便有针对性地开展预防工作，或者在事故发生的时候及时采取措施进行有效处理。

一、旅游景区常见安全事故的类型

关于旅游景区安全事故的类型，划分方法多种多样，最常见的是从旅游景区类型的角度将其分为自然资源类旅游景区的安全事故和人文资源类旅游景区的安全事故两大类。

（一）自然资源类旅游景区的安全事故

在自然资源类旅游景区，社会环境相对简单，人口构成单一。旅游安全事故的诱因主要集中为游客个人因素或行为，如游客旅行技能、自然灾害、游客身体及心理素质等。安全事故类型主要为机动机械活动类、自行车活动类、飞行活动类、跳跃活动类、撞击类、水域活动类。自然资源类旅游景区安全事故类型具体如表 8－1 所示。

表 8－1　自然资源类旅游景区安全事故类型

旅游景区类型	旅游活动	安全事故类型	事故举例
地文景观	越野活动，登山，攀岩，山地、公路自行车，滑翔，沙漠探险，洞底探险，滑雪等	机动机械活动类，自行车活动类，飞行活动类，跳跃类，自然灾害类等	外部创伤，机械事故，雪崩，山洪，泥石流等
水域风光	冲浪，滑水，游泳，潜水，跳水等	机动机械类，水域活动类，跳跃活动类，自然灾害类等	溺水，外部创伤，水生动物伤害等
生物景观	原始森林探险，观鸟，野生动物观赏，草原骑马等	动植物伤害类，花草过敏类，野生水果中毒类等	大型动物袭击，花卉过敏，植物对皮肤的伤害，蘑菇中毒等
其他	特殊天象，气候景观观赏，极光，雾凇，海市蜃楼，动物活动观赏等	身体不适（由于海拔高度，气候变化，其他类等）	高原病，极温等

（二）人文资源类旅游景区的安全事故

人文资源类旅游景区多位于人口集中的城镇，有些城镇本身就是旅游景区。旅游环境社会复杂性是这类旅游景区的最大特点之一。这类旅游景区人口构成复杂、客流集中，人为造成的安全事故如偷盗、欺骗、食物中毒等占较高比例，旅游安全事故具有较强的社会性，具体如表 8－2 所示。

表 8－2　人文资源类旅游景区安全事故类型

旅游景区类型	旅游活动	安全事故类型	事故举例
主题公园	刺激型娱乐活动，如海盗船，蹦极，家庭娱乐活动	设施设备事故类，游客健康突变类，盗窃类	停电，撞伤，心脏病突发，儿童走失等
度假区	休闲，疗养，会议，冲浪，潜水，一般性观光	食物中毒类，欺骗、盗窃类，水域设备类，火灾类，恐怖活动类	酒店食物中毒，游客财物被盗，炸弹爆炸等
首都、城市	购物，会展，参观（博物馆、植物园、古建筑等）	购物欺骗类，市内交通事故，暴力抢劫，迷路，盗窃，食物中毒，健康突变，恐怖活动类，火灾类等	假货，儿童走失，饭店食物中毒，游客财物丢失等
成熟的旅游中心地	一般性观光，美食，刺激型娱乐活动，参加节庆活动，家庭度假，放养，购物	盗窃、暴力、抢劫类，食物中毒类，健康突变、欺骗类，恐怖活动类，设施设备事故类	食物中毒类，撞伤或摔伤，购买到假货等
宗教朝圣	一般性观光，朝圣	抢劫、欺客类，火灾类，食物中毒类	财物被盗，强买强卖，火灾等

二、旅游景区安全事故的防范与处理

旅游景区安全事故多为游客人身伤亡和财产损失，这会直接冲击旅游企业和脆弱的地区旅游经济，还可能对旅游形象产生影响。正因如此，采取各种措施进行防范和控制，使旅游景区安全事故降到最低的程度也就显得格外重要。

（一）旅游景区安全防范

1. 旅游景区安全预警系统

旅游景区安全预警系统由旅游景区信息系统、安保部门、市场营销部门等构成，主要任务是发布旅游景区安全管理法规、制度，以及教育、培养旅游景区从业人员、游客、社区居民的安全知识和意识，提高游客的安全防范能力。具体的工作内容包括以下几个方面：

（1）加强安全宣传。针对旅游景区内游客流动性大的特点，当地旅游管理部门可以配合治安管理机构在车站、码头、旅馆等游客集散地设置安全宣传栏和发放安全宣传手册，通过网络平台进行安全宣传；在事故频发的偏僻旅游景区地段设置安全宣传橱窗与告示牌，提醒游客在旅游过程中的注意事项及突发情况下的应急措施；也可在导游图等旅游宣传手册上介绍旅游景区的安全保障情况和游览注意事项，以提高游客的安全意识和自我保护能力。

（2）加强普法教育。对旅游景区的居民进行深入的普法教育，提高他们的法制观念和守法意识。

（3）加强旺季的反营销。在旅游景区旅游旺季到来之前，进行有针对性的反营销宣传活动，从减少旅游需求方面着眼，着力降低景区旅游旺季的高峰流量，将游客量控制在景区所能承受的旅游饱和范围之内，以此减轻旅游景区较大的环境保护和安全保障压力。

（4）加强部门合作。旅游景区的信息部门、旅游宣传机构应与当地治安管理部门加强在执法与安全信息发布方面的合作，同时争取旅游景区内各部门的理解、支持和参与。

2. 旅游景区安全控制系统

旅游景区安全控制系统是由旅游景区安全管理队伍及其相应的一系列防控、管理活动组成，包括旅游景区旅游警察及其工作，旅游景区联合治安执法队伍及其工作。具体的工作内容包括：

（1）加强监督管理。对旅游景区内的各种经营活动进行监督与管理，加强对旅游景区内业主特别是个体业主的安全防控与管理，防止和杜绝出现强行兜售商品、欺客、宰客等现象。

（2）完善机构及配套专业人员。设置旅游景区治安管理机构，配备专业人员，加强旅游景区的治安管理，控制并防止旅游景区内盗窃、酗酒闹事、聚众斗殴、赌博、卖淫、嫖娼、吸毒、传播或观看淫秽物品等违法事件的发生，保证游客的人身财产安全。

3. 旅游景区安全保障系统

旅游景区安全保障系统由旅游景区安全管理的政策及相关法规条例、旅游景区安全救援系统、旅游景区安全资料与档案和旅游保险等内容构成。

（1）法律和制度。旅游景区安全管理的政策及相关法规条例，包括国家、地方颁布的安全管理法规条例和景区自己的相关制度与规定。

（2）旅游景区安全救援系统。旅游景区应设置能快速反应和进行施救的景区安全救援系统。安全救援系统由旅游景区和社区的医院、消防、公安部门组成。

（3）旅游景区安全资料与档案。要对旅游景区安全事故的类型、发生规律进行研究和总结，形成资料，这是旅游景区安全管理的依据，用于开展旅游景区安全管理工作的指导；要对旅游景区的资源安全、环境安全、卫生安全、食物安全、商业经营安全进行调查与统计，以便进行防控与管理；要对景区内的设施设备安全进行跟踪与记录，以利于对设施设备的维护和保养，保证设施设备的安全。

（4）旅游保险。要在旅游景区内实施保险制度，建立健全游客人身财产保险制度，加强旅游保险的宣传教育，引导和提倡游客购买旅游保险，提高其安全防范和自身安全保险的意识。

（二）旅游景区常见安全事故的处理

1. 火灾事故的处理

火灾是旅游景区比较常见也是危害较大的安全事故之一，旅游景区发生火灾事故可按以下方法处理：

（1）组织灭火。

发生火灾的单位或发现火情的人员或单位应立即向报警中心报警，讲清失火的准确位置、火势大小等。报警中心接到报警后，应立即报告总经理或总负责人，并根据总经理或总负责人的批示呼叫消防队并拉响警铃。报警中心应指示总机开始广播，告知火势情况，稳定游客情绪，指挥游客撤离现场。

总经理或总负责人、安全部经理、工程部、消防队、医务人员等应立即赶赴火灾现场组织救火，迅速查明起火的准确部位和发生火灾的主要原因，采取有效的灭火措施，并积极组织抢救伤病员和老弱病幼游客。

（2）保护火灾现场。

注意发现和保护起火点。清理残火时，不要轻易拆除和移动物体，尽可能地保护燃烧时的状态。火灾扑灭后，应立即划出警戒区域，设置警卫，禁止无关人员进入，在公安部门同意后再进行现场勘察并清理火灾现场。勘察人员进入现场后，不要随意走动。进入重点勘察区域的人员应有所限制。

（3）调查火灾原因。

旅游景区火灾发生的原因基本上可以分成三类：自然起火，如自燃、雷击等；思想麻痹、违规操作引发火灾；人为纵火。查明原因，主要采用调查访问、现场勘察和技术鉴定等方法。例如，2010 年 2 月 18 日夜间，河北正定南城门楼被大火烧毁，调查发现火灾是由燃放烟花爆竹引起的。

调查访问。主要调查对象包括最先发现火灾的人、报警的人、最后离开起火点的人、熟悉起火点周围情况的人、最先到达起火点的人、火灾受害人等，调查内容包括火灾发生的准确时间、起火的准确部位、火灾前后现场的情况等。

现场勘察。包括对火灾周围环境的勘察，对着火建筑物和火灾区域的初步勘察，对物证、痕迹的详细勘察和对证人的详细询问等。

技术鉴定。借助科学技术手段如化学分析实验、电工原理鉴定、物理鉴定和模拟试验等进行技术鉴定。

2. 旅游景区重大盗窃事故的处理

旅游景区重大盗窃事故指发生在旅游景区内的游客或企业的大笔现金、贵重物品被盗事件或旅游景区贵重设施设备被盗事件。旅游景区安全部门接到报案后，应迅速反应并及时处理。

（1）了解情况，保护现场。

查明发现事故的经过，了解情况，采取切实有效的措施保护现场。

（2）向警方报案，划定勘察范围，确定勘察顺序。

盗窃现场勘察重点是：第一，对现场进出口的勘察。因现场进出口是犯罪分子必经之地。第二，对被盗窃财物场所的勘察。被盗财物场所是犯罪分子活动中心部位，往往会留下犯罪痕迹。第三，对现场周围的勘察。主要是为了发现犯罪分子的经由线路和作案前后停留的场所有无痕迹、有无遗留物及交通工具痕迹等。

（3）分析判断案情，确定嫌疑人。

经过勘察分析，判断案情，如果不是外来人员作案，即可在划定范围内，通过调查访问，发现嫌疑人。

3. 人身安全事故的处理

用爆炸、暗杀、凶杀、抢劫、绑架等暴力手段造成人身伤害的案件发生后，安保人员应火速赶赴现场，组织人员对伤员进行抢救；保护现场，收集整理遗留物和可疑物品；及时组织力量，力争当场抓获犯罪分子；警方到来后，协助警方破案及处理相关事项。

4. 游客死亡事故的处理

旅游景区内游客死亡处理应注意三个环节：

（1）游客病危时。

当发现旅客突然患病，应立即报告旅游景区负责人或值班经理，在领导安排下组织抢救。在抢救病危旅客的过程中，必须有患者家属、领队或亲朋好友在场。

（2）游客死亡时。

一经发现游客在旅游景区内死亡，应立即报告当地公安局，并通知死者所属的旅游团、组负责人或死者单位、家属。如属正常死亡，善后处理工作由接待单位负责。没有接待单位的，由公安机关会同有关部门共同处理。经公安部门同意后，景区工作人员清点死者遗物并妥善保管，交由公安部门或死者单位、家属处理。或由死者家属自行清点遗物。如属非正常死亡，应保护好现场，由公安机关取证处理。尸体在处理前应妥善保存，景区应协助公安部门或死者单位、家属处理有关事宜。

（3）其他注意事项。

游客死亡善后处理结束后，应由聘用或接待单位写出“死亡善后处理情况报告”，送交主管领导单位、公安局等相关部门。报告内容包括死亡原因、抢救措施、诊断结果、善后处理情况等。

对于在华死亡的外国人，要严格按照国家规定的相关处理程序处理。

【本章小结】

旅游景区安全问题发生的主要原因包括：旅游景区安全防范不足、游客对旅游安全重视不够、管理部门监管力度不够、旅游管理存在法律盲区以及其他因素。旅游景区安全管理系统的构建包括外部旅游安全管理系统的构建：建立旅游景区安全管理的法规体系，建立自上至下的监管和执法体系，建立旅游景区安全宣传教育体系，建立旅游景区安全社会联动系统；内部旅游安全管理系统的构建：完善旅游景区安全的组织系统，加强旅游安全宣传、教育与培训，完善安全救助应急系统，建立旅游安全预警系统，完善旅游保险服务。

游客行为管理的措施，一是正确引导游客的旅游行为；二是加强管理人员与游客的沟通。旅游灾害的成因有自然和人为两种因素。自然灾害的预防与处理包括：自然灾害的预警、自然灾害的防范和自然灾害的救援。人为灾害的预防及处理包括：法律体系的建设和依法管理，强化行政管理部门的职能，加强游客素质教育。

【拓展阅读】

创建深圳小梅沙平安景区

深圳小梅沙度假村是一家久负盛名的海滨旅游企业，在三十多年的经营管理中，摸索出了一套海滨景区行之有效的成功管理经验，成为许多海滨旅游企业学习的榜样。在小梅沙度假村的许多管理经验中，景区安全管理经验尤为突出。

对于一个以经营海滨游泳场为主业，年接待游客超过 150 万人次的海滨旅游景区来说，安全管理尤其是防溺水是景区管理的重点和难点，关系着广大游客的生命安全和景区的声誉，是海滨旅游企业的生命线。

基于对做好景区安全工作重要性和紧迫性的认识，小梅沙度假村一直高度重视安全管理工作。企业紧密结合旺季海滨泳场人员密集、流量大，游客在嬉海踏浪尽情享受海泳等许多水上运动带来的刺激和快感的同时，往往很容易忽视自身安全的经营特点和实际，广泛开展各项安全管理工作，落实各项安全防控措施。通过加强景区安委会、安全管理部、总值、保安队、救生队、广播室、医务室、义务消防队、防恐应急分队、防汛防台风应急分队等各级安全组织，加强景区工程维修、保安、救生以及特种设备操作员持证上岗等，把安全工作的责任落到实处；认真搞好安全知识教育培训以及海上救护、防恐、消防等安全管理实战演练，不断提高广大员工做好安全工作的自觉性和安全工作技能；突出重点管理，确保海上游泳区、沙滩套椅遮阳区、夜间帐篷区、文艺节目表演区等人员密集场所，以及旅业客房、寄存冲凉等复杂场所的安全；加强安防设施建设，闭路监控实现重点部位全覆盖；狠抓安全检查和隐患整改，把各种事故苗头消灭在萌芽中；建立赏罚分明的激励机制，舍得花钱买安全；创建平安景区，落实防恐措施等系列管理办法和管理手段，长期保持对景区安全管理的高度重视，使景区安全始终处于最佳状态，事故发生率在全国海滨景区中最低，受到了各级政府、社会各界和广大游客的好评，树立了良好的企业形象，成为深圳最受游客信赖、喜爱的海滨旅游景区之一。

（资料来源：“小梅沙度假村”微信公众号）

说一说：

1. 哪些因素会造成海滨旅游景区安全事故？
2. 海滨旅游景区应该采取哪些措施防范安全事故？

【思考与练习】

1. 简述旅游景区安全管理的重要性。
2. 旅游景区安全问题表现和原因。
3. 如何构建旅游景区安全管理系统？
4. 旅游景区游客行为影响因素、行为安全管理的内容。
5. 景区旅游灾害的类型及预防和处理。

第九章　旅游景区产品管理

【学习目的】

通过本章的学习，明确旅游景区产品的概念、特点、分类及管理内容；了解旅游景区节庆与演艺活动的概念、特点及分类；掌握旅游景区节庆与演艺活动的策划流程及其管理措施。

【学习要点】

1. 旅游景区产品概念、特征、分类及管理内容
2. 旅游景区节庆与演艺活动的概念
3. 旅游景区节庆与演艺活动的特点
4. 旅游景区节庆与演艺活动策划流程
5. 旅游景区节庆与演艺活动管理措施

【关键词】

旅游景区产品；旅游景区节庆与演艺活动；旅游景区节庆与演艺策划；旅游景区节庆与演艺管理

产品在市场交换中连接了生产者和消费者。旅游景区产品是景区提供给游客的利益，景区组织需要加强产品管理，保持景区的吸引力。景区产品多种多样，景区举办的活动是动态的产品，戈尔德耐将景区的活动分为超大型活动、社会活动、节事、宗教仪式、运动赛事、专业展览、企业活动七类，而节庆与演艺活动是景区的主要活动。本章讨论旅游景区产品，特别介绍旅游景区节庆与演艺活动两类动态旅游产品。

第一节　旅游景区产品管理概述

旅游产品是旅游市场的介质，旅游景区产品是旅游产品的一种类别，可以说是总体旅游产品的核心构成部分。旅游景区管理中，对产品的管理是景区运营管理的基本内容。

一、旅游景区产品的概念

市场营销学家菲利普·科特勒定义：产品是可以提供给市场的任何一种东西，它应该能够引起注意、被得到、受用或消费，以满足某种需要或要求。产品可以是物体、服务、人、地点、组织或概念。沿着他的思路，可以理解旅游产品以及旅游景区产品的概念。

（一）旅游产品的含义

对旅游产品含义的表述，国内外许多学者提出了自己的见解。

德国学者博德波维指出：旅游产品是在特定区域内被特定的游客利用的若干旅游设施和服务的总和。

王大悟、魏小安指出，旅游产品是指旅游经营者为了满足游客在旅游活动中的各种需要，而向旅游市场提供的各种物质产品和服务的总和。

谢彦君认为，旅游产品是一个经济学上的概念，用于交换是它存在的前提。

李天元概括了旅游产品的含义：从需求角度来看，总体旅游产品就是游客从离家外出开始直至完成全程旅游活动返回家中为止这一期间的全部旅行经历的总和；从供给角度来看，总体旅游产品是指旅游目的地为满足来访者的需要而提供的各种旅游活动接待条件和相关服务的总和；单项旅游产品就是指旅游企业所经营的设施和服务，或者说是旅游企业借助一定的设施而向游客提供的项目服务。

（二）旅游景区产品的含义

旅游景区是旅游景区产品的载体，旅游景区产品是旅游产品的一个类别，或者说景区产品是总体旅游产品的有机构成部分，一定意义上说是“单项”旅游产品，主要提供“游”“娱”的服务。董观志认为，景区产品是指景区为满足游客多样化的需求而提供的有形实体和无形服务的总和。他从提供者角度和游客角度对景区产品做了进一步解释。

由学者们对产品、旅游产品的定义，可以这样理解旅游景区产品：从提供者角度讲，旅游景区产品是旅游景区组织依托景区设施设备、旅游资源及环境，向游客提供的有形产品和无形服务的总和；从游客角度讲，旅游景区产品是从旅游动机到旅游计划再到旅游经历，并最终形成对旅游景区整体印象的一种体验，包括进入旅游景区、在旅游景区的活动和离开旅游景区的整个过程。

旅游景区产品是一个整体概念，是游客在旅游景区的一次旅游活动；是游客花费了一定的金钱、时间、精力和体力，在景区获得的一项经历与体验；是景区经营者依托景区载体，向游客提供物质和精神消费的总和。景区产品主要是服务，有时也称为景区服务产品。

由此可见，旅游景区产品包括以下几个方面的含义：①游客处于景区产品的主导地位，需求决定了景区产品的生命力；②景区产品是集旅游吸引物、旅游设施、旅游购物品、旅游服务于一体的组合产品，表现形式是一条游览线路或一次景区游乐过程；③一项完整的景区产品是游客一次景区旅游活动的总体经历和体验，体验对象由旅游景点、活动项目、旅游设施、旅游商品和旅游服务构成；④景区产品由一类或多类经营者提供，表现为单项或多项活动形式。

（三）旅游景区产品的影响因素

旅游景区产品受到多种因素的影响。

（1）旅游景区提供的服务。旅游景区员工依托旅游设施与旅游资源、景观环境要素向游客提供的技术性服务和功能性服务，如游览服务、度假服务、餐饮服务、购物服务等。这些服务与员工的工作能力、行为表现、态度、仪容仪表等有关，也受其他因素的影响。

（2）旅游景区提供的有形产品。旅游景区提供的各类旅游购物品，如纪念品、实用商品、工艺品等，是景区实体产品，同时也支持了服务的形成。

（3）旅游景区设施设备、旅游资源及环境景观。景区产品的有形展示成分，如旅游景区内的参与体验项目的设施设备、景观、商店、餐厅、园林绿化、内部交通等。这些是服务体系的构成部分，支持了服务的形成。在产品交换中，并不发生物权转移，只是提供游客共享使用权。

（4）旅游景区活动项目。旅游景区提供给游客参与体验项目，如观光游览、娱乐健身、特色乘骑、虚拟旅游、美食餐饮、演艺表演、节庆活动等。这些项目活跃气氛，营造氛围，是游客体验价值的直接来源。

（5）旅游景区游客自身的因素。旅游产品体验与体验者个人因素有密切关系，游客的消费心理和行为会影响旅游体验，如游客期望、态度倾向和参与行为对体验价值产生直接作用。在旅游景区里，游客产品体验也会受到其他游客的影响，相容的游客会提升体验价值，不相容的游客可能降低体验价值。

（6）其他不可控因素。旅游景区经营者和游客都无法控制的一些因素，如天气情况、突发事件、到旅游景区的交通状况等外界因素都对游客体验产生重要影响。

二、旅游景区产品的类型

依据不同的分类标准可以将旅游景区产品分为不同类型，通常按旅游景区产品属性、功能、展示形式、发展阶段、重要程度等进行分类。

（一）依据产品的构成属性分类

根据产品的构成属性，将景区产品分为有形产品和服务产品，但总体上看，景区产品主要是服务。

（1）有形产品。有形产品指旅游景区提供的旅游购物品，即旅游商品，包括实用旅游纪念品、商品、工艺品、艺术品等。

（2）服务产品。服务产品是无形产品，由旅游景区人员依托景观环境、设施设备及活动项目等向游客提供的游览、娱乐、安全、环境卫生等服务。

（二）依据产品的功能属性分类

依据产品的功能属性将景区产品分为观光型景区产品、度假型景区产品、消遣娱乐型景区产品和专项类景区产品等。

（1）观光型景区产品。大多数旅游景区都提供观光型产品，主要用于展示自然风光或人文景观，是旅游产品中的初级产品。一般来讲，观光型景区产品吸引游客逗留时间较短，观光型产品消费者重游率低或间隔时间较长。

（2）度假型景区产品。与观光型景区产品相比较，度假型景区产品更能吸引游客长时间停留。另外，度假型游客的消费水平较高，能实现更多旅游创收。度假型旅游景区往往布局在环境幽雅、气候宜人的地方，给以休闲度假、康养、健身、美容等为目的的消费者提供所需产品与服务。

（3）消遣娱乐型景区产品。依托旅游景区设施设备和旅游项目设置，游客获得消遣和娱乐、游乐等体验。如旅游节庆、演艺活动等游乐项目带来的体验经历。

（4）专项类景区产品。专项类景区产品主要满足游客的特殊兴趣与需要，包括：①考察观察类，如自然地理、人文历史、文物古迹、独特文化、学术专业考察以及观鸟、看日出、看展览等；②非赛事体育运动类，如滑雪、滑沙、滑草、漂流、攀岩、骑马、极限运动、热气球、滑翔等；③探险类，如洞穴探险、登山探险、森林探险等；④其他类，如修学游学、医美保健、摄影写生等。

（三）依据产品的展示形式分类

依据产品的展示形式，景区产品可以分为陈列式、表演式和参与式三个类型。

（1）陈列式景区产品。陈列式是景区产品的发展层次，以自然资源风光与人文历史遗迹为主要内容。陈列式景区产品属于最基础的景区产品形式，通过这种陈列，游客可以获得“观光、游览”的体验。

（2）表演式景区产品。表演式是景区产品的提高层次，以民俗风情、才艺表演、节事庆典、游乐活动与体育运动为主要内容。表演式景区产品的功能在于满足游客由“静”到“动”的多样化心理需求，通过景区产品文化内涵的动态展示，吸引游客消费向纵深发展。

（3）参与式景区产品。参与式是景区产品的提升层次，以游客亲身体验与游戏娱乐为主要内容。参与式景区产品的功能在于满足游客自主旅游、投身其中的个性选择，是形成旅游品牌特色与吸引游客持久重复消费的重要内容。

（四）依据产品的发展阶段分类

依据产品的发展阶段，可分为原生景观型、人造景观型和科技参与型三个类型。

（1）原生景观型景区产品。原生景观型景区产品是早期旅游产品的最主要形式，很多景区产品是属于此种类型的，是景区原生景观提供给游客的体验。人文景观是历史形成的，形成之初并非为了旅游。它主要依托景区的自然风光、名胜古迹等旅游资源，打造具有地方特色的景区产品。

（2）人造景观型景区产品。主题公园的兴起掀起了人造景观的高潮，一大批景区产品迅速提供给市场。人造景观从一开始就是为了旅游而作。人造景观主要依靠大量的资金投入，直接在都市内建造景区或借助景区自然风光和当地民俗风情着力打造观赏或参与性景区产品。

（3）科技参与型景区产品。科技参与型景区产品主要是在旅游景区引入高科技的休闲娱乐项目，强调游客的高度参与，如长隆欢乐世界等大型游乐园式景区产品、环球影城等科技参与型景区产品，还有旅游景区引进的虚拟旅游产品。

（五）依据产品的重要程度分类

依据产品在旅游景区的重要性，可将其分为品牌产品、重要产品和配套产品。

（1）品牌产品。旅游景区品牌产品是指在旅游景区起核心作用的产品，是旅游景区发展过程中优先打造的产品，它是景区产品旅游吸引力的核心构成部分。如长隆集团的长隆欢乐世界就是其品牌产品。

（2）重要产品。旅游景区重要产品是指在旅游景区起重要作用的产品，它也在旅游景区发展中扮演重要的角色，是景区产品旅游吸引力的重要组成部分。如长隆集团的长隆野生动物园、高尔夫球场就是其重要产品。

(3) 配套产品。旅游景区配套产品是指为配合旅游景区发展而设置的产品，如餐饮、住宿类产品，它是景区产品构成的一个辅助成分。当然“配套”是相对的，在度假旅游景区，特色住宿、餐饮产品属于配套产品。如长隆集团的长隆香江酒店就是其一个重要的配套产品。

此外，还可根据景区产品的结构分为单一型景区产品与组合型景区产品。

三、旅游景区产品的特点

旅游景区产品既具有一般产品的普遍性，又有明显的自身特性。

旅游景区产品是由有形产品和无形服务构成的综合产品，服务在旅游景区产品构成中占主导地位，因此，服务决定了其产品性质。旅游景区产品具有服务产品共同的特点，同时也具有不同于其他服务产品的个性特征。

(1) 旅游景区产品综合性特点。

旅游景区产品的综合性（组合性）首先表现为有形产品和无形服务的组合。它的形成受自然、经济、社会因素的影响，受多样化的旅游对象资源与旅游设施以及多样化的服务的制约，既有物质成分，又有精神成分，组合了旅游景点、旅游接待设施、交通、服务等方面的内容。景区产品的综合性还由旅游活动的性质与要求决定，旅游是一种综合性的社会、文化活动，其需要是综合的，包含的内容也比较广泛，旅游景区通过组合产品来满足游客在旅游过程中的整体需求。

(2) 旅游景区产品体验性特点。

不同类型的旅游景区提供的产品会有业态和形态的差异，但它们有一个共同的特点，就是主要提供旅游服务六要素中的“游”或者“娱”的服务体验。虽然一般景区都可能提供餐饮、购物、交通，甚至住宿服务，也有医疗、电信等其他服务，但这些服务是配套和支持“游”“娱”服务的，景区有的特色交通、餐饮、购物、住宿本身就是游、娱的内容，丰富游客游娱体验。

(3) 旅游景区产品就地消费性特点。

旅游景区产品是需要游客在旅游目的地现场消费的，游客得到的主要不是有形物品，而是一种体验或经历。这种产品的就地消费或不可转移性表现在三个方面：①景区产品在交换过程中一般不发生所有权的转移，旅游景点、旅游设施等给游客提供的只是共享使用权，即观赏和享用或操作和表现的权利，游客得到旅游服务和旅游经历的满足感，而有形产品交换则是所有权转移；②游客对景区产品的消费是一种群体消费或共享消费，不能独占或垄断暂时使用权，当然会受到景区容量的制约；③构成景区产品的物质部分地理位置一般固定不变，发生空间移动的是游客，其必须到旅游景区去消费。

(4) 旅游景区产品产销同时性特点。

旅游景区产品主要以无形产品形式存在，它是不可储存的，它的生产、交换与消费具有同时性。景区产品的生产、交换与消费在空间上均以旅游景区为平台，不存在独立于消费者之外的生产过程，生产的结果不表现为一个个具体的物品，而是通过服务直接满足游客的需要。因此，只有游客购买它并在现场消费时，旅游资源、旅游设施与服务的结合才表现为现时的景区产品。如果没有游客的购买与消费，不能实现这种结合，其使用价值就没有实现，也就不能称其为景区产品。景区产品不可贮存，如无游客光顾，景区的空间和景观的使用价值就没有体现出来；旅游淡季的景区产品不可能留到旺季时出售。景区产品生产者和消费者是直接接触并有互动的关系。

（5）旅游景区产品供需波动性特点。

旅游景区产品价值的实现受到多种因素的影响和制约。首先，景区产品受到生产能力、部门协调、游客参与以及外界因素的影响；其次，旅游活动具有很强的时节性；再次，游客的流动性（即旅游流）受到许多因素的干扰；最后，旅游活动还受到旅游目的地政治、经济、社会以及自然因素的影响。因此，任何因素的变化，都会导致景区产品供需的改变，从而出现景区产品生产与销售波动性。

（6）旅游景区产品内涵文化性特点。

游客进行旅游活动，主要是为了满足精神文化方面的需求。景区产品既然以满足游客的需要为其核心价值，其所包含的旅游活动、项目，都渗透了文化的内涵。景区产品包括观赏异乡风光、风土人情、文物古迹等内容，这些本身就是一种文化活动，即便以观赏自然景色为主也具有文化背景，因为只有在一定的文化背景之下，游客才会产生对自然景观的强烈认同。同样，一定的旅游设施、旅游服务人员的服务，也蕴含着旅游目的地的文化元素。在实践中，景区产品应重视文旅融合，重视文化内涵的发掘，如长城就展示了中华文化和民族精神的内涵，激发了人们的旅游热情。

四、旅游景区产品的管理

（一）旅游景区产品生命周期管理

1．旅游产品生命周期的概念

加拿大学者巴特勒借鉴市场学“产品生命周期”理论，在1980年提出了“旅游地生命周期”模型，他将旅游地生命周期描述成：探险、参与、发展、巩固、停滞和衰退六个阶段。这一理论被广泛推广和利用。有人认为，旅游资源是旅游产品的“制造原料”，旅游地是旅游资源与旅游产品的载体，真正具有生命周期的是旅游产品。因此，更多的是研究“旅游产品的生命周期”。景区产品的生命周期特征往往更明显。

旅游产品生命周期是指旅游产品经过开发投入市场，到最后被市场淘汰而退出市场的整个过程。这个过程分为引入期、成长期、成熟期和衰退期四个阶段，如图9－1所示，在各个阶段，旅游产品表现出不同的吸引特点。

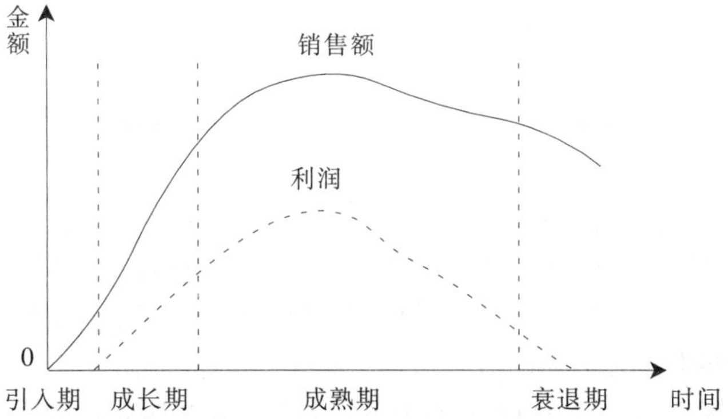

图9－1　旅游产品生命周期

2．旅游景区产品生命周期的管理

针对旅游产品所处的不同时期的特点，旅游景区经营者要采取不同的管理策略，特别是在营销管理方面的策略。

（1）引入期。

引入期是指新的旅游产品投入市场的初期。这一阶段，虽然旅游产品竞争者少甚至没有，但游客对产品不熟悉，游客量少，项目经营成本高，利润低，甚至亏本。

在这一阶段，旅游景区管理要认真进行市场调查，评估产品的市场前景，加大产品开发投入，加强产品的促销，尽快扩大市场份额。

（2）成长期。

经过促销努力和先期游客的示范效应，旅游产品被越来越多的游客和中介组织了解和接受，销售渠道拓宽，旅游产品的销售量迅速增长，企业利润增加。同时，市场竞争者模仿跟进并创新旅游产品，市场竞争逐渐激烈。

这一时期旅游景区管理要注重增强旅游产品特色，巩固旅游产品质量，加强品牌建设，提高游客的品牌忠诚度，努力创立景区名牌项目。

（3）成熟期。

随着旅游产品经营的成熟，旅游产品的市场销量已达“封顶”状态，销售量增长，但增速减慢甚至下降；同时，同类竞争产品增多，游客的选择范围扩大，市场竞争十分激烈，利润达到相对高点。

这一阶段旅游景区管理要努力保持旅游产品的特色和质量，提高旅游产品附加值，让游客不断有新的收获，刺激市场重复消费，稳定市场份额。进一步拓展渠道，开发新的目标市场。在保证产品质量的前提下，可以实施价格竞争。

（4）衰退期。

由于竞争对手的实力日益增强，更有特色、质量更佳的同类旅游产品和替代产品不断涌现，游客逐步转向消费其他旅游产品。相反，该旅游产品老化，吸引力下降，市场占有率不断缩小，利润明显减少。

这一阶段，旅游景区应加强管理，降低营运成本，以价格优势来争取游客，从而延长产品的生命周期；设法改进原旅游产品的设计，改变产品组合，增加产品特色，扩大产品用途，开发新的旅游产品和增设新的旅游项目；转换经营目标，在老产品某些项目没有利润时，应当机立断将这些项目撤出市场；如果老产品被市场抛弃，则可放弃老产品，开发新产品，并进行重新定位，使旅游景区保持活力。

3．旅游景区产品生命周期的特殊性

当然旅游产品生命周期是一般规律，由于旅游景区各具特色，旅游产品生命周期会表现出一些特殊性。

首先，划分景区产品生命周期为四个阶段，在实践操作中是很难的，不同景区产品市场销量表现出不同特点，有的投入市场后需求迅速上升，有的反应不温不火，有的则波动发展。有的景区产品具有很强吸引力，各地游客纷纷光顾，新生代需求源源不断，看不到有衰退迹象，甚至根本没有“周期”。

其次，由于景区产品的组合基础往往是旅游景观，而景观特色的变化是不明显的，因而某一特定的旅游产品只能满足特定的旅游需求。而市场需求又随着消费时尚而变化，有的时尚会一去不复返，而有的会随着时间的推移出现时尚轮回，旅游产品又获新生。衰退的旅游产品，经过重新定位和创新后，也有可能再获市场的认可。

最后，景区产品往往是组合产品，实际上对旅游产品的创新往往是对组合元素的创新，这可能使旅游产品的生命周期表现不明显。甚至通过旅游景区管理活动，改善景区软环境，增强对游客的吸引，可以延长旅游产品的生命周期。

（二）旅游景区产品创新管理

1. 旅游景区产品创新的概念

旅游景区产品创新是指创造景区新产品或对一项景区产品的功能进行创新。产品创新主要指产品开发创新，当然经营管理创新也会对产品产生直接作用。

景区产品和其他产品一样，也需要不断有新的产品出现，以适应不同游客的需求和延长整体景区产品的生命周期。景区产品创新包括四类形式：①全新的景区产品，即开发创造新的景区产品，这是最高层次的创新；②景区产品升级，即对景区产品某一系统功能进行升级，以提升整个产品的层次；③景区产品换代，即对景区产品系统进行更新换代，以适应新时期市场的需要；④景区产品改造，即对景区产品项目进行部分改造或进行功能改进。

2. 旅游景区产品创新程序

拉斯摩认为，有形产品开发过程的七个步骤，包括构思、筛选、概念的形成与测试、商业分析、开发试制、市场试销和正式上市，也适用于服务产品的开发创新。景区产品创新的步骤可具体表述如下：

（1）构思。

构思是对未来景区产品的基本轮廓架构性的设想，是景区产品开发创新的基础和起点。这些设想可以通过许多渠道和来源获得，既可能来自企业内部的经理、设计人员、普通员工，也可能来自企业外部的游客、高校和科研机构，甚至竞争者等，当然主要是专业人员有目的的规划设计和收集信息。许多创意性构思来源于个人和集体的灵感或长期知识的积累，景区管理者可以采用如专家意见法、头脑风暴法等去获得有益的思想和创意。

（2）筛选。

根据旅游景区的资源、资金、市场、竞争等现实条件和技术、管理、服务水平等开发能力，对获得的所有构思进行斟酌比较，开展初步的可行性分析，然后筛选出可行的优秀构思，进入产品开发的下一阶段。

（3）概念的形成与测试。

将筛选出来的构思赋予具体的景区产品概念，用有意义的概念精练地表达构思，并针对潜在的目标市场初步测试产品概念，访问游客，了解他们的看法和反应。比较有竞争性的产品，评价差异点，评估新产品在潜在目标市场中的可能位置，为制订市场营销计划做准备。

（4）商业分析。

评估新的景区产品开发的经济效益，进行可行性分析。评估新的景区产品概念在旅游市场上的吸引力以及成败的概率。包括分析投资规模，预测市场销售状况、经营成本和利润水平、风险和敏感性以及应对策略。

（5）开发试制。

进入新的景区产品的实际开发阶段。根据新产品开发的层次、投入程度、技术难度，进行项目的投资或引资，安排人力资源，实施项目建设或产品组合。

（6）市场试销。

景区产品的试销比较困难，甚至无法开展试销。有的景区产品投资规模大，技术要求高，必须设计好，一步到位，产品开发就得正式上市。当然，可以“试游”，检验项目运行的情况。但有的项目是可以试销的，如旅游景区设计（组合）一条旅游线路、一个演艺项目、一次活动安排等，可以请专家、媒体人员和游客试游试看，从而检验新产品的情况，以便更好地改进。

（7）正式上市。

开放市场，正式向旅游市场推出旅游景区新产品、新项目，进入其生命周期引入期的管理。做好市场营销策划并实施好营销方案，做好新产品推向市场的筹备安排，选择一个合适的开业（首演）仪式。

（三）旅游景区产品组合管理

1. 旅游景区产品组合的概念

旅游景区产品组合是指一个旅游景区全部产品组成的有机整体，或者旅游景区各旅游项目的种类及其类别所构成的整体。从游客的角度看，景区产品组合是从游客进入景区，开展旅游活动，到结束旅游活动离开景区的全部过程，表现形式是一条旅游线路串联各单项旅游项目（产品）。

旅游景区经营项目是向特定旅游市场提供景区产品的全部活动内容。旅游景区经营项目的选择过程，实际上就是提供系列产品组合的过程。这一过程应从景区规划开始，在经营过程中不断创新产品，将旅游资源、设施设备、空间与服务有机组合起来，合理安排吃、住、行、游、购、娱等服务要素，组合成各种项目，满足特定游客的需要。

2. 旅游景区产品组合的三个层面

（1）旅游景区产品组合的广度。

旅游景区产品组合的广度是指景区产品大类的组合。景区产品组合的广度越大，经营的项目就越多，如旅游景区观光产品、度假产品、文化产品、娱乐产品等的组合就体现了景区产品组合的广度，组合广度大的景区产品可丰富游客的经历，满足不同细分市场的需求。当然组合的主题必须是围绕景区的，而不是杂乱无章的拼凑。

（2）旅游景区产品组合的深度。

旅游景区产品组合的深度是指在一个景区产品大类中开发多种产品项目。例如，在水体旅游项目大类中，包含水体观光、游泳、冲浪、潜水、划船、垂钓、捕捞等类别，从而使景区旅游形式变得丰富多样；在文化旅游项目中，挖掘文化内涵，这些具体的内容就构成了景区产品组合的深度。

（3）旅游景区产品组合的关联度。

旅游景区产品组合的关联度是指所经营的各种景区产品的联系程度，这种联系一般表现在最终用途、生产条件、销售方式等方面。旅游景区活动一般会涉及吃、住、行、游、购、娱等方面，各服务要素之间缺乏替代性，因而在产品组合的关联度上具有比其他行业更高的要求。提高关联度，使旅游产品构成更完善，可以给游客提供系统化、一体化的服务，提高游客在景区的停留时间和消费水平。当然，组合关联度也要根据景区的实际，不适宜的关联可能对环境景观造成影响，或者使景区失去主题特色。在一定情况下，需要利用景区外的服务配套，形成整个旅游目的地的产品关联，如九寨沟景区就是沟内旅游，沟外吃住，有效保护了资源和环境。

总之，景区产品组合的广度和深度越大，景区产品内容就越丰富，即产品的“长度”越大，从而可以形成许多局部产品，适应不同游客的需要，吸引多类游客。当然，这并非一定具有经济效益。景区产品组合是有成本的，需要根据旅游资源、设施条件、可进入性和服务能力等进行组合，否则，景区产品的质量难以保证。一个最佳的景区产品组合应是旅游市场需要与旅游景区人、财、物、旅游资源实力的高度统一，所以，要根据实际情况来确定景区产品组合的层次和规模。

第二节　旅游景区节庆活动管理

旅游景区节庆活动是景区辅助性动态产品，可达到营造景区愉悦氛围，提升景区吸引力，扩大景区知名度的目的。因此，旅游景区节庆活动管理十分重要。

一、旅游景区节庆活动及其分类

（一）旅游景区节庆活动的概念

全世界每年都有成千上万个节庆活动。有传统的节庆，有现代的节庆；有公益的节庆，也有商业的节庆；有的节庆是全球性的，有的仅是局部地区的。一般将与旅游活动关联的节庆称为旅游节庆，和景区关联、作为景区吸引物的节庆可以称为景区节庆，无论它是否源于旅游景区。景区节庆是旅游节庆在景区及相关区域的具体活动，往往用旅游节庆表述。

旅游节庆的概念没有统一的定义，学者们给出了不同的解释，如表9－1所示。

表9－1　学者对旅游节庆的定义

学者	旅游节庆定义
Ritchie	从长远或短期目的出发，一次性或重复举办的，连续时间较短的，主要目的在于加强外界对旅游目的地的认可、增加其吸引力和提高经济效益的活动
吕镇、王艳红、李天红	作为一种旅游资源存在，从民族文化或者民间节日发展而来的、定期举办的节日庆典活动，目的是发展旅游事业
李力	广义的旅游节庆不单指发生的事件，而是指一些内涵丰富多彩的旅游项目，包括节日、地方特色产品展览、轻体育比赛等具有旅游特色的活动或非日常发生的特殊事件。狭义的旅游节庆是指周期性举办的（一般是一年一次）的节日等活动，但不包括各种交易会、展览会、博览会、文化、体育等方面的一次性结束的特殊事件

（续上表）

学者	旅游节庆定义
沈祖祥、张凡	指规模不等、有特定主题、在特定的时间和同一区域内定期或不定期举办，能吸引区域内大量游客，但是有别于人们的常规日常活动，也不包括各种交易会、博览会、运动会等
庄志民	在一定区域范围内能对旅游产生吸引向性，并有可能开发成旅游消费对象的各种节事庆典活动的总和
邱扶东	一些含有多种旅游项目的事件，包括节日、地方特色产品展览等具有特色的旅游活动或非日常活动
董观志	以一定的资源为依托，在一定区域范围内对旅游产生吸引向性，经规划开发后成为吸引游客的动态文化吸引物的各种节事庆典活动的总和

综合学者们的观点，可以发现存在以下差异：一是旅游节庆与旅游节事是否为同一概念；二是各种展览会、体育赛事等是否属于旅游节庆的范畴；三是节庆是否就等于旅游节庆。这些定义也有相同之处：时间上，旅游节庆具有暂时性、非长期连续性的特点；频率上，旅游节庆都有一定的频率，但是并没有明确的标准；内容上，旅游节庆会有一个统一和完整的主题，强调特色内涵；功能上，旅游节庆是动态的旅游吸引物。

根据以上分析，可以定义旅游景区节庆概念为：旅游景区节庆是指在特定区域内对旅游市场产生吸引向性，经开发推广后成为旅游景区动态文化吸引物或旅游项目的节事庆典活动的总和，包括各种旅游节日、庆典、展览会及有特色的体育、文化活动等。

这些节庆活动都被赋予有特色的活动主题，并围绕这个主题在特定的区域内定期或不定期地开展。景区节庆可以是景区特有的，如泰山景区的泰山文化节；也可以是社会节庆引入景区或联合举办的，如迪士尼乐园引入圣诞节。在这里，旅游节庆和旅游景区节庆的概念并用。

（二）旅游景区节庆活动的分类

旅游景区节庆活动的分类，有利于景区节庆活动策划人员及决策者从不同的角度把握其开发条件、开发方向、表现特征和功能价值，从而作出正确的节庆活动策划决策。根据不同标准，旅游节庆可分成不同的类别。

1．按照旅游景区节庆活动的性质划分

按照旅游景区节庆活动的性质可以划分为商业性质、体育性质、文化性质、政治性质和宗教性质五种。

（1）商业性质节庆活动。

指在旅游景区的某个范围内举办的各种展销会、展览会、交易会、博览会等。这是景区节庆活动常见的一种方式，目的是招商引资、发展旅游，或提供场地办展，促进经贸交流。

（2）体育性质节庆活动。

指在旅游景区内或关联的周边地区举办各种体育赛事活动，如呼伦贝尔市的冰雕雪橇节、河南嵩山少林寺的国际武术节等。

（3）文化性质节庆活动。

旅游景区为满足游客文化需要，在特定时间举办或参与的各类文化节、音乐会、艺术展览、艺术比赛、文艺和戏剧演出等，旨在展示旅游景区及其所在地区的文化内涵，增强游客文化艺术修养，以及展示个人文化艺术才能等，如中国长城文化旅游、曲阜“三孔”国际孔子文化节、浙江嘉兴南湖船文化节等。

（4）政治性质节庆活动。

指旅游景区配合国际性或区域性组织召开的大会或重大的政治节日而开展的各种旅游节庆活动，如景区举办国庆节庆祝演艺活动。

（5）宗教性质节庆活动。

主要是景区以宗教文化为依托而开展的节庆活动，一般是旅游景区内宗教活动的专门节日，如乐山国际大佛节、普陀山观音文化节等。

2. 按照旅游景区节庆活动的主题划分

旅游景区节庆活动必须有较强的主题特色以吸引游客。按照景区节庆活动选取主题的不同，可以划分为传统的民族民俗风情节庆活动、以特色商品为主题的节庆活动、自然景观展示型节庆活动以及文化性节庆活动、宗教性节庆活动、政治性节庆活动、体育性节庆活动和综合性节庆活动。

（1）传统的民族民俗风情节庆活动。这是最先被开发的一种特色节庆品牌，既保留了传统的民族特色，又融合了现代的生活元素，别具一格，如壮族的“三月三歌圩”、傣族的“泼水节”等。

（2）以特色商品为主题的节庆活动。类似于商业性质的节庆活动，即将旅游景区所在地的特色商品、工艺品或著名物产等集中放在旅游景区进行展销，并进行一些有特色的参观活动和表演活动，最终形成具有一定频率、一定规模的节庆活动。例如，增城挂绿湖荔枝节、青岛国际啤酒节、德国慕尼黑啤酒节等。

（3）自然景观展示型节庆活动。利用比较知名的旅游自然景观，综合展示旅游景区所在地的旅游资源、风土人情和社会风貌，如张家界国际森林节、哈尔滨国际冰雪节、中国重庆三峡国际文化节、贵州黄果树瀑布节、美国纽约玫瑰花节等。

（4）综合性节庆活动。即几种主题叠加在一起的持续时间比较长的大型节庆活动，如许多景区参与举办的广东省国际旅游文化节等。

3. 按照旅游景区节庆活动的规模划分

按照旅游景区节庆活动的规模可以分为大型、中型和小型三种。大型景区节庆活动如广东省国际旅游文化节，小型景区节庆活动则是配合某个节日而举办的一种主题活动。

二、旅游景区节庆活动的策划

随着“旅游节庆”作为鲜亮名词频频出现，其炙热程度也让现代人看到了“节庆文化—节庆消费”之间的经济通道，通过成熟的市场策划分享节庆消费的“蛋糕”。但是，旅游节庆活动策划是一项复杂的工程，涉及面广、专业性强，需要深度挖掘和剖析旅游景区各方面的现状，并进行科学的策划。

（一）旅游景区节庆活动策划原则

由于各个旅游景区在地理位置、资源特色、市场定位等方面存在着差异，所以每个旅游景区都应从实际出发，策划贴上自身品牌标签的节庆活动。旅游节庆策划需遵循以下原则：

（1）需求导向原则。

吸引游客来旅游景区旅游是景区节庆活动策划的第一步，此后应根据客源地结构、人口特征、心理需求差异、消费能力等多方面情况进行全方位的分析，细分旅游需求市场，寻求符合旅游景区主题定位的游客群体。

（2）突出主题原则。

景区节庆活动是一个特殊的旅游产品形态，既可单独存在，又是旅游景区整体产品形象的强有力辅助。因此，景区节庆活动策划时应突出鲜明的、易于辨认的主题，同时通过宣传、娱乐活动、环境设施等突出主题特色。

（3）注重实效原则。

旅游景区每一项节庆活动的出炉，都应该围绕社会现实来展开，有合理存在的理由，并能实实在在地为旅游景区带来经济效益，否则即使策划方案完美无缺也无法顺利地与观众见面。所以在策划方案之前，应进行可行性分析，以便方案具体可行、行之有效。

（4）以人为本原则。

游客出游的最终目的是获得体验的乐趣，享受精神层面的满足，而景区节庆策划的最终目的是得到游客的认可，并取得经济效益。因此，景区节庆策划应注重与游客的亲密互动，设计出亲和力强、体验性高、情境性广、个性化强的主题活动。

（5）因地制宜原则。

景区节庆活动应依托其自身的资源条件来进行创意，突出本土特色。可以借鉴成功节庆活动的经验并进行本土化改造，最好能以旅游景区所在地的文化为根基，整合旅游景区全部旅游资源进行有效利用，策划出适合自身的节庆品牌。因地制宜也包括充分利用地方条件，特别是科技水平，设计相关活动，活跃节庆氛围。

（二）旅游景区节庆活动策划流程

旅游景区节庆活动策划虽然没有统一的规定，但也有基本的策划流程，具体如下：

（1）明确景区节庆活动策划的目的和宗旨。

旅游景区在市场决策中有很多选择，如宣传旅游新产品、维持原有市场占有率、增强品牌的感官效应等。因此，在节庆活动策划前，应根据旅游景区自身及所在地的发展需要，明确节庆活动的目的和需要取得的活动效果。

（2）确立景区节庆活动主题。

这是节庆活动策划继续开展的先决条件。景区节庆活动可以选择的主题很多，如历史文化、地理、体育运动、艺术、娱乐、商品等，只要深入挖掘，就能找到属于旅游景区自身的独特主题。例如，2020 年北京故宫策划“丹宸永固：紫禁城建成六百年”系列活动，推出系列展览，从历史遗存、书画器物、宫廷文化、文人雅士、节庆风俗、世界文明、考古发现等方面展现故宫的魅力。

（3）分析旅游景区的地理条件，策划最佳的举办地点和游览线路。

分析旅游景区自身的资源，包括旅游景区所在地的地理位置、交通条件、市场对象、经济社会背景、竞争条件，以及旅游景区自身的旅游资源、旅游基础设施和辅助设施等各种因素，最终确定景区节庆活动举办的地点。

(4) 确定景区节庆活动策划的初步方案。

景区节庆活动策划需结合旅游景区的资源特色和游客的需求，确定策划活动的初步方案。

(5) 费用预算。

景区节庆活动策划需进行周密的预算，了解活动所需的费用，包括购置器材设备费用、日常行政费用、工作人员工资、公关活动和宣传费用、不可预知费用等。

(6) 筹集资金。

旅游景区策划举办节庆活动资金主要是自筹运营费，也可通过赞助商的资助，以完全赞助或合作参与的形式筹集到预算需要的数目。

(7) 宣传营销策划。

利用媒体和海报等宣传本次节庆活动的主题，同时根据主题确定宣传口号，有针对性地对目标市场进行宣传营销。

(8) 确定和落实最终的节庆策划方案。

根据具体的策划方案循序渐进地落实到位，将具体项目落实到部门的相关负责人，实行负责人领导制。

(9) 节庆活动过程管理策划。

成立相应的节庆活动指挥部，确保任务分工、人员安排、时间和场地安排、娱乐项目安排落实。

(10) 节庆活动后评估策划。

针对前期的策划目的有效地评估具体完成情况，并对经济效益、社会效益和环境效益进行评估，总结成功经验或失败教训，为下一次节庆活动做准备。

（三）旅游景区节庆活动主题策划

旅游景区节庆策划的关键在于围绕一个主题，整合、加工和包装各种资源，共同打造精彩纷呈的活动。选对了形象鲜明的节庆主题，可以引起轰动效果。景区节庆活动主题策划有以下几种常见的方式：

(1) 依托旅游资源策划主题。

旅游资源是旅游节庆活动策划的重要源泉，无论是文化资源、自然资源，还是商品资源，资源的包装、整合和推广就是整个旅游节庆策划的创意来源，任何一类资源都可以策划出非常具有特色的节庆主题活动。这种节庆属于完全创新性节庆，需要认真策划和严格管理，促进节庆的可持续发展。例如，山东曲阜的“孔子文化节”就依托了曲阜孔子文化资源主题；广东省恩平市的“温泉文化节”就是依托当地温泉资源策划的主题，突出了恩平“温泉之乡”的旅游品牌。

(2) 依托目标市场策划主题。

随着主题节庆活动的日趋流行，同质化程度越来越高。景区节庆活动应从更细微的角度去思考和创新。既然节庆活动是与游客联合打造的互动盛宴，那么，从旅客的喜好出发来策划主题，把旅游节庆活动是否对旅客有足够的吸引力作为衡量标准也就水到渠成了。这是完全创新性的节庆，必须从整体目标市场中寻求差异化主题，才能得到目标市场的认可。例如，浙江东阳横店影视城以“快乐横店——中国乡村休闲与影视文化旅游”为主题的中国农民旅游节，就是专门针对农民这个细分市场主体的，因为该影视城由农民开办，所以符合主要目标市场群体需求，取得了非常好的效果。

（3）依托民族传统节日策划主题。

在传统节日活动中，存在着分散到户和群众集会活动两种过节方式。这两种方式都可以成为旅游节庆活动主题策划之源。传统节日一般会有盛大的场面和特定的仪式，只要运用得当，就能成为非常有趣的旅游节庆活动。例如，溱潼会船节自古有之，被誉为“世界上最大的水上庙会”。每年清明时节，姜堰四乡八镇的上千船只、上万船民都会聚在浩瀚的溱湖上，借祭奠扫墓之机，会船自乐。浓郁的水乡风情，独特的会船文化，使得会船节成为国家重点旅游项目，被列入全国十大民俗节庆活动、江苏省首批非物质文化遗产。2021年4月8日，姜堰的十里溱湖再度“开篙”，并融入了更多的科技手段和现代元素，所有参演船只都按艺术化、现代化的方式装饰一新，动力环保，更有动力伞、气球龙，以及龙船上牵驴花鼓、跳马灯、花鼓闹春等一系列饶有趣味的水、陆、空立体式文体表演助兴，增加了活动的趣味性。除了可以欣赏开幕式溱潼会船千篙万桨的大场面、大气魄外，还增加了“盛世祈福”“五谷丰登”等多个富有内涵的“篇章”。随后两个月的时间内，诸如茶文化节、千亩油菜花观赏、溱湖八鲜美食节、会船比赛等20多项活动也陆续开展。

（4）依托本土节庆策划主题。

景区节庆活动往往是所在区域或城市举办的旅游节庆活动中的一部分，可以根据这些当地的旅游节庆活动来策划具有旅游景区自己特色的主题节庆活动。例如，2014年（第十五届）中国海南岛欢乐节于12月12日至14日在海口举行。欢乐节期间，海口举办旅游婚庆节、东南亚特色美食展等，同时也在其他各旅游市县开展欢乐节系列活动，如第六届三亚国际美食嘉年华、第五届儋州东坡文化暨第二届海南雪茄文化旅游节、万宁全民健身兴隆绿道骑行体验活动、琼中绿橙乡村旅游季活动。

（5）依托法定节假日策划主题。

在法定节假日，特别是长假期，如我国“黄金周”期间，人们外出旅游的意愿会非常强烈，可以根据游客的消费需求和节假日特色策划一系列旅游节庆活动。例如，广州在2019年国庆黄金周期间，围绕广州塔公园、亚运公园、花城广场，推出“讴歌新时代，共圆中国梦”的盛大烟花会演庆祝活动，此次烟花会演分成“光辉的历程”“伟大的成就”“欢腾的珠水”“逐梦新时代”四个篇章，营造了国庆节日的浓厚喜庆氛围，也丰富了旅游活动内容。

（6）依托旅游主题年策划主题。

1979年9月，世界旅游组织第三次代表大会正式将9月27日定为世界旅游日。为促进旅游业的发展，世界旅游组织从1980年起，每年都为世界旅游日确定一个主题，各国旅游组织根据主题和要求开展一系列庆祝活动。我国于2011年将每年的5月19日定为“中国旅游日”。国家文化和旅游部每年都会推出一个旅游主题，以此作为吸引更多游客前来旅游的窗口，如2019年推出“文旅融合，美好生活”，2020年是“旅游与乡村发展”，2021年是“绿色发展，美好生活”，2022年是“感悟中华文化，享受美好旅程”，这一天各地根据主题开展一系列庆祝活动。旅游景区可以借助主题年推出自己的旅游主题，或者配合国际或国家旅游主题策划属于自己的主题节庆活动。例如，2010年广州以增城广场为中心，举办世界旅游日庆祝活动，取得了很好的效果。2019 年舟山市普陀区举办了非遗“三进·四季行”暨 2019 普陀区“旅见普陀·多彩非遗”活动、“幸福普陀诗意生活”沈家门渔港诗歌朗诵会、东港“最美海岸线”荧光夜跑、“地道普陀”文化旅游展销会、“歌唱祖国在我心·文明旅游伴我行”快闪视频拍摄等活动，展示了普陀文化旅游体育的风采。同时，普陀区还围绕“中国旅游日”推出了一系列旅游惠民措施和产品：5 月 19 日当天，普陀全部景区对舟山市民免费开放；线上“畅游普陀”平台推出普陀精品民宿和餐饮优惠券，还有来自东极、白沙、桃花岛的优惠旅游套餐、酒店特价房，等等。

（7）嫁接外来节庆策划主题。

旅游节庆主题一般具有地方特色，但也有旅游景区嫁接节庆策划主题。嫁接节庆就是把两种或多种性质不同的节庆活动糅合在一起，或者把外来节庆嫁接本土元素，形成一种新的节庆活动。例如，河南登封农历五月初五的嵩山卢涯瀑布泼水节引入傣族泼水节的元素；香港缤纷冬日节是香港每年圣诞节举行的节日活动，包括音乐会演、环球嘉年华、圣诞灯饰、节日美食系列活动，还有元旦的新年倒数活动等。嫁接方式还包括依托外来节庆的引入，创新景区节庆活动主题。

三、旅游景区节庆活动的管理

一个景区节庆活动要获得持续发展，必须实施科学的管理，其中，旅游节庆活动运营及游客参与积极性的调动是景区节庆活动品牌形成和持续发展的根本保障。

（一）组合运营团队

景区节庆活动的运作管理离不开一支人才队伍，即组合景区节庆活动运营团队，这个团队是节庆活动运营的核心。景区节庆活动运营团队的组合有三种形式：①隶属于景区的运营团队。人员属于景区的员工，在景区依据工作强度和工作量获取薪金报酬和福利，一般景区会把节庆活动的管理职能设置在市场营销管理部门；②承包运营团队。即外包模式，景区把节庆活动的运作承包给专业的运营团队，承包方承担节庆运营的部分或全部经济风险，享受节庆活动的部分或全部经济收益，景区方需做好外包管理工作；③景区方和专业机构合作组建团队来运营节庆活动。景区单位与专业机构之间签订合同，从节庆的最终经济效益中按照约定的比例分成。无论采用哪种方式将节庆旅游的运作推向市场，成熟的运作模式必然能通过市场的检验，促进项目良性有序地发展。

（二）构建运作体系

景区节庆活动的成功运作是多方面相互协作的结果。任何一个景区节庆活动的正常运作都离不开一个庞大的运作体系的支持。这个运作体系包括四个子系统：①策划体系。策划每一次节庆活动的主题、活动项目内容以及安排，保持主题的独特性和竞争性；②管理体系。保证景区节庆活动成功举办所需的人员、资金和物资等实施条件，协调处理方方面面的关系，保障活动的安全、顺利开展；③服务体系。景区工作人员、志愿者以及其他俱乐部、协会、医疗组织和政府部门相互协作，构成强大的服务支撑体系；④评价体系。评估和总结经验与教训，为下一次节庆活动策划与运营提供借鉴。因为经验都来源于实际操作，具有切实的可信度和可行性。

（三）维护节庆主题

文化是节庆活动的灵魂，无论是悠久的历史文化，还是丰富的自然文化，只要策划和定位准确，都可以成功地举办旅游节庆活动。随着现代游客的消费观念和审美层次的不断提升，游客对旅游节庆的文化需求也会越来越多。而景区节庆活动的文化挖掘，并不是几句简简单单的宣传口号就能体现出来的，最终的落脚点还是主题文化的物质载体。文化与物质载体的结合，不是生搬硬套，而是巧妙融合；不是牵强附会，而是水到渠成。只要真正做到主题文化与物质载体的完美统一，这个景区节庆活动就已经有一只脚迈进成功的门槛。周边的环境、人员的服装、旅游活动的编排等任何小细节都可以是主题文化的载体，也是景区节庆活动整合管理的第一步。

（四）营造节庆氛围

旅游节庆活动是一种动态文化产品。无论是节庆活动所带来的较大客流、物流和资金流，还是节庆活动本身动态的演艺表演和灵活的项目编排，都让整个静态的旅游景区焕发出生命力。因为旅游景区的旅游资源是静止的、无法移动的，深深地烙上了地域的印记。旅游资源具有稀缺性的特点，同时具有时节性，如“钱塘江国际观潮节”“慈溪杨梅节”“香山红叶节”都只能在特定的时期举办。旅游的发展会受到地域和时间的限制，景区节庆活动也必然会受到二者的制约，因此景区节庆活动的成功举办必然要求时间和空间的统一，静态景观与动态活动的结合，以营造景区节庆的氛围。

（五）加强部门合作

景区节庆活动并不是由单个部门独自完成的，其顺利开展需要旅游景区相关部门的配合与支持。例如，珠海于 2017 年承办了广东旅游文化节，主办方以珠海大剧院露天广场为主要场地，设置了旅游文化展、巡游展演和游艇体验区等展示项目。另外，外场还有 8 支巡演队伍，他们来自珠海、佛山、江门等地的非遗文化组织和民间艺术团队，以及国外民俗特色的库克群岛和波兰表演团体。以巡演的方式，重点弘扬岭南传统文化，加强与其他国家和地区的文化交流。其中，作为主题活动内容的巡演活动必须与其他地方相关部门联动，才能确保整个主题节庆活动的成功。

（六）不断创新节庆内容和形式

创新是景区节庆活动持续生命力的源泉。旅游景区在策划和管理节庆活动时，要注意创新，彰显旅游景区自身的特色，创造属于自己的品牌。景区节庆活动的发展创新，主要在于节庆主题选择和活动内容创新上。

选择了景区节庆活动的主题，还要在运营中适时变换和更新活动内容，或者对原有活动内容进行重组和编排，使其焕发新意，也可以在节庆管理制度上、游客的参与度与娱乐效果上、科技手段利用上不断给游客制造惊喜，这样才有利于整个景区节庆品牌建设和可持续发展。

旅游节庆活动主题和内容创新有五种方法。一是挖掘法。以本地特色资源为依托，寻找特色主题，开发专项旅游节庆活动；二是嫁接法。把两种或多种性质完全不同的节庆活动嫁接在一起，形成一种新的活动；三是附加法。在一种活动的基础上，加入一种或几种活动的内容，从而丰富和扩大原有活动的文化内涵；四是异化法。通过对传统节庆活动的异化处理，形成一种新的旅游节庆；五是复原法。通过对失传或残缺的传统活动进行定向性复原，使之能表现时代旅游文化的特征。

第三节 旅游景区演艺活动管理

旅游景区举办的演艺活动是景区动态产品，它对营造景区氛围，丰富景区项目，增强游客体验价值具有意义。旅游景区演艺活动日趋流行，逐渐成为景区产品的主导延伸名片。

一、旅游景区演艺活动及其分类

（一）旅游景区演艺活动的界定

“旅游演艺”，又称“旅游表演”“旅游演出”，是与旅游特别是与景区旅游相关联的概念。有些人甚至认为，旅游演艺指的是旅游景区的文艺演出，使用较多的名称是“主题公园文娱表演”“主题公园文艺表演”“景区景点文艺演出”“旅游景点文化表演”，乃至景区“舞台表演”“旅游舞蹈”等。诸如“印象”系列演艺、“千古情”系列演艺、“根”系列演艺等，“宋城演艺”更是知名品牌。人们对“旅游演艺”及其相关概念做了定义，如朱立新认为，旅游演艺是指以异地观众作为主要观赏对象的演出活动。

《旅游演艺服务与管理规范》（LB/T 045—2015）指出：旅游演艺是指在旅游景区及相关空间内，以室内场景、室外自然或模拟的山水景观为演出场所，为游客提供的具有一定观赏性和娱乐性的各类演艺产品。演艺指音乐、歌舞、戏剧、戏曲、芭蕾、曲艺、杂技等各类型文艺演出的具体形态。

根据以上分析，可以将旅游景区演艺理解为：旅游景区演艺活动是指以旅游景区为载体，调动整合各种资源，以音乐、杂技、歌舞、戏剧、小品、多媒体演艺等表现形式展示和满足游客娱乐诉求的演出活动。

旅游景区演艺活动是景区活动形式之一，是景区产品的重要内容，是动态的旅游产品。有的演艺活动是在旅游目的地举办的，是为了旅游发展，对旅游景区也有重要影响。旅游目的地举办的演艺活动以及具体到旅游景区的演艺活动统称为旅游演艺。

（二）旅游景区演艺活动的分类

可以依据不同的标准对旅游景区的演艺活动进行分类。

1. 按照演出内容划分

按照演出内容可以将旅游景区演艺活动划分为民俗风情表演、历史文化表演、现代艺术表演、体育竞技表演、动物表演和科技创意表演等。或一次演出可以是几种内容的组合。

（1）民俗风情表演。

将一个国家、地区的人们所创造、享用和传承的生产文化与生活文化以艺术演艺或者技艺演示的形式表现出来，再现人们劳作和生活的艺术画面，让游客体验该地区民族民俗风情。例如，张家界的土家风情表演、曲阜孔子六艺城的六艺表演、喀什古城入城仪式表演等。

（2）历史文化表演。

用历史素材编排和刻画演艺内容和人物，再现一个国家、地区、民族的历史文化，有较深的历史烙印以及政治经济发展的特征。如《梦回大唐》《大唐追梦》《长恨歌》《延安保育院》等。

（3）现代艺术表演。

演出更多地融入了现代艺术和生活元素，以满足现代人对娱乐的需求和精神追求。景区组织的现代歌舞表演是常见的形式。如桂林乐满地的《摩登时代》《盛夏狂欢嘉年华》，北京环球影城的《欢乐好声音》等。

（4）体育竞技表演。

展示体育运动项目，竞技性强，民族气息浓，非常吸引年轻游客。如“东方水城”绍兴举办的国际划联皮划艇马拉松世界系列赛暨东方水城嘉年华活动（简称“水马”）。

（5）动物表演。

通过训练动物，以动物为演出主体，起到逗乐效果的表演活动，对少年儿童吸引力较大。如云南民族村和中国保利西南公司联合引进大象表演队，深受游客欢迎；长隆旅游景区的动物表演更是品牌演艺项目。

（6）科技创意表演。

随着旅游的发展，一些声光电技术引入景区演艺，通过 AR、VR 等高科技应用，把各种景观、人物、故事等“造”出来，让游客身临其境地体验 5D 室内实景演出。无人机以及机器人也应用到了景区演艺中。如杭州亚尼影业打造的《梦幻圆明》、北京环球影城的《变形金刚火种源争夺战》等，场景都十分震撼。

2. 按照表演形式划分

旅游景区演艺活动按照表演形式可以划分为剧场表演、现场表演、巡游表演和助兴演出四种。

（1）剧场表演。

演艺活动在剧场里进行。有的景区编制一台精彩节目，并长期演出，成为旅游景区的特色保留节目，如九寨沟的《藏王宴舞》。有的景区有时也临时编排节目，或者请专业演出机构进行专场演出。

（2）现场表演。

现场表演是以旅游景区的本色景观为衬托布景，围绕民族风情、历史文化或现代歌舞主题上演的观众参与度较高的表演方式。如“世界之窗”的日本风情舞蹈、皇家换岗仪式、婚礼表演、非洲风情舞蹈、大洋洲风情舞蹈、东南亚水乡风情舞蹈等，都是在景点进行现场表演。

（3）巡游表演。

大型景区比较流行巡游表演的方式，“嘉年华”的概念由此而来。其表演手段一般借助花车或者步行方阵的舞台展示服装、道具或者乐器演奏等，形式非常活泼。如迪士尼乐园的巡游表演、“世界之窗”的《世界狂欢大巡游》，成为游客进园必看的项目。

（4）助兴演出。

在景区的活动中，助兴演出是一种陪衬性的演出，旨在渲染气氛。有个人魔术、小品、小丑与杂耍等表演形式。如桂林乐满地主题公园吉祥物皮索一家的自由表演、仙桃市沔阳小镇景区的皮影戏等。

3. 按照演出场所划分

旅游景区演艺活动按照演出场所可以划分为实景旅游演艺、主题公园旅游演艺和剧场表演旅游演艺。

（1）实景旅游演艺。

实景旅游演出模式是将民俗文化和山水旅游景点紧密结合，即以旅游地山水实景为依托打造实景演出产品。如梅帅元的“山水”系列、张艺谋等的“印象”系列、遵义市《娄山关大捷》等大型实景演出。

（2）主题公园旅游演艺。

主题公园旅游演出模式主要是在主题公园内，把演艺活动与游园活动结合起来，形成的高附加值复合型旅游演出项目。如深圳华侨城的《金面王朝》、杭州宋城的《宋城千古情》就是典型的主题公园演艺。

（3）剧场表演旅游演艺。

剧场表演旅游演出模式是在旅游目的地中心区剧场舞台开展特色演出的形式。一般是专业演艺团队演出，是演艺业与旅游业的融合。现在几乎各大旅游城市都有极具特色的旅游演出剧目，典型的如昆明的《云南映象》、北京十三陵景区盛得剧场的《万历选妃》以及宋城集团打造的“千古情”系列等。

也有人按照演出场景，将它们分为原生态实景演出、风情歌舞表演、多媒体梦幻剧以及其他演出等旅游演艺类型。

4. 按照演艺经营模式划分

旅游景区演艺活动按照演艺经营模式分为两类：

（1）单一经营模式。

主题演艺企业的业务范围仅限于营业性演出。山水实景类和部分剧场类演艺项目属于这一类。

（2）多元经营模式。

主题演艺企业往往进行多元经营活动，即在特定景区内向游客同时提供主题演艺节目、景区游览以及其他服务。如广西南宁的《锦宴》、湖北隆中的《草庐·诸葛亮》属此类型。

此外，还可按照演艺规模分为：①大型演艺。如黔东南苗族侗族自治州大塘《西江盛典》大型实景演出；②小型演艺。如一些景区的“吉祥物”在园区的呆萌走演；美国西部景区的印第安巡逻“武士”不经意把长矛“刺”向游客。按演员构成分为：景区自有演出、外包演出、合作演出。

二、旅游景区演艺活动的特点

与其他演出活动相比，旅游景区演艺有其特点，主要表现在以下几个方面：

（1）主题选择的地方性特点。

旅游景区演艺主题明确和风格独特是吸引游客、获得竞争优势的前提。景区演艺项目只有将地方文化内涵注入演出作品中，节目的创意具有明显的地域特色，使其成为观众在别处无法获得的旅游体验，这样的演艺才具有生命力。无论是实景演出、主题公园演出，还是剧场演出，其演艺产品主题都非常重视对本土旅游资源和文化内涵的开发。例如，

《印象·刘三姐》以当地旅游资源、旅游市场为背景，把桂林的山水文化，侗、壮、苗等少数民族文化融入其中，突出了桂林的地方文化特色；西安华清池《长恨歌》是中国首部大型实景历史舞剧，突出了西安的历史文化特点，深受游客欢迎。

（2）赏演结合的娱乐性特点。

景区演艺的观众主要是游客，演出是为游客提供休闲娱乐的精神文化产品，所以在保证演艺产品艺术性的前提下，应十分注重其通俗性和娱乐性，雅俗共赏。演艺产品会运用诸如舞蹈、歌曲、杂技、武术、小品等多种艺术表现手法，甚至利用声、光、电等高科技手段，使演出氛围欢快热闹、娱乐非凡。景区演艺也注重赏演结合，演员和观众互动，增强了游客参与感，提升了游客体验的愉悦。例如，桂林的《梦幻漓江》展示了漓江山水文化，艺术性和娱乐性融为一体。

（3）供需变化的季节性特点。

景区演艺产品和其他旅游产品一样，也具有季节波动的特征，这与供需因素变化有关。游客受休假制度的影响，闲暇时间会产生周期性变化；许多旅游资源吸引力受自然影响产生季节性变化；其他社会经济因素也会使旅游产生波动，实景户外演艺项目还会受到气候的影响。因此，景区演艺行业存在明显的淡旺季差异。

（4）效益目标的商业性特点。

旅游景区演出的主要目的是吸引游客，增强其体验感，延长其在景区或旅游地的逗留时间，从而产生住宿、餐饮、购物、交通等多方面的溢出效益，给景区或旅游地带来经济利益。因此，旅游景区演出具有商业性特点。

三、旅游景区演艺活动的策划

旅游景区演艺活动的策划是景区组织对演艺活动项目开展的专业性、科学性谋划与部署。

（一）旅游景区演艺活动策划流程

旅游景区演艺活动，特别是具有一定规模的演艺是一项需要许多人共同参与完成的事情，必须认真组织，做好协调工作，有计划、有步骤地进行。因此，要做好整体策划，旅游景区演艺活动策划流程一般包括以下几个步骤：

（1）确立演艺活动项目。

首先要确定是否开展演艺活动，举办景区演艺活动要达到什么目的，是单独长期运营，还是从属于节庆活动随其开展和终结的，这是演艺活动在策划初期就应该明确的。

（2）进行项目可行性研究。

可行性研究是对演艺活动构思转化为现实的可能性的一种测量，主要包括以下几个方面：演艺活动的社会适应性和目标市场适应性、财力适应性、技术适应性、效益可行性，景区演艺活动的危机公关能力以及危机发生后如何采取补救措施等。

（3）演艺活动的主题策划。

根据演艺项目目的，单独长期运营的演艺依据地方性旅游资源和民俗文化、历史文化特色来确定主题；配合节庆活动的演出，还要考虑节庆或其他活动主题来确立。

（4）演艺活动的内容策划。

包括演艺节目策划、演员选择、场所安排、设施设备和服装道具准备、演艺节目流程的谋划等。

（5）对演艺活动策划方案的论证。

认真评估策划方案，仔细思考项目设计的合理性、可行性，最终确立方案。

（6）实施前的准备工作。

落实演员、场所、设施设备和服装道具；进行费用预算、营销策划等；组织彩排活动，并进行评估、完善。

（7）实施演艺活动。

包括演员的确定、演艺技术和效果的设定、管理和后勤保障等。演艺活动是比较炫目的动态旅游产品，需要有出色的演艺阵容和绚烂的舞台视听效果。因此，除了邀请固定的演艺嘉宾，精心策划舞台的布置、音响、视频、灯光、烟火、激光以及高科技应用等内容外，还需专业管理人员进行严密的控制和指挥，这样才能将精彩的演出呈现给游客。

（8）演艺活动结束后总结评估。对演出的整体效果及其细节表现进行评价，总结成功经验，吸取教训，对不尽如人意的环节进行改良，使下次表演更加完美。

（二）旅游景区演艺活动内容策划

旅游景区演艺活动内容策划是核心环节，根据演艺规模进行选择，主要包括以下几个方面：

（1）节目的安排。

根据演艺活动的主题、目的、规模来设计节目类型、数量的组合。主题宜充分挖掘当地历史、人文资源、地方文化特色。节目类型、数量要适度，充分体现对观众的吸引力。

演艺单位（部门）要有专门机构和人员，研发演艺节目并定期更新完善。

（2）演员的选择。

景区演艺的演员有几种选择，一是隶属于景区公司的员工，开展专门或兼职的演艺工作；二是景区下属演艺经营公司的人员，专门从事演艺工作；三是演艺外包公司的人员；四是上述几类人员的合作演出。

演员的使用应符合剧情演出的需要，一般主要演员应聘请专职演员，主要演员应取得相应的专业技术等级证书。有时需要聘请群众演员。对聘请的演艺人员要签订劳动合同，做好人力资源管理工作。

选择导演和主持人，应对演员做好关于演出流程、演出内容的培训工作，使演员熟悉演出的场地、角色和剧本。做好演出前的认真彩排。

（3）场所的选址。

确立演艺活动开展的地点。实景演出背景与景区自然风光融合，创新成新的景观；主题公园演出要选好位置，布置背景；剧场演出要选好场馆，布置舞台和背景幕布。

场所的选址要考虑演艺区域、观众席位、停车场地、售检票处、消防、环卫、厕所、通信以及公共休闲、购物等设施。各种设施的容量要能满足观众的需要。

观众互动表演、参与性强的演艺活动场所，要因地制宜地进行布置，保障活动正常有序和安全地开展。

（4）设施设备布置。

根据演出场所选择和演出内容的需要，配置演艺设施设备。一般应配套必要的舞美、灯光、音箱等设施设备，舞台道具、升降观众席等机械设备，造型灯、聚光灯等灯光照明设备。

根据演艺进展需要，可配备高科技的设施设备，如可配备音箱、功率放大器、麦克风、均衡器、混响器等音响效果设备，提供LED屏、投影幕等视频设备，特技表演要配置特种设备。

（5）服装道具准备。

根据演出内容，制作必要的演出服装和道具。服装和道具款式、色彩应符合演出节目主题，烘托演出效果。还应配备服装间和道具间，用于保护服装和道具，保证其功能正常发挥。

（6）演艺流程策划。

演出过程是整个策划的最核心环节，由专业人员策划好演艺流程。例如，演出前的候场制度、设施设备以及服装道具的检查等；演出中的演艺技术到位；演出后的谢幕、后续总结评估等。

（7）后勤保障策划。

演艺活动的开展，需要大量后勤工作辅助。如设施设备及道具的搬运、场地的清洁卫生、安全保卫等，要事先策划好这些工作。

四、旅游景区演艺活动的运营管理

旅游景区演艺活动要获得持续发展，必须实施科学、精良的管理，其中，事中控制和管理是景区演艺活动品牌形成的根本保障。要根据《旅游演艺服务与管理规范》实施管理措施。

（一）观众的组织与引导

旅游景区演艺主要服务于游客观众，对观众的组织、引导与服务，是保障演艺成功、提升游客体验价值的重要方面。根据演艺节目内容、主题和场所情况，合理设置观众的最大容量，并严格按照容量控制单场观众人数，避免发生拥挤，以保证观看演出过程中观众的舒适性和安全性。加强对观众的现场管理，引导观众文明观演。观众互动环节，要做好场面控制，保持演艺氛围热烈而有序。

（二）设施设备的管理

设施设备是演艺过程的基础支持条件，要重视对设施设备的管理。应配备足够且经过岗前培训的操作人员参与操作；高科技设备以及一些特殊设备的操作人员，更要经过严格专业培训，持证上岗。应制定管理制度并严格执行，规范设施设备管理；制定设备管理应急预案，以应对在演出中出现的问题。

制定科学完善的设施设备操作规程，要求操作人员严格按规程操作使用；建立管理台账档案，以便设施设备的备查，加强使用检验与维护保养；建立服装和道具的检查、清洗、维修、变更和报废制度，并建立管理档案台账。

演出过程中，加强对机械、灯光、音响、视频等设备进行监管，做好应急处置，保证演出中的正常使用。

（三）演艺效果的控制

建立科学的演出排练制度，特别是大中型演出应固定排练时间。排练时，演员、化妆、舞美、灯光、道具等均应按照正常演出标准进行，排练后进行效果考核评估，并不断完善演出。

加强演出过程的监督和管理，全程监控演出效果。如果遇到演出过程中出现安全故障，应根据应急预案引导人员有序退场并进行合理处置。

（四）现场环境卫生的维护

演艺现场的环境卫生管理是演艺服务质量的重要内容，需要加强环境卫生的管理。应配置足够的环卫设施，并有专人维护环境卫生，使演艺现场的环境卫生符合《旅游景区质量等级的划分与评定》对旅游景区环境卫生的要求。

加强演出场所的空气质量管理，室内场馆应配备正常运行的新风系统，空气质量符合《环境空气质量标准》的要求。配备足够数量的星级旅游厕所，旅游厕所的质量等级要符合《旅游景区质量等级的划分与评定》和《旅游厕所质量等级的划分与评定》的要求。

（五）演艺活动的安全保卫

安全保卫是演艺顺利开展的保障，要做好相应的工作。

建立完善的安全保卫工作制度，配备安保人员维护演出现场秩序，及时处理突发事件，并上报主管领导。加强入场的安全检查，大型演出场所应配备相应的安检设备，随时处置安全隐患。加强演出过程中的安全管理，演员应遵守角色的舞台位置，不要靠近和使用与本角色无关的特效设施。

室内演出场所的消防栓、烟感、自动喷淋、消防通道等设施的设置应通过公安消防部门验收。安全疏散通道、消防安全标志等应符合《消防安全标志》（GB 13495）和《安全标志》（GB 2894）的要求。

（六）现场应急管理工作

建立应急管理机制，制定演艺活动的安全应急预案。应急预案应职责明确，程序清晰，平时应加强应急演练，同时做好与社会应急系统的衔接工作。

演出过程中因突发设备故障、自然灾害、停电、火灾等，要迅速反应，启动相应等级的应急预案，做好应急处置。

制定规范的医疗急救措施和制度，配备相应的医护人员和必要的药品、医疗器械，对演职人员、观众突发疾病或轻微外伤者进行紧急救援。

（七）演艺活动的外包管理

旅游景区演艺活动常常由旅游景区自行计划和安排，一般由旅游景区营销部门负责。有的旅游景区有自己的演出团体，隶属于旅游景区管理公司，其经济效益与旅游景区的收入挂钩。但是这种模式下旅游景区所属的行政单位或管理公司，既要负责整个旅游景区的日常管理，又要进行演艺活动的节目设计和演职人员的管理，难免会出现管理上的混乱和力不从心。演艺活动是专业性很强的工作，专业的事交给专业的人来做，不失为降低成本的常用手段，而“外包”思路的出现恰巧是景区演艺活动市场化运营的有效途径。

所谓“外包”是指企业动态地配置自身和其他企业的功能和服务，并利用企业外部的资源为企业内部的生产和经营服务的模式。它是在分工整合模式下产生的一种有效的组织模式，其本质是以外加工形式充分利用公司外部最优秀的专业资源，从而促使企业降低成本、降低风险、提高效率和增强竞争力。景区演艺活动也可以借鉴“外包”模式。旅游景区管理公司和文艺演出团体之间关系有三种模式：

（1）演艺团队隶属于旅游景区管理公司。

旅游景区管理公司拥有自己的演艺团队，为演艺人员提供工资、福利等待遇。这种关系模式相对比较稳定，演艺人员的熟练程度和演出质量都有保证，能够满足旅游景区的日常演出需要。但是，随着旅游业的日趋成熟，这种简单的直接利益关系已经不能满足双方的需要。旅游景区的效益不好时，这种弊端就会显现。观众对专业化演艺需求不断增长，使得景区自己的演艺团队有时难以胜任。

（2）外包模式。

这种模式下，旅游景区只是把演出活动或展演项目包给不从属于旅游景区管理公司的外界文艺团体或演出单位。演出合同是维系旅游景区和演出单位之间的纽带，但也正是这种纽带促使二者实现双赢。一方面，旅游景区管理公司通过这种方式节省了成本，减轻了旅游景区的工作负担；另一方面，演出团队可以通过多签订合同来获取更多的收入和回报，从而激发他们的表演热情和创作灵感。例如，江苏水乡周庄为丰富旅游景区的文化内容，与上海沪剧院、上海越剧院等多家国家一流的戏剧演出团体签订合同，从而可以经常为游客推出沪剧、越剧等戏曲表演。龙门蓝田瑶族风情旅游区聘请艺术学校学生实习演出，既为景区节省了成本，也为艺校提供了实习场所和实习经费。

（3）核心演员隶属于旅游景区管理公司，其他演员通过外界获取。

这种方式是上述两种方法的折中，既要保证景区演艺人员的演出质量，又要从外界寻找一支比较成熟且费用相对较低的演出队伍，并与之签订合同，为旅游景区的整台演艺活动添砖加瓦，同时又可大大降低经营成本。

从旅游景区管理的角度来看，选择何种形式运作主要取决于旅游景区演艺活动的性质和频率。常规演艺节目以旅游景区自有演艺团队出演为好，因为长期的默契已经形成了景区演艺活动自身的品牌，并能保证质量；而一些驻场表演形式或者临时表演的节目，不妨采取外包购买服务的形式。外包或者半外包形式是景区演艺活动市场化运作的主要方式，既符合经济效益最优原则，又能促进景区演艺活动的市场化和社会分工职能化。旅游景区组织要加强外包合同管理，确保外包演艺团队和旅游景区管理公司实现双赢。

【本章小结】

旅游景区产品是旅游景区组织依托景区设施设备、旅游资源及环境，向游客提供的有形产品和无形服务的总和，是游客在景区旅游获得的体验。旅游景区产品按属性、功能、展示形式、发展阶段、重要程度等分为不同类型。旅游景区产品具有综合性、体验性、就地消费性、产销同时性、供需波动性、内涵文化性的特点。从产品生命周期、产品创新、产品组合视角开展旅游景区产品管理。旅游景区节庆活动与演艺活动虽是两个不同的概念，但又是相辅相成的，甚至是包含与被包含的关系。旅游景区节庆活动需要演艺活动来支撑，而演艺活动的形象在节庆活动中显得愈加饱满。节庆活动与演艺活动是旅游景区产品的重要内容。旅游景区节庆活动与演艺活动按照不同的方式有着不同的分类。二者的策划与管理都需要依托旅游景区资源进行不断创新，深化活动的文化精髓，突显品牌形象，加强向游客的宣传促销，凝聚多重力量，获得社会效益和经济效益。

【拓展阅读】

大型实景演出《魅力湘西》

大型歌舞节目《魅力湘西》诞生于2000年，演出位于湖南省张家界市武陵源核心景区张家界魅力湘西国际文化广场，该广场总投资4.5亿元，占地31.22亩，剧场座位数2 800个，每晚演出都座无虚席，深受观众好评。

长期以来，《魅力湘西》的团队以发掘、整理、保护和表演湘西民俗文化为己任，公司在成立之初就树立了“走出去、请进来、出精品”的经营理念，为打造湘西本土民族民间旅游文化精品而孜孜不倦地努力。近几年来，《魅力湘西》迅速成长，团队不仅将这台晚会打造成了热情洋溢、饱含民族风情的篝火歌舞盛会，更已铸就成一块张家界文化旅游界的金字招牌，每年制作团队都会扎根土家吊脚楼和苗寨采风，搜集、整理一大批民俗文化表演素材，将民间艺人请出山寨、请上舞台，使诸多隐匿深山、濒临失传的湘西民俗文化和民间技艺重新呈现于世人面前。几年来，《魅力湘西》还先后与古丈县、凤凰县阳戏剧团、省民族歌舞团合作，在保留湘西原生态民俗文化的前提下，将民族音乐和舞蹈与声、光、电结合，让观众欣赏到一场原汁原味的湘西文化盛宴。在提高演出质量的同时，满足了不同文化层次的审美需求，实现了经济效益和社会效益的双丰收。创办近十八年来，《魅力湘西》接待中外游客1 500多万人，影响甚远。

2016年10月，由冯小刚总导演，携手音乐总监刘欢、音乐制作人捞仔、著名作曲家王原平，在《魅力湘西》的音乐、舞蹈等技术上进行创新，运用了音乐、视频、微电影等呈现形式，以及先进的威亚技术，在参演阵容、节目品质、舞蹈编排等方面做了改进和提升。《魅力湘西》不只是立足于张家界，现在要面向全国市场甚至世界旅游演艺市场。“只有在张家界才能看到这样的演出”，冯小刚对《魅力湘西》给予高度评价。之所以这么肯定，是因为“这台节目的根和魂都在大湘西，节目的表演环境、表现形式、剧场设备设施都是为其量身定做，原汁原味的湘西文化都在这里”。

[节目表]

(1) 苗族鼓舞。湘西苗族鼓舞是我国苗族地区最独特的舞蹈艺术。它流传在湖南省湘西土家族苗族自治州境内的吉首市、凤凰县、泸溪县、保靖县、花垣县、古丈县等。国家文化部于2004年4月公布第二批中国民族民间文化遗产保护工程试点中，湘西土家族苗族自治州列入其保护试点区。苗族鼓舞是试点区的重点保护项目。

(2) 边城。根据沈从文《边城》里翠翠的故事，描绘了翠翠和天保、傩送之间的感情，唯美地体现了湘西儿女的感情。

(3) 爬楼。“爬楼”是广西金秀茶山瑶族独特的婚恋习俗。瑶族历来有女娶男嫁、恋爱自由的传统。其居住的房屋皆为木结构干栏式。当家中的姑娘长到了谈恋爱的年龄，其父母就安排她到吊楼居住，以便与男青年上门幽会。每当夜幕降临，姑娘就在吊楼里等待恋人。表演以歌舞形式展现瑶族小伙子的热切心情。

(4) 茅古斯舞。茅古斯舞产生于土家族祭祀仪式，流传区域各县志、厅志均有记载。主要流传在湘西州龙山县、永顺县、保靖县、古丈县等地。每逢正月，土家族村民结稻草为服，演绎原始初民渔猎农耕等故事，用以祭祀祖先创业功德，祈求人畜兴旺、五谷丰登。茅古斯具有人物、对白、简单的故事情节，及一定的表演程式，以村落或姓氏为单位轮流举办，持续五天至九天不等；由于全用古代土家语演唱，以至有些土语今人无法翻译。保留的剧目有《做阳春》《捕鱼》《抢亲》《甩火把》《赶肉》（即狩猎）等。

（5）马桑树儿搭灯台。《马桑树儿搭灯台》是一首流行于湘西的男女二人对唱的民歌，属于张家界桑植县的民歌。

（6）哭嫁。哭嫁是土家族特有的风俗，从古沿袭至今，它通过哭唱的方式，将姑娘隐藏在心底的复杂心理、细腻感情表现得淋漓尽致。婚前半月至一个月，新娘即开始哭唱，其形式有一人哭、二人对哭、多人一起哭等。哭唱的内容有对旧制度的抨击，有对媒人的揶揄，有对旧情的抒发，有对亲人的怀念，有对妇女的赞颂，有对未来的憧憬，随着社会的进步和文明程度的提高，哭嫁的内容也不断翻新。

（7）湘西赶尸。《魅力湘西》把它搬上舞台，根本目的还是满足观众的猎奇探幽心理，让大家感受湘西独特的地理人文气息。

（8）场外篝火演出。土家硬气功表演，湘西三大蛊迷巫术表演（上刀山、走铁犁、下火海），大型土家摆手舞表演。

［节目特点］

（1）坚持民族文化内涵的呈现。该剧的民族性定位恰到好处地找准了艺术与市场的结合：对民族传统的尊崇，对文化民俗的传播与旅游互补，为自然风光做人文补充，使得演出延伸了旅游文化内涵，特色鲜明地把湘西少数民族的人文精神表现出来。游客不仅在欣赏过程中感受到了少数民族艺术的魅力，更感受到了各个民族歌舞节目背后的人文特点与民族风俗。

（2）深挖民族情感的艺术表达。《魅力湘西》把人们情感深处的大爱细化到每一个作品中，不再是“风花雪月的故事”。除感官刺激之外，内心的感动才是观众买单的唯一理由。舞台呈现追求“表演风格民间化”，使演员在表演风格上贴近民间、贴近生活，拒绝程式化的编排及表演，而以朴素的民族情感来表演，归根结底要像本民族自己跳的舞蹈，在表演风格上突出一个“土”字，以真情实感来表达湘西人的精神特质，《魅力湘西》的舞台体现出了少数民族的艺术特质：真实而不散乱，原始而不低俗，野性而不野蛮。艺术传递着真、善、美，赢得了民心，自然也赢得了市场。

（3）强化观演互动的激情状态。主持人串场、邀请观众品尝美酒……观赏这样的演出就是亲历民族艺术创造、民族文化发展的一个过程。观众的积极参与，使观演的整体节奏起伏跌宕、惊喜不断，既提高了观众的兴奋点，又在无形中实现了艺术产品与游客市场的良性互动，后续在观众中传播的好口碑助力演艺市场的持续火热。

（4）追求艺术创新的舞台呈现。《魅力湘西》的舞台通过多变的表现手段，使民俗舞蹈舞台化。舞台上的舞美布景、灯光、激光、服装、道具美轮美奂、变幻多姿，尤其是数字技术与民间艺术的结合，极大地提升了剧目的表现力。此外，量身定制的国内顶尖舞台机械：室内主体舞台分区三层升降，主台与副台可以实现平移互换，前区舞台左右开合打开配有水池花洒、水幕；还有大小两个圆形升降舞台，都为此剧的艺术化锦上添花。每一个节目呈现的舞台都不重样，每一个节目都有不同的视觉冲击点与情感爆发点，让观众始终处于兴奋惊喜之中。

（资料来源：《大型民族歌舞史诗〈魅力湘西〉的艺术特色研究》，有删改）

说一说：

1.《魅力湘西》属于哪种演艺类型？有哪些特点？

2. 阅读文章后，你对旅游景区演艺活动的意义有哪些认识？

【思考与练习】

1. 旅游景区产品概念和特征是什么？
2. 旅游景区产品怎样分类？
3. 阐述旅游景区节庆与演艺活动的概念、特点。
4. 旅游景区节庆与演艺活动策划流程有哪些步骤？
5. 说明旅游景区节庆与演艺活动管理措施。

第十章　旅游景区市场营销管理

【学习目的】

通过本章的学习，掌握旅游景区营销和景区形象的基本概念，掌握市场营销管理程序和基本任务，了解市场营销调研内容，明确市场营销组合理论及景区营销方案策划和景区形象策划方法。

【学习要点】

1. 旅游景区市场营销概念
2. 旅游景区市场营销管理程序
3. 旅游景区营销组合策略
4. 旅游景区形象的含义及类型
5. 旅游景区形象策划方法

【关键词】

旅游景区营销管理；市场调研；市场营销组合；景区形象策划

市场营销是企业经营管理不可或缺的手段，旅游景区的发展也同样需要精心设计市场营销战略，并实施有效的市场营销策略。旅游景区形象是游客对旅游景区的认知和印象，是旅游景区特征在游客心目中的反映。旅游景区的形象如同一张名片，是旅游景区市场营销（简称景区营销）管理活动中的重要内容。

第一节　旅游景区营销管理概述

一、旅游景区营销的概念

（一）市场营销的概念

菲利普·科特勒认为，市场营销是个人和集体通过创造并同他人交换产品和价值以满足需求和欲望的一种社会活动和管理过程。美国市场营销协会对市场营销的定义是：市场营销是创造、沟通与传送价值给顾客，以及经营顾客关系以便让组织与其利益关系人受益的一种组织功能与程序。

国内学者也从不同角度对市场营销进行了定义。例如，郭国庆认为市场营销既是一种组织职能，也是为了组织自身及利益相关者的利益而创造、传播、传递客户价值，管理客户关系的一系列过程。李洪波认为，市场营销管理是一个过程，包括分析、规划、执行和控制，它覆盖理念、商品和服务，以交换概念为基础，目标是满足各方的需求。

通过对市场营销的定义、理念的分析，可以提炼出市场营销的精髓是消费导向和竞争导向，最终目标是“满足需求”，核心是“交换”。

（二）旅游景区营销的概念

许多学者对旅游景区营销也做了定义，例如，赵黎明、黄安民等认为，旅游景区营销是旅游景区组织为满足游客需要并实现自身经营和发展目标，通过旅游市场实现交换的一系列有计划、有组织的社会活动和管理活动。岳怀仁等认为，为了成功争取特定游客市场并开展景区的经营服务，在战略上运用经济、心理、政治和公共关系等手段，以博得相关方面的支持与合作，从而达到预期的目的。

旅游景区营销的概念一般以市场营销的概念为基础，其内涵应该包括以下几个方面：它的起源是人们对旅游的欲望和需求；它要求提供具有一定质量的景区产品；它的最终目的是满足人们的旅游需求，景区实现自身经营目标；营销需要进行交换、交易或建立关系。

综合来看，旅游景区营销是旅游景区组织计划和执行关于旅游景区产品、服务和形象创意的观念、定价、促销和分销等活动，以创造满足游客需求并符合景区目标的交换的一种过程。

二、旅游景区营销的特征

旅游景区产品总体上说属于服务产品，其服务的属性使得景区营销具有以下几个特征：

（1）旅游景区营销主体的多元化。

旅游景区的管理者甚至所有人员应该是营销主体，即“全员营销”。在景区营销过程中，“借力”通常能起到事半功倍的效果。旅游景区在制定市场营销策略的时候，应当充分重视旅行社、酒店、政府等相关机构在推介旅游景区时起到的营销主体作用。例如，政府对国内的主要旅游景区进行宣传，鼓励国内外人士前往游览；地方政府和旅游管理部门通常将有代表性的旅游景区融合在城市形象中对外推荐；旅行社在设计旅游线路时向旅游景区倾斜并积极给游客推荐该旅游景区等。因此，景区营销要突出其独特性和地方性，提高知名度，借助相关主体扩大影响，使景区营销工作富有成效。

（2）旅游景区营销季节的差异性。

由于旅游需求和节假日等因素的影响，旅游景区游客量变化呈现明显的阶段性波动的特点。一般而言，旅游景区接待游客量会有淡季、平季和旺季的差异。景区营销常常采用多种营销策略来拉动淡季需求，提高设施利用率，降低成本；而在旺季，景区营销的力度减小，甚至开展“低营销”。

（3）消费者和生产者共同参与营销。

旅游景区产品的特性之一是生产和消费的同时性，作为消费者的游客和作为旅游产品提供者的旅游景区员工交互作用，消费和服务提供存在同时性。游客的态度和行为会直接影响自己的体验，而且可能影响其他游客的体验，甚至在口碑传播之后影响潜在游客的行为。而旅游景区员工直接参与产品的生产和销售，直接与游客接触，他们的服务态度、营销意识等直接影响到游客对景区产品的评价。在一定意义上，景区产品的消费者和生产者共创价值。因此可以说，在景区营销过程中，生产者和消费者都是重要的参与者。

（4）不同属性旅游景区营销目的的差异性。

旅游景区有资源保护型和开发经营性的差别，也有国有和私营及合资的所有权的不同。随着国有景区经营权的转让及私有企业开发新的旅游景区，旅游景区的属性变得更为复杂。旅游景区归旅游企业进行市场化运作之后，旅游景区之间的竞争日益激烈，旅游景区会使用差别性营销策略，以形成独特形象。由于旅游景区属性不同，它们的营销目的则会表现出明显差异。国有旅游景区的目的不只是盈利，更是体现文物保护、社区休闲、区域振兴等多种功能；私有或合资旅游景区通常是为了实现利润最大化、占有更大的市场份额、扩大产品销售、取得满意的投资回报等。旅游景区的属性不同，决定了其在营销力度和侧重点上会有所差别。

三、旅游景区营销管理过程

营销管理是指企业为实现经营目标，对建立、发展、完善与目标市场的交换关系的营销方案进行的分析、设计、实施与控制活动。现代企业市场营销活动包括市场营销环境分析、市场需求分析与预测、制定目标市场营销战略，并组织实施营销方案。景区营销是一个复杂的过程，它遵循一般市场营销的原则和程序，同时具有自己的特点。景区营销管理程序及内容如表 10－1 所示。

表 10－1　旅游景区营销管理程序及管理内容

管理程序		管理内容
1	分析市场机会	景区营销信息调研、营销环境分析、游客调研
2	目标市场选择与市场定位	预测需求量、市场细分、目标市场选择、市场定位
3	设计营销战略	景区开发战略、竞争战略、市场定位、生命周期战略
4	策划营销方案	景区营销组合方案，如 4Ps、7Ps 营销组合等
5	营销活动的组织、执行与控制	景区营销组织设置、营销计划与实施、营销政策、营销信息反馈与营销控制等

四、旅游景区营销管理任务

营销管理是一个过程，其实质就是需求管理。旅游景区所面临的客源市场的需求有差异，可能存在没有需求、很小需求、很大需求或超量需求几种情况，营销管理就是针对这些不同的需求提出相应的任务。菲利普·科特勒将市场需求归结为八种状态，每种需求状态下会有不同的营销管理任务，如表 10－2 所示。

表 10－2 不同需求状态下的营销管理任务

序号	需求状态	营销管理任务	专门名称
1	负需求	开导需求	扭转性营销
2	无需求	创造需求	刺激性营销
3	潜在需求	开发需求	开发性营销
4	下降需求	再创造需求	再营销
5	不规则需求	平衡需求	同步营销
6	充分需求	维持需求	维持性营销
7	超饱和需求	降低需求	低营销
8	不健康需求	破坏需求	反营销

第二节 旅游景区营销战略设计

旅游景区营销战略设计是景区企业为实现经营目标，满足目标客源市场的需求，在充分进行营销调研和市场分析的基础上，对市场营销方针进行的精心谋划与安排。这些调研和分析针对营销环境、景区内部以及客源市场的调研，发现市场机会，选择目标客源市场，并确定市场定位。

一、旅游景区营销调研

（一）旅游景区营销调研的概念

旅游景区营销调研是运用科学的方法，有计划、有目的地搜集、整理、分析及传输与景区营销有关的各种情报、信息和资料，为景区营销战略决策提供依据的信息管理活动。

旅游景区营销信息是指与景区营销活动有关的内外部环境的状态和特征以及发展变化的各种消息、资料、数据等的总称。对于旅游景区而言，市场营销信息不但对其营销活动，而且对整个景区的未来发展都有重要的导向作用。

（二）旅游景区营销调研的内容

旅游景区营销调研的内容包括景区内外部环境调研、客源市场调研及预测。

1. 旅游景区营销环境调研

旅游景区营销环境是指影响旅游景区企业营销能力和达到目标的各种因素，包括宏观环境信息和微观环境信息。营销环境调研目的是使营销决策者了解旅游景区经营环境的信息，发现市场机会。

（1）宏观环境信息。宏观环境包括与旅游景区经营活动相关的政治环境因素、法律环境因素、经济环境因素、人口信息因素、科技环境因素、社会文化环境因素、自然地理环境因素，等等。

（2）微观环境信息。微观环境是指市场竞争环境，是旅游景区市场竞争中的主要参与者及其相互关系。

2．旅游景区潜力调研

通过对旅游景区内部信息的调研，评估判断旅游景区在市场机会中的潜力状况。

（1）旅游景区市场供给调查。开展旅游资源与旅游吸引物调查、旅游设施调查、可进入性调查、服务质量调查、人力资源及财物资源调查、景区形象调查、旅游容量调查等。

（2）旅游景区营销活动评估性调研。即对旅游景区已经开展的营销活动的效果进行衡量，对各经营项目的有效性开展研究。主要是对景区营销战略执行情况和营销组合方案实施效果进行调研和评价，包括市场份额调研、产品线（项目）调研、促销效果调研、游客及消费量调研等。

3．旅游市场需求信息调研

市场调查是指用科学的方法，有目的地搜集、记录、整理和分析市场的情况，了解市场的现状及其发展趋势，为决策者决策提供依据的活动。

通过旅游市场需求调查，包括对游客的年龄、性别、民族、受教育程度、职业、宗教信仰等因素的调查研究，了解游客规模及构成情况、旅游购买动机、旅游消费行为。即“5W1H”：他们是谁（Who）、他们购买的原因（Why）、他们来自什么地方（Where）、什么时候来的（When）、购买什么（What），以及他们如何购买（How）。

4．旅游市场预测调研

旅游市场预测是指根据既成的市场事实，利用已有的知识、预测技术和经验，对影响旅游市场变化的各种因素进行研究、分析、判断和估计，以掌握市场发展变化的趋势和规律。

旅游市场预测内容包括旅游市场环境预测、旅游市场需求预测、旅游容量预测、旅游价格预测、旅游效益预测等。

（三）旅游景区市场调研的类型

旅游景区市场调研按不同的标准可分为不同的类型，如表10－3所示。

表10－3　旅游景区市场调研类型对照表

分类方法	类型名称	形式	特点	主要用途	缺点
按调查目的分	探索性调查	有限访谈或查找资料	简便、初步	用于了解现状，发现问题，制订调查方案	准确性低
	描述性调查	对对象基本情况的调查	客观性	广泛搜集基础性信息，准备深入研究工作	工作量大
	因果性调查	设定和控制变量，调查因变量	因果性	基于描述性调查，针对特殊问题证明因果关系	调查环境难以完全控制
	预测性调查	对对象未来趋势的调查	预测性	预测未来某一时期内发展趋势	定性与定量相结合

（续上表）

<table>
<tr><th>分类方法</th><th colspan="3">类型名称</th><th>形式</th><th>特点</th><th>主要用途</th><th>缺点</th></tr>
<tr><td rowspan="9">按选择对象的方法分</td><td colspan="3">全面调查</td><td>对所有对象进行调查</td><td>全面精确</td><td>用于旅游资源普查等</td><td>工作量巨大</td></tr>
<tr><td colspan="3">典型调查</td><td>选择典型代表</td><td>工作量小</td><td>适用于对象庞大，且对该对象已经熟悉</td><td>难以准确选择典型</td></tr>
<tr><td rowspan="7">抽样调查</td><td rowspan="4">随机抽样</td><td>系统抽样</td><td>排列对象，等距抽样</td><td>等距，简单易行</td><td>适用于对同类对象进行一般分析</td><td>对异质分析不易深入</td></tr>
<tr><td>简单随机抽样</td><td>完全随机抽取样本</td><td>随机性</td><td>适用于各种对象</td><td>受条件制约，可能沦为任意抽样</td></tr>
<tr><td>分层随机抽样</td><td>先按质归类，再在各同质层简单随机抽样</td><td>能增加代表性，工作量大</td><td>用于异质分析明显的场合，如按年龄段分层再研究各段分列特性</td><td>取决于设层的准确性</td></tr>
<tr><td>分群随机抽样</td><td>先按空间分群，再在各块随机抽样</td><td>空间针对性强</td><td>常用于客源地抽样调查</td><td>异质分析不宜深入</td></tr>
<tr><td rowspan="3">非随机抽样</td><td>任意抽样</td><td>视条件方便取样本</td><td>任意性</td><td>对象同质性较高时</td><td>偏差较大</td></tr>
<tr><td>判断抽样</td><td>按专业人员的判断选择</td><td>取决于专业人员</td><td>对象个体极不相同，为避免误差而删除极端</td><td>受调查人员素质影响大</td></tr>
<tr><td>配额抽样</td><td>划分群体，规定每群体的样本数，再任意抽样</td><td>工作量小，信度、效度较高</td><td>适用于一般性、小规模调查</td><td>调查人员素质对结果有一定影响</td></tr>
<tr><td rowspan="4">按资料来源分</td><td rowspan="2">二手资料调查</td><td>外部资料</td><td>政府和专业出版物</td><td colspan="2">较简便</td><td>宏观调查、背景调查</td><td rowspan="2">实效低，难以满足专业性要求</td></tr>
<tr><td>内部资料</td><td>档案、文件等</td><td colspan="2">简便</td><td>历史、内部情况调查</td></tr>
<tr><td colspan="2">一手资料调查</td><td>有计划地调查专门信息</td><td colspan="2">时效性好，针对性强</td><td>调查本地特定问题</td><td>成本高</td></tr>
<tr><td colspan="2">观察调查法</td><td>旁观或借助仪器观察</td><td colspan="2">间接性、客观性</td><td>调查游客的行为规律及隐含态度</td><td>原因要靠主观推测</td></tr>
</table>

（续上表）

<table>
<tr><th>分类方法</th><th colspan="3">类型名称</th><th>形式</th><th>特点</th><th>主要用途</th><th>缺点</th></tr>
<tr><td rowspan="6">按交流方式分</td><td rowspan="5">询问调查法</td><td>面谈法</td><td>面谈，可间断询问、启发、判断</td><td colspan="2">灵活、亲切，较准确</td><td>常用于小组专题访谈</td><td>成本较高，受调查员影响</td></tr>
<tr><td>电话询问法</td><td>通过电话征询意见</td><td colspan="2">成本低，灵活性</td><td>用于长途、补样本或大范围较简单问题调查</td><td>复杂问题不易配合</td></tr>
<tr><td>邮寄调查法</td><td>问卷邮寄</td><td colspan="2">较客观</td><td>常用于问题多，不便面谈，或易受调查者影响的问题</td><td>返回率低，受问卷设计质量影响</td></tr>
<tr><td>留置问卷法</td><td>面交问卷，回家填写</td><td colspan="2">较明确，客观</td><td>可用于问题多且需仔细思考的问卷调查</td><td>周期长，返回率较低</td></tr>
<tr><td>网络问卷法</td><td>通过网络问卷</td><td colspan="2">灵活、方便回收统计</td><td>可用于各种问卷调查</td><td>返回率受限</td></tr>
<tr><td colspan="2">实验调查法</td><td>控制变量，了解变量间的关系</td><td colspan="2">科学性、客观性</td><td>以小规模实验，为推广做准备</td><td>难以完全控制实验条件</td></tr>
</table>

旅游景区市场调查按不同的研究方法也可分为不同的类型，如表 10－4 所示。

表 10－4　旅游景区市场调查研究方法分类表

研究方法	子类型	资料收集方法	资料分析方法	研究的性质
调查研究	普遍调查； 抽样调查	统计报表； 自填式问卷； 结构式访问	统计分析	定量
实验研究	实地实验； 实验室实验	自填式问卷； 结构式问卷； 结构式观察； 量表测量	统计分析	定量
实地研究	参与观察； 个案研究	无结构观察； 自由式访问	定性分析	定性

（续上表）

研究方法	子类型	资料收集方法	资料分析方法	研究的性质
文献研究	统计资料分析； 二次分析； 内容分析； 历史比较分析	官方统计资料； 他人原始数据； 文字声像文献； 历史文献	统计分析； 定性分析	定量/定性

二、旅游景区目标市场选择与定位

（一）旅游景区市场细分

1. 旅游景区市场细分的概念

旅游景区市场细分是从游客的需求差异性出发，根据旅游消费者特征的差异性，将整个旅游景区市场划分为若干不同消费群体子市场的过程。

市场细分是旅游景区进行目标市场选择和定位的前提，也是市场营销的基础。市场细分便于旅游景区制订正确、准确的市场营销方案。

2. 旅游景区市场细分的步骤

根据市场学家麦卡锡提出的市场细分的程序，旅游景区市场细分的步骤如下。

（1）选定市场范围。旅游景区应明确自己在旅游业中的产品市场范围，选定景区产品的市场范围，并以此作为制定市场拓展战略的依据。

（2）列出需求特征。列举潜在游客的所有需求特征，可从地理因素、人口统计特征、消费心理因素、消费行为特征等方面列出影响景区产品市场需求和顾客购买的各项变量。

（3）分析需求特征。分析潜在游客的主要需求特征，作为选择市场细分的标准依据。旅游景区应对不同的潜在游客进行调查，并对所列出的需求变量进行评价，以便了解这些游客的一些共同需求。

（4）选取细分标准。选取特殊需求作为细分标准，这些特殊需求标准可以把潜在游客群区分开来。

（5）划分细分市场。用这些特殊需求标准把市场划分为相应的细分市场群，并赋予每一个细分市场一定的名称。

（6）研究细分市场。进一步分析每一细分市场的不同需求与变化，了解各细分市场的基本特征。

（7）选择目标市场。分析评估各细分市场，确定细分市场的大小及市场群的潜力，从中选择使景区获得有利机会的目标市场。

3. 旅游景区市场细分的方法

根据市场细分标准进行旅游景区市场细分，形成几种市场细分的方法。

（1）根据人口特征细分。即按照人口统计特征，如年龄、性别、职业、收入、教育、家庭人口、家庭类型、家庭生命周期、国籍、民族、宗教、社会阶层等来进行市场细分。游客的出游动机和景区类型偏好往往与人口特征的部分要素紧密相关。

（2）根据地理因素细分。即以游客所在的地理环境因素，如国家/地区、城市/农村、气候/地形等，作为细分市场的基础来进行市场细分。

（3）根据心理因素细分。即按照游客的个性、爱好、兴趣、生活方式等心理因素对旅游景区市场进行细分。

（4）根据行为因素细分。即按照游客的出游时间、旅游频率、对景区的忠诚度、旅游后的感受等行为因素进行市场细分。

例如，根据游客的旅游时间、旅行距离、出游目的、旅游方式、组织方式等，对旅游景区游客市场进行细分，如表 10－5 所示。

表 10－5　旅游景区市场细分表

细分变量	细分市场
出游季节	春季旅游市场、夏季旅游市场、秋季旅游市场、冬季旅游市场
旅行时间	一日游旅游市场、二日游旅游市场、三日游旅游市场、一周游旅游市场
旅行距离	近程游市场、中程游市场、远程游市场
出游目的	休闲度假旅游市场、观光旅游市场、文化旅游市场、修学旅游市场、康养旅游市场、综合旅游市场
旅行方式	汽车旅游市场、火车旅游市场、飞机旅游市场、轮船旅游市场、自行车旅行市场、徒步旅行市场、自驾游旅游市场
组织方式	散客、团队旅游市场

（二）旅游景区目标市场选择

1. 目标市场选择的定义

目标市场选择是指估计所有细分市场的吸引力，结合企业的能力，选择进入一个或多个细分市场。

2. 旅游景区目标市场选择策略

根据各个细分市场的独特性和景区的特征，旅游景区有以下三种目标市场选择策略。

（1）无差异市场营销。

无差异市场营销是指旅游景区只推出一种普适性产品，或只用一套市场营销组合策略招徕游客。当旅游景区断定各个细分市场之间的差异较少时，可考虑采用这种市场营销策略。例如，观光型景区产品具有比较广泛的适应性。

这一目标市场选择策略操作简单、成本低，但往往不能很好地满足不同游客的个性化需求。

（2）集中性市场营销。

集中性市场营销也称密集性市场营销、聚焦型市场营销，是指旅游景区将一切市场营销努力集中于一个或少数几个有利的细分市场。例如，电竞游乐型景区比较适应青少年旅游市场。

这一目标市场选择策略有利于了解特定目标市场的需求，最大限度地集中旅游景区的资源，用一套营销组合方案招徕游客，很好地满足市场的需求，降低市场服务的成本。这一目标市场选择策略最适合中小型景区。

（3）差异性市场营销。

差异性市场营销是指旅游景区根据各个细分市场的特点，用几种特色产品以及几套营销组合方案招徕游客，满足几个细分市场需求。例如，长隆旅游景区的动物园、动物表演、游乐项目、高尔夫运动等可以满足不同细分市场的旅游需求。

这一目标市场选择策略需要旅游景区制订不同的营销计划和办法，以充分适应不同消费者群的不同需求，从而提高入园的游客量，实现景区效益的增长。

（三）旅游景区市场定位

1. 旅游景区市场定位的概念

旅游景区市场定位，就是根据旅游景区自身条件和竞争者的现状，为本景区和产品在游客心中确定一个心理位置，树立一个市场形象，并获得目标游客的认同和偏爱。旅游景区要以自己的特色来突显定位，定位要准确，要切合实际。旅游景区市场定位也可以作为旅游景区一定时期的营销战略。

2. 旅游景区市场定位的方法

（1）比附定位。比附定位是一种"借光"定位方法。它借用著名景区的市场影响来突出、抬高自己。例如，把云南丽江古城景区誉为"东方威尼斯"，小浪底水库景区誉为"北方的千岛湖"，宏村某古代官员的故居誉为"民间故宫"，南浔誉为"江南大宅门"等。采用这种定位方法的景区并不占据比附对象的市场地位，也不与其发生正面冲突，而是以近、廉、新的比较优势争取比附对象的潜在游客群。

（2）回避式定位。回避式定位是指当旅游景区不具有明显的特色优势时，利用被其他旅游景区遗忘的旅游市场角落来塑造自己旅游产品的市场形象。例如，河南辉县郭亮村本来是一个普普通通的太行山村，因电影拍摄而走红后，开始走旅游发展道路，用"挂壁"村去招徕附近城市的休闲旅游市场和前来写生的学生市场，吸引探奇的游客。

（3）心理逆向定位。心理逆向定位是指打破消费者的一贯思维模式，以相反的内容和形式标新立异地塑造市场形象。例如，野生动物园一改传统动物园将动物囚禁在笼中观赏的做法，采取游客与动物对调的方式，人在车中，而动物在笼外宽阔的空间自由活动。这种模拟"野生"动物园的做法打破了游客对动物园的惯性思维，从而赢得了市场的认可。

（4）市场跟进定位。由于旅游业受外界不确定因素影响较大，在市场变化的时候反应最为明显。因此，旅游景区应针对变化的市场环境采取行之有效的措施，主要是针对一个易变的市场转变其特色定位。近年来，夜游经济不断发展，一些地区（包括景区）迅速跟进，西安大唐不夜城占 2020 年 5 月发布的最具人气的夜游产品 TOP10 之首。西安大唐不夜城步行街北起大雁塔北广场，南至唐城墙遗址公园，中轴分布五组群英谱雕像群，东西云集大型购物广场与文化艺术展区，可为四海游客提供优质的文旅消费体验。西安大唐不夜城步行街融入商业、休闲、娱乐、体验等多种元素，以文商旅到商旅文深度融合为导向，满足游客及市民的全方位需求，拉长拓宽旅游产业链条，实现了大型城市综合体和文化商业新地标的结合。

第三节　旅游景区营销策略

旅游景区在明确营销环境和市场情况后，确立市场定位和营销战略，再制定完备的营销组合策略。根据麦卡锡的4P营销理论，旅游景区可从产品、价格、促销和渠道四个方面制定营销组合策略。

一、旅游景区产品策略

旅游景区在制定营销策略时，首先要明确景区能提供什么样的产品和服务以满足游客的需求，也就是要解决产品策略问题。从一定意义上讲，旅游景区成功与发展的关键在于其提供的旅游产品满足游客需求的程度以及所采取的旅游产品策略正确与否。产品策略是市场营销4P组合的核心，是价格策略、促销策略和渠道策略的基础。

要正确认识景区产品的特点，就不能仅仅将景区产品理解为旅游地的风景名胜，还应该包括必要的旅游设施、旅游环境、游客观赏和参与的活动项目、旅游景区的管理和各类服务等。景区产品的实质是服务产品，它是旅游景区组织依托风景名胜、旅游设施、旅游环境向游客提供的体验和利益，风景名胜等不能通过购买发生所有权的转移。旅游景区主要有以下四个产品营销组合要素，需要在产品策略中特别关注。

1. 旅游景区吸引物

旅游景区吸引物就是景区内标志性的观赏物，它是景区旅游产品中最突出、最具特色的部分。旅游经济从某种角度讲也被称作“眼球经济”“体验经济”，游客正是为了观赏和使用旅游景区的某些特定吸引物才不远千里来到这里的。这是旅游景区赖以生存的依附对象，是旅游景区招徕游客的招牌，是景区产品的主要特色显示。在旅游市场竞争日益激烈的情况下，这个吸引物在一定程度上是竞争力源。当然吸引物靠自身独有的特质来吸引游客，还应有良好的形象塑造和营销宣传来突显引力效果。

2. 旅游景区的服务

景区产品的表达形式尽管呈现多样化，但其核心内容仍是服务。服务的特点就是它的供给与消费处于同一时间段，每一次服务失误就是一个不可“回炉”修复的令人遗憾的废品。因此，在服务过程中的管理尤为重要，也可以说管理就是旅游景区最核心的服务。旅游景区管理包含两个层面，一是对员工的组织，二是对旅游景区各项要素的管理。不管是哪种服务，都要以满足游客需求为宗旨。

3. 旅游景区活动项目

旅游景区活动项目是指结合旅游景区特色举办的常规性或应时性供游客欣赏或参与的大、中、小型群众性盛事和游乐项目。景区活动的内容是非常丰富的，如文艺、体育表演，比赛，民间习俗再现，各种绝活演艺，游客参与性节目，寻宝抽奖等。这些活动不仅是旅游景区旅游产品的一部分，而且可作为促销活动的内容。

4. 旅游景区可进入性

可进入性是指旅游景区交通的通达性，交通是最具代表性的设施。由于很多旅游景区处在交通不方便的偏僻地区，使得游客进出旅游景区受到限制，甚至成为营销瓶颈。景区产品销售过程与有形商品销售不同，是景定人动，游客必须来到旅游景区体验服务。旅游景区的经营要靠一定的客流，交通条件影响旅游景区的可进入性，支持景区产品的形成，是重要的产品营销要素。

二、旅游景区价格策略

价格策略是指企业通过对顾客需求的估量、竞争的评估和成本分析，选择一种能吸引顾客、实现市场目标的营销组合策略。景区产品价格是以货币形式表现的旅游产品价值，是游客对旅游产品价值的市场认知。它既是收入的核心营销要素，又是市场之间竞争的有效手段。价格策略运用得当，景区的市场占有率和盈利能够得到提高；价格策略运用不当，会影响目标市场。旅游景区定价一般会考虑成本、竞争和需求等价格组合因素。

1. 利润导向与高价策略

企业经营战略以利润为导向，并不代表产品一定要高价。但是利润导向的战略思维，常会导致经营者在价格决策时，较倾向于选择高价策略。当景区品质较高，资源具有不可替代性，市场又处于供不应求状态时，就更是如此。从国内旅游市场的实际运作来看，景区采用高价策略，也的确不乏成功的案例。

2. 销售导向与低价策略

新建景区在市场导入期，为了赚取人气，常会选择以销售为导向的经营战略。进入市场成熟期之后，也有一部分景区会继续沿袭这种经营战略，以保持已经获得的市场占有率。销售导向的经营战略，在价格决策方面的显著表现，就是低价策略。应该说，当产品处于一个成长性的市场之中，低价策略是有利于迅速扩大市场占有率，产生规模效应的。不过，低价策略并不总是会取得市场成功，它需要具备三个条件：①市场对价格高度敏感，并且低价能促进市场成长；②企业成本会随着规模的扩大而下降，及边际成本降低；③低价能够阻止现实的和潜在的竞争者。

3. 竞争导向与竞价策略

企业经营战略以竞争为导向，其价格决策可能出现两种情况：对等定价和持续降价。在旅游行业，持续降价多出现在旅行社业。而在景区和饭店业，更为常见的是对等定价。当某个旅游区域内各大景区所占有的市场占有率相对稳定时，景区之间常会出现某种默契，采取对等定价的方式，应对竞争或者回避竞争。对等定价的“价格标杆”，通常是一个旅游区域或旅游品类中的龙头景区。比如同处珠江三角洲，深圳欢乐谷成人全天票价为230元，于是后建的广州长隆欢乐世界就以之为基准，将自己景区的成人全天票价定在250元；再比如同处四川阿坝地区，九寨沟景区旺季票价为220元，而黄龙景区就将旺季票价定在200元。

三、旅游景区促销策略

促销就是营销者向消费者传递有关本企业及产品的各种信息，说服或吸引消费者购买其产品，以达到扩大销售量目的的一种活动。旅游景区促销是指旅游景区通过各种营销宣传手段，向游客传递其景区产品与服务的有关信息，以实现景区产品生产市场与消费市场的有效沟通，控制、维持、刺激游客的需求，从而达到扩大景区产品销售的目的。旅游景区促销的方式包括广告、人员推销、销售促进、公共关系与网络促销等，促销的核心是“沟通”。旅游景区应灵活运用促销手段，实现信息传播与沟通的效果。

1. 打造特色与品位

一个旅游景区必须要有自己的特色资源，例如，桂林以“桂林山水甲天下”而著称，黄山以“黄山归来不看岳”而名扬。特色是旅游景区突显于游客心中的前提，这种特色或许在一个省、市有名，或许在全国独有，或许世界罕见，它将最终决定旅游景区的品位。而品位的高低，直接影响客源。所以说，在制定市场营销策略时，第一个问题便是对旅游景区旅游资源特色与品位进行准确定位。定位一定要与旅游市场的需求和发展结合在一起，否则就会出现雷同和模仿，失去吸引力。

2. 实行活动促销

活动促销因其游客参与性强、收益明显，正成为越来越多的旅游景区采用的市场营销方式之一。例如，深圳华侨城、美国迪士尼乐园等均是采取频繁举办推陈出新、变幻莫测的精彩活动来吸引游客；有的旅游景区还会利用名人效应来提高知名度。当然，举办一次活动费时耗力，而且需要大量资金。

3. 注重口碑营销

实施口碑营销首先要提高员工素质和服务质量。许多景区都通过培训或招聘专业化人才来提高景区的服务质量，有的还导入 ISO 9000 服务质量体系，推行标准化服务和人性化服务，实现零投诉，获得游客好评，实现口碑促销。这种亲朋好友间的人际传播可信度高，很容易招徕游客。相反，如有游客不满意，负面口碑影响力更大。通过互联网，也可实现口碑传播，大众点评、微信、微博、抖音等都是传递口碑的途径。

4. 开展网络营销

作为一种促销工具或手段，互联网是目前任何营销主体都不可忽视的促销工具，它极大地扩展了现代促销活动的空间。旅游景区通过建立自己的网站和平台，借助互联网信息工具，大大提高了促销效果。

网络为旅游景区和游客提供了一种双向交流的机会，在网站上提供免费会员注册，建立会员资料库，填写“游客满意度调查表”，设立“游客评价”专页，登载游客日记。旅游景区也借助网络发布相关信息，为游客提供便捷服务；利用数字技术，实现门票预订、服务预约。通过微信、抖音、直播等，直接发布信息，实现了面对面交流，达到沟通促销的目的。

5. 实施特许经营

一些旅游景区为了保障主要提供客源的旅行社的合法权益，利用旅行社专业的营销能力，特许旅行社进行垄断经营（专营），这对稳定市场客源和门票价格起到了很好的作用。这种市场营销策略一般是针对知名度高、外地组团客源多的旅游景区，中、小型景区则不宜采用。因其垄断性，导致其他旅行社因利润或其他原因不愿为该旅游景区输送客源，也就丧失了旅行社之间公平竞争的基础。

四、旅游景区渠道策略

旅游景区营销渠道是指景区产品从旅游景区向游客转移过程中所经过的一切取得使用权或协助使用权转移的中介组织和个人。渠道是景区旅游产品从物理存在的符号概念到游客以付费的方式完成精神占有的过程。对一个旅游景区的经营而言，其景区产品的出类拔萃固然重要，但合适的、通畅的渠道也是一个值得关注与研究的因素。景区的分销渠道由景区经营者、管理者、旅行社、运输公司、广告公司、金融机构等共同组成，他们为解决旅游产品的价值实现而执行各自不同的价值分工，形成共生的伙伴或同盟关系。同时，他们也会因各自利益诉求点的不同而发生各种矛盾。如果景区经营者引导不力、督导不善，就会伤害到其切身利益。因此，旅游景区应从线下和线上两个方面共同努力去开拓和维护好营销渠道。

1. 线下渠道

渠道销售方面，在线下端以旅行社和异业合作伙伴为主。主题旅游的深入，使得合作伙伴的边界也在不断拓宽，出现新的可能性。同时，不少目的地在重点目标市场，开始下沉做营销中心直面客户群，在次级目标市场，不仅注重合作旅行社的带客能力，也注重其在相应目标市场长期的、深入的营销能力。

2. 线上渠道

在线上端，景区行业整体信息化程度不断提升，传统 OTA 的价格、产品、采购分销和服务越来越透明且趋同。一批立足于专业垂直细分领域的渠道出现，迎合消费者的个性出游需求，形成自己的客户圈层。

随着新媒体的发展，微信、抖音等社交平台已经深度融入老百姓的生活，对人们的生活娱乐方式产生了很大的影响。如何基于这些新媒体社交平台与旅游的高度关联性进行文旅营销，是景区营销必须关注的重点。

旅游景区必须主动融入这些平台，搭上快车，借力营销，才能在市场竞争中占有一席之地。要加速融合线上线下，构建旅游新媒体营销矩阵。另外，可通过抖音等短视频平台和直播平台进行创新性营销、事件营销，利用网络力量打造“网红景区”。

第四节　旅游景区形象管理

对于旅游景区而言，一个良好的、个性鲜明的形象可以形成垄断优势，其垄断力的来源是产品与服务的差异化。若产品、服务与其他旅游景区雷同，形象模糊混乱，则游客的体验价值较低，回头率自然就低。可以说，在旅游景区的策划中，形象的塑造是核心问题。旅游景区形象管理是景区营销管理的中心内容。

一、旅游景区形象的界定

（一）旅游景区形象的定义

正如一个响亮的名字或一种鲜明的个性能让我们记住一个人一样，独具特色的景观或富有风格的旅游景区形象能让游客印象深刻。旅游景区作为市场主体，必须树立自己的形象，才能在市场竞争中立于优势地位。

关于形象、旅游形象、旅游地形象的定义，不同学者亦有不同的看法和观点，列举各学者的定义如表 10－6 所示。

表 10 – 6　形象、旅游形象、旅游地形象的定义

作者	定义	核心内容
J. D. Hunt	形象	个体或群体对非居住地的印象
Crompton	形象	个体关于目的地的信念、思想以及印象的总和
Embacher 等	形象	个体或群体在实地旅行之后对目的地的印象总和，包括认知成分及情感性成分
Fakeye 等	旅游形象	潜在游客在基于大量可选信息流基础上发展起来的精神构建
Gartner	旅游形象	由认知成分，情感性成分以及复合成分三种层次相关的成分形成
Kim 等	旅游形象	个体关于目的地的印象、信念、思想、期望以及感情的总和
J. D. Hunt	旅游地形象	旅游地形象是纯粹主观的概念——人们对非居住地所持的印象，外界作用于人脑所形成的意识流；旅游地形象和该地的可进入度、基础设施等是旅游决策过程中的决定因素
Crompton	旅游地形象	一个人对一个目的地的信任、意见及印象的总和
Seyhmus Baloglu 等	旅游地形象	一个表示游客个人态度的概念，指个体对旅游目的地的认识、情感和印象
黄震方	旅游地形象	游客对旅游目的地了解和体验后所产生的印象总和
张建忠	旅游地形象	游客对区域内各种自然、社会经济等方面的旅游要素的综合感知和印象
邓明艳	旅游地形象	游客脑海中的在经历了旅游地旅游后，或潜在游客通过电视、杂志、广告、网络信息等媒体而获得的关于旅游地的总体印象
廖卫华	旅游地形象	现实和潜在游客对旅游地的认知，是对旅游地各要素产生的印象总和，是旅游地特征在游客心目中的反映

综合上述定义，可以将旅游景区形象定义为：旅游景区形象是旅游景区对自身的各种要素资源进行整合提炼，有选择地对游客进行传播的包括人物、文字、图像、标志等在内的意念要素，是旅游景区对外宣传的代表印象。从旅游景区角度而言，旅游景区形象是旅游景区各种要素整合而成的综合表象；从游客角度而言，旅游景区形象是游客对旅游景区的感知形成的综合印象。

（二）旅游景区形象的特点

旅游景区形象主要受可用信息的限制，从游客的角度而言，人们把旅游景区形象建立在他们对实际旅游经历的反映上，形象随信息的变化而改变，但变化中又会有一些稳定的要素存在，这些综合而成旅游景区形象的特点。

（1）统一性。

旅游景区形象是由旅游景区内外各种要素构成的统一体。从内在的构成要素看，它包括旅游景区文化、旅游资源、员工素质、管理理念、旅游产品质量、工艺技术、营销艺术等；从外在的构成要素看，它包括公众的认知、信赖和好感。在结构上，两者密切相关，而且两者内部也相互联系，由此构成了一个内涵丰富、有机联系的整体——旅游景区

形象。

（2）客观性。

旅游景区的资源禀赋、特征是决定其形象最基础的条件。尽管策划人员可以通过各种方法主动塑造一个旅游景区形象，但绝不能脱离旅游景区的现状而随意杜撰。任何脱离旅游景区资源特色和经营管理活动而臆造的形象，必然会在昙花一现后轰然倒塌。构筑可以被游客认知、信赖和引起好感的旅游景区形象，必须要秉持实事求是的态度。

（3）相对稳定性。

旅游景区形象一旦形成，在相当长的一段时间内不易在游客心中淡化，如迎客松让人们想到黄山景区，米老鼠让人们想到迪士尼乐园，五彩斑斓的海子让人们想起九寨沟景区，这些都是构成旅游景区形象的关键要素留给游客的深刻印象，也是旅游景区形象稳定性的一种表现。

（4）绝对可变性。

世界上唯一的不变就是不断变化，旅游景区形象也是如此。旅游景区形象的稳定性是相对的。随着外部环境和内部因素的变化，旅游景区也必须适时调整，以适应不断变化的市场需求，创新旅游景区新形象。当然，在创新的过程中，应注重保持旅游景区形象的相对稳定性。

（5）独特性。

旅游产品的多样性和综合性决定了旅游景区形象的多样性，游客根据自己的认知、思维方式，对旅游景区形象也有不同的要求。因此，在进行旅游景区策划时，必须要考虑游客的不同需求，突出旅游景区的独特性，以吸引不同目标群体。例如，五岳同为山脉，却展示出不同的特性，以不同的形象满足不同游客的需求：东岳泰山雄踞在辽阔坦荡的华北平原上，有“登泰山而小天下”之势；西岳华山向以“奇拔俊秀”驰名海外，被誉为“奇险天下第一山”；南岳衡山之秀，以“五岳独秀”闻名于世；北岳恒山之奇，被誉为“塞外第一山”；中岳嵩山之绝，叠加少林影响，而享誉世界。

（6）复杂性。

旅游景区形象具有复杂性的特点，因为旅游景区的形象一般是由旅游景区推介给公众，期望得到其认同所传播的一种信息，而公众的认知往往难以达成一致，形象认知与认同是一种复杂的心理现象。因此，即使最优秀的形象策划大师，也难以保证所策划的旅游景区形象一定能被受众接受。

二、旅游景区形象的类型

（一）根据旅游景区形象的现实状况分类

根据旅游景区形象的现实状况，可以将旅游景区的形象分为现实形象和自我期望形象。

（1）旅游景区现实形象。即旅游景区在经营实践中表现出来的当前形象，是各种要素综合反映出来的印象。

（2）旅游景区自我期望形象。即理想形象，是旅游景区组织对旅游景区形象的希望和要求，也是旅游景区权利、义务、责任和行为规范的要求。一般而言，旅游景区实际形象和自我期望形象是有差距的，旅游景区形象工作的目的就是缩小二者之间的差距，达到理想与现实、客观与主观的统一。

（二）根据游客对旅游景区的认知分类

根据游客对旅游景区的认知，可以将旅游景区形象分为原生形象、引致形象与复合形象。

（1）原生形象。游客在出游之前，已有一系列旅游景区成为可选方案，并因经历或教育已在心目中形成的关于各个旅游景区的印象，就是原生形象。

（2）引致形象。游客产生旅游动机，并决定要行动时，就会有意识地搜集各可选旅游景区的相关信息，并对这些信息进行加工、比较、选择，从中提炼出有用的信息，加工成引致形象。

（3）复合形象。游客对各可选旅游景区的旅行成本、收益及形象进行比较，从中选择合适的目的地。游客在旅游景区实地旅游后，通过自己的经历，结合以往的知识形成一个复合形象。

（三）根据旅游景区形象的理解视角分类

根据旅游景区形象理解视角不同，可以将旅游景区形象分为表层形象与深层形象。

（1）表层形象。旅游景区表层形象可以理解为视觉形象，是一种初级形象。

（2）深层形象。旅游景区深层形象可以理解为行为形象、理念形象，是一种高级形象。

（四）根据旅游景区形象形成的方式分类

根据旅游景区形象形成的方式，可以将旅游景区形象分为旅游景区整体形象和分形象。

（1）整体形象。整体形象是各个要素综合反映出来的形象，包括外显特征和内在精神两方面。

①外显特征。包括外观形象（旅游景区形象、景点形象）、人物形象（代言人形象、管理人员形象、服务业人员形象）。

②内在精神。包括服务形象、质量形象、管理形象、信誉形象、市场形象、社会责任形象、技术形象、旅游文化形象。

（2）分形象。分形象是各个要素反映出来的某一方面的印象，它包括以下六种：

①旅游景区理念感知形象（TMI）。包括旅游标徽、旅游标准色、旅游名称中文标准字、旅游名称英文标准字、标徽与旅游名称组合规范、标徽与旅游简称组合规范、旅游象征图形、旅游卡通形象造型、旅游卡通形象动作设计、中文指定印刷字体，以及标徽、标准字、卡通形象、标准组合模式等。

②旅游景区视觉形象（TVI）。包括旅游办公系统、包装、广告公关系统、环境系统、空间导向标识系统、员工制服、演出服装、出版发行系统、纪念品等。

③旅游景区行为形象（TBI）。主要指管理手册和服务用语。前者包括旅游目的地形象管理组织机构设计、人力资源管理、管理制度等；后者包括服务语言、规范化手册等。

④旅游景区听觉形象（TAI）。包括形象口号、旅游宣传歌曲、光碟、MTV、城市宣传专题片、广告宣传标准用语等。

⑤旅游景区文化形象（TCI）。包括地方精粹文化活动、文化艺术交流活动、民族风情、文化旅游专线项目等。

⑥旅游景区电子形象（TEI）。包括旅游网站的设计制作、网站推广策划、旅游总体形象的网络宣传策划、旅游网站的顾问式咨询服务等。

三、旅游景区形象策划与传播

（一）旅游景区形象策划的含义

旅游景区形象策划是指专业团队为树立旅游景区良好的形象，较好地实现旅游景区的综合效益，在充分调查的基础上，对旅游景区实施战略层面和战术层面的谋划、设计和运作。

旅游景区形象策划涉及多学科的知识，策划团队一般由具有市场营销、消费心理学、企业公共关系、企业形象设计、人文历史等专业知识的人员构成。旅游景区形象策划建立在对旅游景区外部环境（如政策支持、市场偏好、客源地、目标人群等）和内部情况（如管理制度、服务标准、旅游产品、基础设施、人力资源等）调查的基础上。

（二）旅游景区形象策划的流程

1. 地方性研究

地方性研究也称地格、地脉研究，主要是指从当地自然地理特征、历史文化分析和民俗考察等方面进行研究，精炼地总结出景区所独具的地方特性。

（1）自然地理特征分析。

如果一个景区具有与其他景区截然不同的地理特征，或处于特殊的地理位置，就有可能成为吸引游客的着眼点，成为形象设计的切入点。例如，2010 年 8 月，广东丹霞山景区成功申遗，是因为丹霞地貌具有独特性，且“丹霞地貌”这一国际地理名词正是以丹霞山的名称来命名这类地貌的，因此丹霞山就用“丹霞地貌发源地”来传播其景区形象了。

（2）历史文化分析。

历史文化分析主要是通过对景区所在地历史文化的考察、分析，寻找具有一定知名度的历史遗迹、历史事件、历史人物和古代文化背景，作为历史文化的构成要素，成为景区形象策划的依托点。利用历史文化影响来定位旅游形象的成功案例不胜枚举。例如，山东曲阜利用孔子打造的“孔庙、孔府、孔林”；四川三星堆遗址公园的“三星堆文化”形象；西安华清池则通过着力渲染唐玄宗和杨贵妃的爱情故事来突显其形象；希腊奥林匹亚山依托奥林匹克运动来展示其发源地的形象。

（3）民俗风情考察。

民俗风情考察主要是通过对当地现代民族文化和民俗文化的考察分析，提炼出富有地方特色的景观特性为旅游景区所用。特别是在少数民族集中的地区，民俗文化往往是最具旅游号召力的因素，可以作为景区形象的精彩内容，为景区形象设计和营销打下坚实的基础。例如，云南、贵州的许多旅游景区打出“民族文化旅游”这张牌，在形象塑造方面取得了较大成功。

2. 受众调查分析

受众指的是信息传播的接收者。旅游景区形象传播是针对游客的，因此，游客调查显得非常必要。旅游景区受众调查的目的在于掌握游客对旅游景区的了解、喜欢的程度，即旅游景区的知名度和美誉度，从而获得旅游景区在游客心目中的形象。

旅游景区的游客市场分析，包括旅游总人数、总人次、总收入、消费总额、人均消费额、停留天数，还有游客性别、年龄、收入、学历、旅游频次、来源地、交通方式的选择、来本景区的缘由、获知景区信息的方式等的调查。

受众调查主要包含以下内容：第一，游客是否知道该景区；第二，游客对景区的一般感知印象如何；第三，该旅游景区在游客心目中具有怎样的印象，为什么会形成该印象；第四，旅游景区本身的哪些因素促使游客形成这样的印象。

3. 旅游景区形象诊断

利用SWOT分析工具，分析旅游景区发展的优劣势和面临的机遇与挑战。特别是对旅游景区的现有形象进行诊断分析，发现形象设计与形象传播中存在的问题，调整思路。

4. 旅游景区形象定位

形象定位是指在市场分析和资源分析的基础上，依据科学的流程和精心的提炼，对某一旅游目的地未来发展的一种方向性概括和判断。

旅游景区形象定位要有创意。创意的作用就是以“出人意料”的理念和“有趣”的方式来展示旅游景区的特点、挖掘游客的兴趣点。一个旅游景区只有经过独具匠心的形象策划来彰显其独特魅力，才能促使游客产生到实地旅游的愿望。但创意不等同于突发奇想，也不能随意杜撰，真正的好创意是具备一定的特征和标准的。具体有以下四个特征：

第一，标新立异。游客出游的动机本来就是求新、求奇、求异，富有个性的旅游景区才是他们的首选。对于旅游景区而言，形象雷同也是大忌，没有自己的绝妙之处和特色，就难以在激烈的竞争中引人注目。旅游产品本来就是很难让游客产生忠诚度的商品，对于旅游景区的形象策划而言，独具匠心、非同凡响、新奇独特的创意，且能准确而全面地展现旅游景区的特点是至关重要的。

第二，紧贴主题。创意是为表现形象主题服务的，离开形象主题的创意是无源之水、无本之木，达不到宣传旅游景区形象的目的。旅游景区的形象创意不仅仅要得到潜在游客的欣赏和赞同，更重要的是要让潜在游客购买此旅游产品，达到推销旅游产品的目的。只有紧贴形象主题的创意，才能从本质上展现景区的魅力。

第三，口号明确。旅游口号是旅游景区对外宣传的焦点和重要载体，也是旅游景区形象创意构思的文学表现，必须充分表现出鲜明的主题和旅游景区的独特个性。一句具有时代感、寓意深刻、朗朗上口的旅游口号，往往能使游客浮想联翩、心向往之，产生出奇制胜的效果。例如，深圳锦绣中华的“给我一天，还你千年”；黄山的“黄山归来不看岳”；九寨沟的“九寨归来不看水”；周庄的“中国最美的乡村”；青城山的“问道青城山”。这些口号，简短有力，导向明确，给游客以无限遐想的空间，吸引潜在游客的关注并产生出游意愿。

第四，体系完善。即策划旅游景区形象（TIS）识别体系，包括旅游景区理念感知形象（TMI）、旅游景区视觉形象（TVI）、旅游景区行为形象（TBI）、旅游景区听觉形象（TAI）、旅游景区文化形象（TCI）、旅游景区电子形象（TEI）的创意与制作。

（三）旅游景区形象营销传播及评估

对旅游景区形象的定位通过各种方式、各种媒体进行传播推广，包括广告宣传、公关宣传、网络传播、服务推广等。同时，评估旅游景区形象的推广效果，以不断修改完善旅游景区形象策划。

“创意是策划的灵魂和生命”，旅游景区形象营销要有创意。在“信息爆炸”的时代，人们每天面对数以万计的信息，越来越没有耐心对每条信息寻根究底。“桃李不言，下自成蹊”的思维不再适应激烈的市场竞争，只有“吸引眼球”，传递的信息才能引起人们的关注，而只有具有创意的信息才能吸引人们的眼球。

例如，叶文智以策划“大手笔”闻名旅游界。1998 年，为黄龙洞标志景点“定海神针”策划投保亿元，开了世界上为资源性资产买保险之先河，博得了世人的广泛关注；1999 年，策划“穿越天门”张家界世界特技飞行大奖赛，吸引了全球媒体的目光；随后，又策划了“2006 年俄罗斯空军张家界天门山特技飞行表演”“2009 中国张家界国际乡村音乐周”“2010 首届中国国际文化旅游节”“2012 年首届湘西矮寨大桥国际低空跳伞节”。这些极具创意的策划，十分有效地吸引了人们的眼球，宣传推介了张家界乃至大湘西的旅游形象。

【本章小结】

旅游景区营销是旅游景区组织计划和执行关于旅游产品、景区服务和形象创意的观念、定价、促销和分销，以创造符合景区目标的交换的一种过程，即通过对旅游景区进行市场调查、市场细分与市场定位，结合旅游景区的发展特性，实施符合旅游景区实情的旅游市场营销策略，促进市场的拓展。旅游景区形象是其对自身的各种要素资源进行整合提炼，有选择地对游客进行传播的包括人物、文字、图像、标志等在内的意念要素。旅游景区形象具有统一性、客观性、相对稳定性、绝对可变性、独特性和复杂性的特点。旅游景区营销管理应注重旅游景区形象的策划与传播。

【拓展阅读】

网红景区要走远　文化内涵不能少

在文旅融合的时代背景下，景区景点不仅要善于运用自媒体与网络直播手段，还要在精准营销的同时，深挖景区景点文化内涵。

网红景区景点的诞生与“旅游 + 文化 + 互联网”的发展有很大关系。网红经济本身就是互联网发展的产物，网红景区景点通过网红群体或组织传播，运用短视频和网络直播等多种媒体迅速打响知名度。近期，重庆旅游在运用网红经济方面可谓匠心独具，大量网红景点成为游客及舆论关注的焦点。通过网红景点的串联，如轻轨李子坝站、文化遗址公园等景点构成网红线路，形成独特的旅游文化景观。

近年来，通过一些知名短视频平台的传播，许多以前知名度不高的景点突然走红，但基础设施与配套设施却难以跟上。网红景区景点发展带来的困惑值得研究，如宁波四明湖红杉林、东钱湖银杏道等通过图片、短视频传播成为网红景点，吸引了大批游客前去观赏，导致节假日出现拥堵与环境污染问题；有些网红景区景点在社交软件上看起来很美，游客慕名而来，却发现原来拍摄者在取材上避重就轻，或者进行过精心包装，纯属一种公关手段，实际上并不具备成为网红景区景点的条件，让游客失望而归。这类网红景区景点，难逃昙花一现的命运。现实中，如何有效地解决这些问题呢？在文旅融合的时代背景下，景区景点不仅要善于运用自媒体与网络直播手段，还要在精准营销的同时，深挖景区景点文化内涵，具体有以下四点：

一是善用自媒体打造精准营销系统。善于运用自媒体与网络直播手段，是现阶段网红发展的要求。移动视频在现阶段网红发展中承担重要角色，短视频或直播显然更受到粉丝的关注。据中国演出娱乐行业协会网络表演（直播）分会与“中娱智库”发布的《2017中国网络表演（直播）发展报告》，2017 年我国网络表演（直播）市场整体营收规模达到 304.5 亿元，比 2016 年的 218.5 亿元增长 2%。网络表演（直播）成为网络文化市场的重要组成部分。精准营销是景区景点专业化运作的要求。据艾瑞咨询与微博预测，未来网红产业的创意策划、内容制作以及分发都将发生重大变革，如专业创意团队、组织化生产、标准化作业，跨平台、多渠道内容分发，使网红触及用户更加广泛，快速生产成为可能，且避免了创意的枯竭和风格的单一。在专业机构崛起、团队运作成为主流的情况下，景区景点仅靠游客或粉丝有意无意地传播而走红，具有随意性与不确定性，故此必须进行精准营销。

二是善用网红品牌打造旅游目的地。景区景点在借助外力进行专业化运作的同时，特别要重视那些营销的网红，他们横跨公关、社交、新媒体以及内容营销，产生巨大品牌传播的影响力。在运用网红人群作为品牌代言人时，需要考虑网红人群形象与旅游目的地形象是否吻合。例如，丹寨万达旅游小镇全球招聘轮值镇长，吸引网红参与，让网红成为代言人，并通过他们的影响力带动粉丝互动，让食住行游购娱以及古法造纸、蜡染等地方文化遗产通过图片、视频进行分享，产生了良好的推广效应。可见，景区景点要善于利用网红品牌进行营销模式变革，通过“场景化 + 规模化”产生品牌效应，将口碑营销、品牌营销和体验营销等方式引入营销模式之中。

三是善用内容营销打造文化个性。网红经济根植于内容产业，网红生命力取决于内容本身。特色产品以及有文化含量的产品只有具备传播高附加值与文化底蕴，才能维持长久旺盛的生命力。否则，刻意打造并无丰富内容的景区景点，很快就会因为游客、粉丝的失望，成为昙花一现的败笔。新、奇、特的景区容易成为网红，背后都有历史文化或创意的支撑。被网络视频热捧的重庆洪崖洞夜景以及西安永兴坊“摔碗酒”习俗，就得益于当地独特的建筑格局以及文化习俗。挖掘景区景点文化个性，要运用文化旅游、遗产旅游的思路，特别是要重视挖掘当地物质文化遗产与非物质文化遗产中具有鲜明个性的内容。

四是善用全域旅游打造持久吸引力。打造网红景区景点实际上是一场全员公关与全员营销：以全域旅游为导向，进行旅游品牌形象设计、旅游产品规划及要素包装、旅游目的地全域化氛围营造；突破区域局限，推动功能互补、特色突出、彼此融合的跨区域旅游线路形成；把休闲旅游、遗产旅游、红色旅游、康体旅游等主题串联起来，将整体旅游品牌打造成为网红品牌。经济欠发达地区，旅游起步晚、基础设施比较薄弱的网红景区景点，更应实施全域旅游发展战略，完善基础设施与配套设施，提升服务质量，做到名副其实。此外，还要加强旅游购物管理，规范旅行社经营行为，建立健全旅游综合监管机制，为网红景区景点发展全方位保驾护航。

景区景点的可持续发展，主要取决于全域旅游理念的贯彻，要围绕全社会参与、全产业发展、全方位服务、全区域管理，吸引粉丝主动传播，培养网红旅游景区。

（资料来源：中国旅游网《网红景区要走远文化内涵不能少》，有删改）

说一说：

1. 什么是网红景区景点，其存在哪些问题？
2. 在文旅融合的时代背景下，网红景区如何深挖文化内涵开展精准营销？

【思考与练习】

1. 旅游景区市场营销概念。
2. 旅游景区市场营销管理程序包括哪些步骤？
3. 如何进行旅游景区市场细分、目标市场选择及定位？
4. 旅游景区营销组合策略有哪些？
5. 说明旅游景区形象的含义及类型划分。
6. 简述旅游景区形象策划的流程。

第十一章　旅游景区质量管理

【学习目的】

通过本章的学习，了解旅游景区质量及质量管理的概念，熟悉旅游景区质量管理体系建设过程和质量管理标准，掌握旅游景区质量的基本内容和质量管理的方法和程序。

【学习要点】

1. 旅游景区质量概念、特点及构成
2. 旅游景区质量管理体系建设过程
3. 旅游景区质量管理标准
4. 旅游景区质量管理方法和程序

【关键词】

旅游景区质量；质量管理体系；质量管理标准；质量管理方法

旅游景区质量是旅游景区竞争力构成的关键因素，它直接反映了旅游景区的经营效果，关系到游客权益的保障，甚至影响旅游景区的生存和发展。旅游景区质量管理是旅游景区管理的核心工作之一，本章将主要介绍旅游景区质量及质量管理的基本知识。

第一节　旅游景区质量

旅游景区质量是旅游景区的生命，是影响旅游景区形象和效益的关键因素。旅游景区管理必须认识到质量的重要意义。

一、旅游景区质量的概念

（一）质量的概念

国际标准化组织（ISO）对质量定义为："产品或服务所具备的满足明确或隐含需要能力的特征和特性的总和。"基于这个定义，可以将质量理解为产品所具有的满足顾客需求的特性。市场营销则是从顾客的角度去定义："质量是顾客对一个产品和服务满足程度的度量。"质量受企业生产及经营管理活动中多种因素的影响，是企业各项工作的综合反映。

质量属于产品导向观念的范畴，它关注的是产品的特征和属性。而市场营销观念更重视顾客，通常从顾客导向的视角来看质量与顾客满意之间的关系，因而质量也被视为产品或服务能够满足顾客需要和欲望的程度。

（二）旅游景区质量

《旅游服务基础术语》（GB/T 16766—1997）对旅游服务质量的定义是：旅游服务活动所能达到规定效果和满足游客需求的能力和程度。

旅游景区向游客提供的产品主要是服务，而服务与有形产品及环境要素密切相关，因此，景区质量也可概称为景区服务质量。旅游景区质量是指景区的实物产品和服务所能满足游客显性或隐性需求、物质或精神需求的特性的总和。

旅游景区质量的高低主要表现为游客在景区旅游过程中获得的物质和心理满足程度的高低，即景区质量反映在两个层次：

（1）游客在物质上的满足程度。它通过实物产品和环境要素的使用价值表现出来，如环境景观优美怡人，设施设备舒适、完好、先进，饮食产品达到色、香、味、形的要求，服务用品美观完善、安全健康等。

（2）游客在心理上的满足程度。它通过景区员工直接劳动方式所创造的使用价值以及景区物质条件所体现的使用价值表现出来，是服务质量的最终体现。

旅游景区质量一方面取决于设施设备和实物产品的质量，另一方面取决于服务提供者的服务观念、服务态度、服务方式、服务技巧、服务内容、礼节礼貌、语言动作等。

二、旅游景区质量的构成

旅游景区质量主要包括基础产品质量、产品组合质量、人员服务质量、旅游产品价格等。

（1）基础产品质量。

旅游景区基础产品质量包括景观、环境、交通、住宿、餐饮、购物和娱乐等设施的质量。旅游景区基础产品是游客在旅游景区内开展旅游活动时所必须借助和使用的物质方面，是游客从整个旅游活动中获得精神享受的必要物质条件。其中任何一部分质量的下降都可能引发游客对整个旅游景区质量的不满。基础产品支持了景区服务，也提供了建筑景观、园林园艺、动态物体等展示服务。

（2）产品组合质量。

旅游景区产品组合是指景区所有产品构成的有机整体。旅游景区产品组合质量是指景区产品组合是否丰富，旅游项目是否有趣，各景点之间的线路设计、游程安排等是否合理。具体包括了导游、餐饮、购物、表演、乘骑等服务项目的有机组合。景区产品组合特征是决定景区产品质量好坏的重要因素。

（3）人员服务质量。

旅游景区服务由员工依托景区环境及设施设备向游客提供，具有无形性的特点。游客在旅游活动的各个环节所体验到的服务质量是其评价旅游景区质量的重要依据。例如，导游、设施设备条件及维修保养、清洁卫生状况、安全保障、应急医疗、旅游气氛营造、投诉处理、管理服务等，可以说，旅游景区服务质量是景区产品的核心。

（4）旅游产品价格。

旅游景区质量是由游客感知的，游客往往通过比对旅游获得的效益和付出的成本来评价质量，而游客成本最明显的是价格。实际上，质量是指向所选定的市场以合适的价格提供合适的产品。对于游客而言，物有所值或物超所值的景区产品才是高质量的产品。所以，产品质量往往是相对于价格而言的质量，价格也是构成衡量景区产品质量的一个方面。

在具体表现形态上，旅游景区质量涉及的内容包括：

（1）人员。景区员工的表现和其他人员的影响。

（2）设施设备。景区的基础设施、服务设施和游憩设施的影响。

（3）环境。旅游资源景观、生态环境和旅游氛围的影响。

（4）材料。实物产品和其他有形物质的材料影响。

（5）管理。景区管理、制度、文化等软件系统的影响。

三、旅游景区质量的特点

景区产品有其特殊性，其质量也体现出了如下特点。

（1）整体性。

景区产品的整体性决定了旅游景区质量的整体性，景区质量的高低不是取决于某一个单项旅游项目，而是由整个景区内的产品质量决定的，哪怕只有一个项目的一个环节出了问题都会影响到游客对景区质量的整体评价。

（2）多样性。

旅游景区质量并不是一个单一的概念，它的内涵是多样的。它既包括有形产品的质量，如旅游景区内提供的食品、纪念品，也包括无形产品的质量，如旅游景区提供的游览、餐饮、娱乐、购物等服务，还包括支持服务形成的景观、环境因素的质量。

（3）不确定性。

不同的人对景区质量有着不同的理解。游客认为，质量是旅游景区以最低的价格满足他们最大的旅游需求；旅游景区管理者认为，质量是最少的游客投诉和最大的游客量；旅游景区投资者则认为，质量是以最小的成本获得最大的收益。即使在同一批游客中，每个游客对旅游景区质量的理解也不尽相同。另外，景区质量受许多因素的影响，体现出可变化性。因此，旅游景区质量具有较大的不确定性。

（4）相对稳定性。

旅游景区一旦建成，将以一种相对稳定的形象展现出来，提供的产品也是相对稳定的。因此，旅游景区质量在一定的时期内表现出相对稳定性，在短期内一般不会发生质的变化。

（5）动态性。

旅游景区质量并非一成不变。随着时代的发展，人们对旅游的需求在不断变化。创新性、文化性、参与性等要求都逐渐反映到对旅游景区的要求上。因此，旅游景区质量是一个动态概念。

四、旅游景区质量的评价

旅游景区质量评价指对景区产品满足游客需求程度进行的判断、分析后的结论。旅游景区质量评价的方法多样，鉴于旅游产品主要是服务产品，景区质量概称为景区服务质量，因此，旅游景区质量评价可借鉴服务质量评价和顾客满意度评价方法。

（一）旅游景区服务质量评价

旅游景区服务质量评价可使用 Parasuraman、Zeithaml 和 Berry 开发的“期望—感知”评估框架，即 SERVQUAL 模型。SERVQUAL 模型评估服务质量的步骤如下：

第一步是划分服务质量维度，设计调查问卷。

SERVQUAL 模型包括有形性、可靠性、保证性、响应性和移情性 5 个维度共 22 个题项指标，形成 SERVQUAL 模型量表，由此设计形成标准问卷。该问卷分两套，一是衡量顾客对服务质量的期望，二是衡量顾客对服务质量的感知。

第二步是进行问卷调查，由顾客对服务质量量表评分。

将两套包含 5 个维度共 22 个题项的问卷，前后分别向相同的顾客群进行问卷调查。第一套是在顾客消费前调查顾客对服务质量的期望，第二套是在顾客消费后调查顾客对服务质量的感知。

第三步是计算服务质量的分值。

服务质量的得分是通过统计问卷中顾客期望与顾客感知之差得到的。可以计算感知服务质量评分值（假设各维度同等重要）：

$$SQ = \sum_{i=1}^{22}(P_i - E_i) \qquad (\text{Ⅰ})$$

（Ⅰ）式中 SQ 是感知的服务质量评分值；P_i 为第 i 个因素的顾客感知评分；Ei 为第 i 个因素的顾客期望评分；i 是问卷题项，从 1 到 22。

据（Ⅰ）式得到加权计算公式（Ⅱ）：

$$SQ = \sum_{j=1}^{5} w_j \sum_{i=1}^{22}(Pi - Ei) \qquad (\text{Ⅱ})$$

各维度的权重之和为 1，即 $\sum_{j=1}^{5} w_j = 1$

（Ⅱ）式中 SQ 是服务质量总评分值；P 是感知评分；E 是期望评分；i 是问卷题项，从 1 到 22；w_j 为第 j 个维度的权重，j 从 1 到 5。

这样得到了对调研对象服务质量的评分。如果向多个顾客进行问卷调查，则可计算平均值，得到最终服务质量评分。

（二）旅游景区游客满意度评价

满意度评价方法也可用于顾客对产品和服务质量的评价。

满意也称满意感，是指一个人对一项产品和服务可感知的效果与其期望值相比较所形成的感觉状态，满意度是衡量这种感觉状态的值。

游客满意感指游客对整个旅游服务经历的总体感觉状态，即游客在经历了整个旅游服务过程之后的心理感受。

游客满意度可以用函数式表示为：$S = f(E,P)$

其中 S 表示游客满意度；E 表示游客对旅游产品的期望；P 表示感知的旅游产品价值。当 $E = P$ 时，游客感到满意；当 $E < P$ 时，游客感到不满意；当 $E > P$ 时，游客感到非常满意。

第二节 旅游景区质量管理体系建设

一、质量管理体系的概念

ISO9000：2000 标准认为，质量管理体系是指“在质量方面指挥和控制组织的管理体系”。所谓管理体系，是建立方针和目标并实现这些目标的相互关联或相互作用的一组要素。一个旅游景区的管理体系可包括若干个不同的管理体系，如质量管理体系、环境管理体系、职业健康安全管理体系、营销管理体系和财务管理体系等。

质量管理体系是旅游景区管理体系中一个重要的部分。在建立质量管理体系时，首先应制定质量方针和质量目标，然后确定实现这些质量方针和目标所需的过程、活动和资源，最终形成管理体系并对该管理体系进行管理。质量管理体系的主要作用是在质量方面能帮助旅游景区提供持续满足规定要求的产品，提升顾客和其他相关方的满意度。

二、旅游景区质量管理体系的建立

建立质量管理体系是旅游景区的一项战略性决策。质量管理体系的建立包括准备与策划、文件编制两个阶段。

（一）质量管理体系的准备与策划

质量管理体系的准备与策划阶段具体包括以下几个步骤：

1. 领导决策

领导层应明确游客的需求，分析旅游景区质量管理现状，经过讨论研究做出建立质量管理体系并实施认证的决策，并形成决议。

2. 组织安排

（1）成立质量管理领导小组（或质量管理委员会）。其职责主要是审批工作计划，确定质量方针和目标，调整管理职能，组织审查体系文件，协调体系运行所需的资源等。

（2）任命管理者代表。管理者代表负责协调体系的管理工作，落实管理职责。

（3）设立工作机构。工作机构的主要职责是制订工作计划，组织安排相关培训，组织开展过程识别、过程分析与确定，组织协调体系文件的编写，组织开展体系的试运行等。

3. 动员发动

颁发正式文件，召开员工大会，表明领导决心，使全体员工了解建立质量管理体系并实施认证的目的、意义及有关决定。

4. 制订工作计划

在明确建立质量管理体系的基本步骤后，工作机构在管理者代表的领导下制订具体的工作计划，明确目标，落实责任，突出重点，控制进度。

5. 培训骨干

组织中层以上人员及有关管理人员学习质量管理标准，理解质量管理体系的要求，认清自身的差别，明确努力的方向，提高对质量管理认证体系的认识。

6. 制定质量方针和质量目标

质量方针是由旅游景区的最高管理者正式发布的关于该旅游景区总的质量宗旨和方

向。质量方针应与旅游景区的总方针保持一致，并为制定旅游景区质量目标提供框架。质量方针的制定要结合景区产品、过程和体系，突出本旅游景区的特点。

7. 过程识别

质量管理体系包含管理职责、资源管理、产品实现，以及测量、分析和改进四大过程，每一过程又包含若干子过程，这些过程相互联系。

（二）质量管理体系的文件编制

质量管理体系的文件编制包括以下几个步骤：

（1）组建文件编制小组。

按照旅游景区质量方针和质量目标，依据文件编制的多方参与原则，尽量实现文件编制小组的成员跨部门参与、游客参与、行业组织人员参与。多方参与可实现质量管理体系文件的编制集思广益、博采众长，以达到景区质量管理体系科学、合理、全面、规范的目的。

（2）编写文件。

质量管理体系的文件编写是整个质量管理体系制定的结果阶段。景区质量管理的方针、目标与原则，以及各种规范细则等都应详细地体现在成果文件上。文件编写时应注意方针、方向明了，表述准确无歧义，结构完整，内容全面，内涵丰富，观点科学、规范。

（3）文件体系的审核、评价。

文件编写完成之后、实施之前对文件体系开展专家审核并给予评价，以逐步完善文件文本。

（4）文件的实施。

文件要有可实施性，在旅游景区高层的指示下，各个部门、各个岗位根据职责和要求严格按照文件体系实施。

（5）文件的反馈与修订。

文件实施后必须要有反馈，体现在文件体系中就是不断保持优点，不断改进弊端，以实现旅游景区质量管理体系在旅游景区的持久执行。

三、旅游景区质量标准

（一）旅游景区质量标准概述

ISO9000 是指由国际标准化组织（ISO）所属的质量管理和质量保证技术委员会 ISO/TCl 76 工作委员会制定并颁发的关于质量管理体系的族标准的统称。ISO9000 不是指一个标准，而是一族标准。该标准由国际标准化组织于 1987 年首次发布，并分别于 1994 年、2000 年、2008 年、2015 年修订，目前为 2015 版 ISO9000 标准。

各地大量旅游景区、景点的开发，在增加旅游产品供给、满足游客需求等方面发挥了较大作用。但是，由于归口不一、行业管理滞后，经营管理、服务质量、设施要求没有统一的标准等原因，部分旅游景区存在管理水平低下、环境秩序混乱、服务质量降低、旅游资源和环境保护不力等问题。为了解决这些问题，促进我国景区质量的提升，在国家文旅行业管理部门的强力推进下，我国旅游标准化管理工作不断发展，国内许多旅游景区按照国家标准《旅游景区质量等级的划分与评定》（GB/T 17775—2003）进行等级评定，接受相关部门的复核检查。部分旅游景区还通过了“绿色环球 21”“ISO9000”“ISO14000”

等国际标准体系的认证，极大地提升了我国旅游景区质量管理水平和国际知名度。

（二）我国旅游景区质量标准

1. 国家标准《旅游景区质量等级的划分与评定》

《旅游景区质量等级的划分与评定》的制定旨在加强对旅游景区的管理，提高旅游景区的服务质量，维护旅游景区和游客的合法权益，促进我国旅游资源的开发、利用和环境保护。该标准的制定是在总结国内旅游景区管理经验，借鉴国内外有关资料和技术规程，引用国家标准或标准条文的基础上完成的。

《旅游景区质量等级的划分与评定》的内容包括术语和定义、旅游景区质量等级及标志、旅游景区质量等级划分条件、旅游景区质量划分依据与方法四个方面。根据旅游景区质量等级划分条件来确定旅游景区质量等级，按照“服务质量与环境质量评分细则”“景观质量评分细则”计算得分，并结合“游客意见评分细则”的得分综合评定旅游景区质量等级。对于初步评定的 AAAAA、AAAA、AAA 级旅游景区还需分级公示、征求社会意见。

2. 旅游景区质量管理的其他相关标准

有几项国家标准和旅游行业标准涉及旅游景区质量管理，也可指导旅游景区质量管理工作。相关标准简述如下：

（1）国家标准《旅游度假区等级划分》（GB/T 26358—2010）。内容包括范围、规范性引用文件、术语和定义、等级划分和依据、等级划分的基本条件、等级划分的一般条件。把旅游度假区从高到低划分为国家级旅游度假区、省级旅游度假区两个等级。

（2）国家标准《旅游厕所质量等级的划分与评定》（GB/T 18973—2016）。内容包括范围、规范性引用文件、术语和定义、旅游厕所质量等级及标准、旅游厕所质量等级划分条件。旅游厕所质量等级包括一星级、二星级、三星级、四星级、五星级。星级越高，表示厕所质量等级越高。

（3）旅游行业标准《温泉企业服务质量等级划分与评定》（LB/T 016—2011）。内容包括范围、规范性引用文件、术语和定义、星级划分及标志、总则、温泉泉质要求、温泉水质和场所要求、服务质量总体要求、管理要求、安全管理要求、各星级划分条件、其他。温泉企业星级分为五个级别，即一星级、二星级、三星级、四星级、五星级。星级越高，表示温泉企业的档次越高。

（4）旅游行业标准《旅游滑雪场质量等级划分》（LB/T 037—2014）。内容包括范围、规范性引用文件、术语和定义、旅游滑雪场的基本条件、旅游滑雪场等级、旅游滑雪场等级划分条件。旅游滑雪场划分为五个等级，从高到低依次为 SSSSS 级、SSSS 级、SSS 级、SS 级、S 级。

（三）ISO9000 质量认证体系国际标准

ISO9000 质量认证体系国际标准是规范企业管理的重要依据，是全面提高企业质量管理的国际性规范文件。通过与 ISO9000 供应商的合作，旅游景区能最大限度地减少因供应商提供劣质产品和服务引发的问题，提升景区知名度和加强员工的职业自豪感，给重要决策者和潜在投资者留下良好印象。在 ISO9000 族中，与景区关系最为密切的是 ISO9004—2000 质量管理指南和服务质量体系诸要素。

旅游景区是劳动密集型行业，景区质量取决于员工提供的服务。ISO9000 标准的制定规范了部门职能，变人治为法治。旅游景区的成功不但依赖于硬件设施、环境及其营造的氛围，更取决于员工提供的服务。通过实施 ISO9000 规范部门职能，确保产品质量不会随人员、地点和时间的不同而改变，做到令游客对各环节的服务满意。同时，实施 ISO9000 也有助于提高员工工作效率，激励员工工作积极性，让员工主动参与景区管理。

（四）GB/T 19000 旅游景区质量认证体系

GB/T 19000 族标准是我国等同采用国际标准 ISO9000 族标准（有关质量和质量保证）的所有国家标准。而 ISO9000 系列标准指由国际标准化组织质量管理和质量保证委员会（ISO/TCl 76）在总结各国质量管理和质量保证经验的基础上，经过各国质量管理专家近十年的努力工作，通过广泛协商和征求意见后于 1987 年正式公布，再经过 4 次改版修订的有关质量管理和质量保证方面的一系列国际标准。

旅游景区推行 ISO9000 认证体系的好处是多方面的，既包括对旅游景区内部管理的好处，也包括对旅游景区外部管理的好处。具体而言，内部可强化品质管理，提高经济效益，提升人员素质和优化企业文化；外部可提升企业形象，取得竞争优势地位，赢得更多的市场份额。

（五）《绿色环球 21 可持续旅游标准体系》

《绿色环球 21 可持续旅游标准体系》（以下简称“绿色环球 21”）是一项国际性质量标准，以改善旅游业发展环境、增强旅游企业社会责任等为目标。该标准涵盖旅游全行业，航空公司、旅游列车、宾馆饭店、旅游公司、度假村、会展中心、旅行社、风景区等均是该标准的认证对象。2002 年 10 月，中国国家环境保护总局与绿色环球 21 签订了在中国推行绿色环球 21 可持续旅游标准体系的合作协议。2002 年，四川省九寨沟国家级自然保护区正式通过绿色环球 21 评审，成为我国首家通过绿色环球 21 认证的自然保护区。

绿色环球 21 包括可持续旅游企业标准体系、可持续旅游社区标准体系、生态旅游标准体系、可持续设计标准体系和景区规划设计标准体系五大标准体系。其中，景区规划设计标准体系由五个部分构成：可持续景区规划设计与基础设施建设的政策；景区规划设计的法律框架；可持续性评估；景区规划设计的管理体系；与社区和利益相关方的沟通以及业绩报告。

第三节　旅游景区质量管理

一、旅游景区质量管理的概念

旅游景区质量管理是指旅游景区确定质量方针、目标和职责，并通过质量体系中的质量策划、控制、保证和改进措施来使其实现的全部活动。

由于旅游业本身的诸多特性，旅游景区质量管理的实施相对困难。具体体现在以下几点：

（1）游客购买的只是旅游景区的共享使用权。

以包价旅游为例，游客只是获得景区共享使用权，必须与他人共享度假地或住宿设施。他们无法选择与谁共度假期，其他游客的行为举止可能会给游客的度假体验造成负面影响，如旅馆里的大声喧哗，或者其他让人难以接受的行为。同样地，旅游景区也很难控制或者根本无法控制谁使用度假地或旅馆，使用者的随机性影响了旅游景区对产品质量的把控程度。

（2）景区产品的价格相差悬殊。

游客感知质量与价格挂钩，令质量管理者难以把握。低价格意味着产品质量难以保障，如英国以价格低廉的夏季度假旅游而闻名，阳光、沙滩、海水吸引了大量游客，但过低的价格和利润率也使得旅游景区难以保证产品质量，导致旅游投诉较多。

（3）游客对旅游的期望不切实际，景区提供的产品无法满足游客的过高期望。例如，度假是许多人的梦想，通过长时间积蓄，游客对度假的期望值较高。有人希望通过度假放松疲乏的身心，或在青山绿水中领略大自然的清净，但现实往往无法达到期望值。

从旅游景区质量的构成出发，旅游景区质量管理应该关注以下几点：旅游景区的物质环境；旅游景区项目的构建；游客为使用旅游景区而支付的费用，以及游客认为“物有所值”的程度；旅游景区员工向游客提供的服务；游览旅游景区游客的安全；旅游景区管理者收到游客的投诉。还应关注景区内部的一些问题：人力资源管理政策，包括招聘、培训、激励、奖励和纪律等方面；企业文化、管理层级和管理风格；营销功能，景区给潜在游客的印象，以及景区与营销中介的关系；采购政策，景区与供应商的关系，等等。

二、旅游景区质量管理原则

旅游景区质量管理应遵循以下五个原则：

1.“以顾客为关注焦点”原则

“以顾客为关注焦点”原则是指组织应当理解顾客当前和未来的需求，满足顾客要求并争取超越顾客期望。旅游景区应建立对市场的快速反应机制，创造竞争优势，提升游客的满意度。因此，旅游景区应做到以下几点：

（1）识别并理解游客的需求和期望。

（2）确保旅游景区质量目标体现游客的需求与期望。

（3）确保在整个旅游景区内沟通游客的需求与期望。

（4）监视、测量游客满意度并据此采取相应的改进措施。

2.“领导作用”原则

“领导作用”原则是指领导者确立组织统一的宗旨和方向，他们应当创造并保持使员工能充分参与实现组织目标的内部环境。

旅游景区质量管理活动主要包括制定质量方针和质量目标，规定职责，建立质量管理体系，事先策划、过程控制和后续改进等。质量方针和质量目标是旅游景区宗旨的重要部分，而与产品实现有关的活动构成了旅游景区的运作方向。当运作方向与旅游景区的宗旨一致时，才能实现其宗旨。

应用“领导作用”原则，领导者应做到以下几点：

（1）识别并理解所有相关方的需求和期望。

（2）清晰描绘旅游景区未来的远景，确定富有挑战性的质量目标。

（3）建立适合于旅游景区、鼓励进取的旅游景区文化。

（4）为员工提供所需的资源和培训。

3.“全员参与”原则

“全员参与”原则是指各级人员都是组织之本，只有全员的充分参与，才能使大家的才干为组织带来收益。

旅游景区质量管理是通过旅游景区内各岗位职责、各层次人员参与产品实现过程及支持过程进行的。过程的有效性取决于各级人员的意识、能力和主动精神。人人充分参与是旅游景区良好运作的必然条件，全员参与有助于调动全体员工的积极性，充分发挥才干努力工作，并在实践中不断创新和持续改进。

应用“全员参与”原则，旅游景区应做到以下几点：

（1）让每个员工了解自身贡献的重要性及其在旅游景区内的角色。

（2）建立促使员工以主人翁态度开展工作的旅游景区文化。

（3）根据员工各自的目标及时评估业绩。

4.“过程方法”原则

“过程方法”原则是指将活动和相关的资源作为过程进行管理，可以更高效地得到期望的结果。

旅游景区的活动包含许多过程，一个过程的输出通常将直接形成下一个或几个过程的输入，一个过程的输入通常又是前一个或几个过程的输出。组织内诸多过程的系统运用，连同这些过程的识别和相互作用及其管理就称为“过程方法”。采用过程方法的好处是具体过程具体考虑其资源投入、测量方式、管理方式和改进活动，系统地识别和管理旅游景区所应用的过程，特别是过程之间的相互作用，有助于掌握旅游景区内与产品实现有关的全部过程，清楚过程之间的内在关系及相互联结，获得改进的优先次序。

应用“过程方法”原则，旅游景区应做到以下几点：

（1）系统地识别旅游景区所有的过程。

（2）明确管理的职责和权限。

（3）具有测量和分析关键过程的能力。

（4）识别并管理过程间的相互作用。

（5）注重改进过程的资源、方法等因素。

（6）应用过程方法建立服务质量管理体系，形成以过程为基础的服务质量体系模式。

5.“系统方法”原则

“系统方法”原则是指将相互关联的过程作为系统加以识别、理解和管理，有助于组织提高实现目标的有效性和效率。

服务质量管理体系的构成要素是过程。旅游景区内的所有过程组成一个质量管理体系。将构成体系的过程作为系统予以识别、理解并管理，可使过程相互协调，使职责、权限、能力对应，以便最大限度地实现预期的结果。

应用“系统方法”原则，旅游景区应做到以下几点：

（1）建立健全服务质量管理体系。

（2）系统地识别、理解并管理服务质量管理体系内各过程间的相互作用。

（3）确定如何系统地运作服务质量管理体系中的过程。

（4）通过测量和评估，持续改进服务质量管理体系。

过程方法是系统方法的基础，二者的研究对象都与过程有关，二者的目的都是通过关注顾客、识别关键过程、进行持续改进来提高体系的有效性和效率，以提高顾客满意度。过程方法侧重于研究单个的过程，即过程的输入、输出、活动及所需的资源，以及该过程与其相关过程的关系；系统方法侧重于研究若干个过程乃至过程网络组成的服务质量管理体系，将相关的若干有效运行的过程构筑成一个有效运行的服务质量管理体系，从而高效地实现旅游景区的目标。

三、旅游景区质量管理方法

（一）质量管理方法

在质量管理发展的历程中，四种质量管理方法——质量控制、质量保证、全面质量控制与全面质量管理相继产生。

（1）质量控制。

质量控制是指对产品与服务质量进行控制，以发现存在的问题并加以解决。质量控制以解决问题为导向，以往主要由工厂的质量检查员来实施。在这种情况下，发现和解决质量问题的责任，不是由制造产品或传递服务的员工来承担，而是落在了质量检查员的身上。

（2）质量保证。

质量保证是指为使人们确信某一产品、过程或服务的质量而实施的有计划、有组织的活动。也可以说是为了提供信任表明实体能够满足质量要求，而在质量体系中实施并根据需要进行证实的全部有计划和系统的活动。显然，质量保证普遍适用于有合同的场合，其主要目的是使顾客确信产品或服务能满足规定的质量要求。如果给定的质量要求不能完全反映顾客的需要，则质量保证也不可能得到完善。

（3）全面质量控制。

全面质量控制是以组织全员参与为基础的质量管理形式。全面质量控制代表了质量管理发展的一个阶段，它起源于美国制造业实践。自20世纪80年代后期以来，全面质量控制得到了进一步的扩展和深化，逐渐由早期的全面质量控制演化成为全面质量管理，其含义远远超出了一般意义上的质量管理领域，成为一种综合的、全面的经营管理方式和理念。

（4）全面质量管理。

美国菲根堡姆和朱兰提出了全面质量管理的科学概念和理论，即“为了能够在最经济的水平上，并考虑到充分满足顾客要求的条件下进行市场研究、设计、制造和售后服务，把企业内各部门的研制质量，维持质量和提高质量的活动构成为一体的一种有效的体系”。全面质量管理应用数理统计方法进行质量控制，使质量管理实现定量化，将产品质量的事后检验转变为生产过程中的质量控制。它是一种由顾客的需要和期望驱动的管理哲学。国际标准ISO8402：1994对全面质量管理的定义是：“一个组织以质量为中心、以全员参与为基础，目的在于通过让顾客满意和本组织所有成员及社会受益而获得长期成功的管理途径。”

（二）旅游景区全面质量管理

旅游景区的全面质量管理是指景区全体员工和各个部门群策群力，综合运用现代管理理论、专业技术和科学方法，通过全过程的优质服务，全面满足游客需求的管理活动。全面质量管理具体体现为以质量为中心，全员化的质量管理、全过程的质量管理、全范围的质量管理、多方法的质量管理。

旅游景区质量是一个体系，由多种质量概念组成，包括景点质量、景区服务质量、景区过程质量和景区工作质量等。对游客而言，景区质量主要由景点质量和景区服务质量来体现，由景区过程质量来保证。过程主要由景区员工的工作来完成，景区过程质量由景区工作质量来保证，如图 11－1 所示。由此可见，旅游景区的全面质量管理是旅游景区全体从业人员及有关部门同心协力，综合运用管理技术、专业技术和科学方法，经济地开发、研究、生产和销售令游客满意的旅游产品的管理活动。

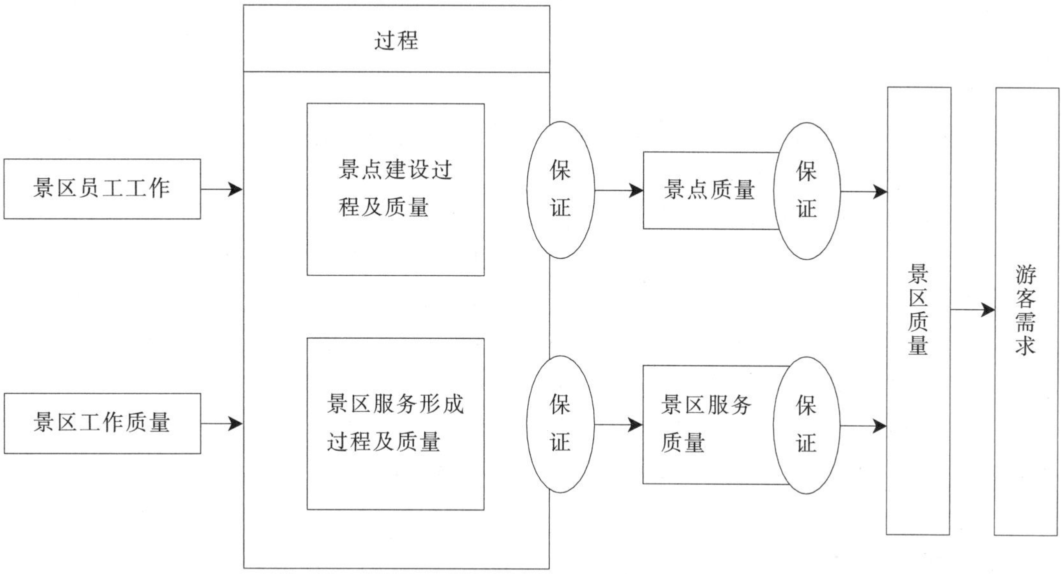

图 11－1　旅游景区质量概念之间的关系

四、旅游景区质量管理程序

查尔斯·戴明宣传推广了休哈特提出的质量管理程序“PDCA 循环”，也称为“戴明循环”。PDCA 循环的含义是，质量管理按照计划（Plan）、实施（Do）、检查（Check）和处理（Action）四个阶段开展管理工作。这四个阶段组成一个循环，形成了科学的质量管理工作程序。

（1）计划阶段。

计划阶段的主要活动是按要求和需要并结合自身条件制订计划和方案。这一阶段是决策与准备阶段，首先要取得最高管理者的承诺和支持，然后成立专门的小组（机构）完成前期策划和设计工作。在管理体系运作的同时也会涉及技术改造，需要一定的资金投入和技术。因此，在体系建立之初就应保证资金和技术力量的配备。

（2）实施阶段。

实施阶段的主要活动是按照制订的计划和方案组织实施的。这一阶段是具体的策划与设计阶段，是管理体系建立过程中的一个重要阶段，包括自我评审，质量方针、质量目标和管理方案的制定，规章制度的制定和健全等内容。

实施阶段主要通过自我评审，总结、分析管理现状和存在的问题，并编制报告，为制定切实可行的质量方针和目标提供依据。这个阶段应注意以下几个方面问题：制定质量方针应充分考虑现状，根据现状提出质量目标、指标的总体框架；质量目标应具体，指标应予以量化；为实现质量目标、指标，需制订操作性较强的管理方案，确定方法和措施、进度、执行部门、责任人、资金预算等，以保证目标按期完成。为保证与标准化管理有关的活动在程序规定的条件下运行，应加强和健全制度化建设。

（3）检查阶段。

计划实施一段时期以后，需要对其进行检查。检查阶段的主要活动是对计划和方案的执行情况进行检查，寻找和发现计划执行过程中存在的问题，即寻找计划执行过程中的偏差。

（4）处理阶段。

处理阶段的主要活动是根据体系的实际情况和变化的需要，对体系作综合评价和处理，进而提出改进要求，以便制订新的计划和进入下一轮的 PDCA 循环。

运用 PDCA 循环进行全面质量管理应注意三方面的问题：

第一，PDCA 循环必须按顺序进行，四个阶段既不能少，也不能颠倒。

第二，PDCA 循环必须在各个部门、各个层次同时进行，整个组织是个大的 PDCA 环，各个部门又有各自的 PDCA 环，各班组直至个人都应有 PDCA 环。只有当这些大环套小环，并且每个环都按顺序转动前进、互相促进时，才能产生作用。

第三，PDCA 循环不是简单的原地循环，每次循环都要有新的更高的目标，每循环一次必须达到既向前推进了一步，又向上升高了一层的目的。

【本章小结】

质量被视为产品或服务能够满足顾客需要和欲望的程度。在质量管理的发展历程中，四种质量管理方法——质量控制、质量保证、全面质量控制与全面质量管理相继产生。旅游景区的全面质量管理强调以质量为中心，全员参与质量管理、全方位质量管理、全过程质量管理和多方法地着眼于长远的发展。旅游景区质量包括两个方面：“产品”的质量和传递产品的过程质量。旅游景区质量主要包含旅游景区基础产品质量、产品组合质量、服务质量、产品价格等内容。为了解决旅游景区质量管理问题，我国推进旅游标准化管理工作，按照国家标准《旅游景区质量等级的划分与评定》（GB/T 17775—2003）进行旅游景区等级评定，一些旅游景区还通过了“绿色环球 21”“ISO9000”“ISO14000”等国际标准体系的认证，提升了旅游景区质量管理的水平。

【拓展阅读】

加强旅游景区质量管理

2019 年 7 月 31 日，文化和旅游部在北京召开了 2019 年全国 A 级旅游景区质量提升电视电话会议，会议通报了国家 5A 级旅游景区复核检查和处理情况，对 2019 年全国 A 级旅游景区质量提升工作进行了部署。会议要求，要严格执行标准，做好评定管理工作。

严把旅游景区评定质量关，强化旅游景区动态管理，建立监督管理长效机制，让 A 级旅游景区经得起社会的评价和时间的考验。

文化和旅游部组织第三方专业检查员对部分 5A 级旅游景区的资源保护、游览设施、环境卫生、厕所革命、安全管理、讲解服务等方面情况进行了复核检查。根据检查中发现的问题，依照《旅游景区质量等级的划分与评定》国家标准和相关规定，文化和旅游部对问题严重的 5A 级景区进行了“重拳”整治，引发了全行业反思，赢得了社会的认可。

多方聚力维护 A 级景区金字招牌：

上海市文化和旅游局副局长张旗：上海将根据全国 A 级旅游景区质量提升电视电话会议要求，组织各区、各景区单位认真学习；市、区两级文化旅游部门做好“店小二”，帮助 A 级景区在提升服务质量方面找对策、想办法，督促全市 A 级景区从大处着眼、小处着手，打造更多的精品项目。

北京市延庆区八达岭特区办事处主任王铁林：八达岭特区办事处近日正式接管了八达岭古长城和八达岭水关长城，这从体制机制上为八达岭景区品质提升提供了保障。在协同协作方面，八达岭景区近年来进行了诸多实践，如 2019 北京世园会正在延庆举办，“世园 + 长城”成为不少游客暑假到延庆旅游的首选路线。为此，景区积极联动世园会，从售票服务、交通保障和景观建设等方面多措并举，为游客提供方便。八达岭景区内设有“八达岭—世园会”旅游交通专线，让游客“登城 + 游园”出行更便捷。

华侨城集团：华侨城将严格对照国家标准，开展内部复核，强化所属 A 级旅游景区质量管理。集团已于今年 4 月启动了内部复核，通过自检自查、委托专家暗访抽查等，对旗下主题公园、旅游度假区、特色小镇等开展复核。目前即将进入整改落实阶段。

山东万达国际旅行社导游工作室总监佟晓红：近期文化和旅游部对多家 5A 级景区进行了处罚，作为旅游行业的从业者很是感慨。近年来，随着旅游消费的持续增长，旅游景区人满为患，尤其是旅游旺季，游客更多地聚焦各地优质旅游资源，5A 级景区备受青睐。但是大量游客聚集，导致旅游资源和服务质量降低。建议景区对照国家标准，既要注重硬件建设，更要注重管理和服务水平，要把“以游客为中心”的服务理念贯彻到景区的管理和服务中；面对竞争，景区要制订好规划、做好策划，根据自身特点不断推出新的产品和服务，加大品牌的宣传力度，发挥 5A 景区的带动作用和核心吸引力。

（资料来源：《2019 年全国 A 级旅游景区质量提升会议：加强旅游景区质量管理，净化旅游消费环境》，有改动）

说一说：

1. 如何加强旅游景区质量管理？
2. 旅游景区游客体验价值评价要素有哪些？

【思考与练习】

1. 试述旅游景区质量概念、特点及构成。
2. 旅游景区质量管理体系建设过程是什么？
3. 旅游景区质量管理标准有哪些？
4. 简述旅游景区质量管理方法和程序。

第十二章　旅游景区财务管理

【学习目的】

通过本章的学习，明确旅游景区财务管理的相关概念，了解旅游景区财务管理的基本内容，初步掌握旅游景区财务分析知识，特别要明确景区增加收入和节省开支的途径，提高旅游景区的经济效益。

【学习要点】

1. 旅游景区财务管理的概念和方法
2. 旅游景区筹资和投资管理
3. 旅游景区资产管理
4. 旅游景区成本费用管理
5. 旅游景区收入、利润和利润分配管理
6. 旅游景区财务分析

【关键词】

旅游景区财务管理；利润；效益

伴随战略管理和经营管理的分化，财务管理在旅游景区的各种管理工作中上升至战略核心位置，旅游景区必须高度重视财务管理。本章简要介绍旅游景区财务管理的基本理论知识。

第一节　旅游景区财务管理概述

一、旅游景区财务管理概念

财务是客观存在的一种资金运动，该资金运动持续不断并渗透到经营活动的每一个环节，因此也被称为资金的循环与周转。

财务管理是指财务经理人员对资金运动运筹帷幄的过程。具体地说，财务管理是指围绕整体目标，财务经理人员实施的关于资产的投资、资本的融通、经营中现金流量和利润分配的管理。财务管理的目标是保证企业有足够的资金维持日常运营，确保资金的合理使用，实现财务目标。

旅游景区财务管理是景区财务经理人员对资金运动的管理过程。旅游景区财务管理与一般企业的财务管理相似，包含旅游景区资金的投资、筹集、运营、成本、收入及分配等各方面的工作。根据资金运动规律，按照国家有关政策、法律、规章制度，保证旅游景区有足够的资金维持其正常的运营，并能获得一定的财务回报。旅游景区财务管理与一般财务管理功能具有共性之处，涉及财务预算与计划、财务决策与控制、成本管理、财务分析等环节。

二、旅游景区财务管理目标

企业财务管理目标主要包括利润最大化、股东财富最大化及企业价值最大化三种。旅游景区作为企业的一种，其财务管理目标主要包含以下三个方面：

（1）旅游景区利润最大化。

利润代表了旅游景区新创造的财富，在一定程度上体现了旅游景区的经济效益、股东投资回报、旅游景区对国家的贡献以及员工的利益。同时，利润也是旅游景区补充资本公积、不断更新产品建设的源泉。所以，获取最大利润是旅游景区的基本宗旨和重要目标。

（2）旅游景区相关集团利益最大化。

旅游景区的独立性不强，需要债权人、客户、供应商、社会公众、政府等与之密切相关的集团的配合。因此，旅游景区在财务管理方面的目标必须考虑相关集团的利益，争取旅游景区相关集团利益的最大化。

（3）旅游景区价值最大化。

旅游景区价值最大化是旅游景区财务管理最为科学的一种目标。旅游景区财务管理中的一项重要职能就是衡量旅游景区价值。财务决策通过影响旅游景区的现金流和风险来影响其价格，即确定旅游景区的价值。这种价值是通过市场来考验的，是市场对旅游景区的综合评价。旅游景区价值最大化的观点弥补了旅游景区利润最大化的缺陷，如考虑了收入流的风险、预期了未来现金流量的质量和时机、可能会发生的变化等。

值得注意的是，不同类型的旅游景区，由于所有权和经营权的不同，其财务管理目标也存在一定的差异。如表 12－1 所示，英国约翰·斯沃布鲁克对不同类型旅游景区各自财务目标进行了总结。

表 12－1　不同类型旅游景区的财务目标

目标	国有旅游景区	私营旅游景区	志愿性旅游景区
财务目标	流动资金，如果可能，赚取足够的收入来支付账单；但如果有补贴，旅游景区的财务目标可能是尽量使得收支相抵	利润最大化，即获得最大的利润用以投资和回馈投资者	流动资金以及能够投入到旅游景区保护或教育方面的盈余
成本目标	通过有效的运营降低成本	将成本降至尽可能低的水平	尽可能使成本最小化
资源使用	最大限度地利用有限的资源	最大限度地利用旅游景区的各种资源	在不破坏旅游景区主要功能的情况下最大限度地使用资源

（续上表）

目标	国有旅游景区	私营旅游景区	志愿性旅游景区
产品价格	从社会和政治角度确定价格	价格最大化	确定一个能盈余的价格
最终结果	控制在预算内	实现财务目标	控制在预算内

三、旅游景区财务管理方法

旅游景区财务管理方法是其组织财务活动、处理财务关系、执行财务管理原则和实现财务管理目标所运用的技术手段。按照财务管理的基本环节，财务管理的方法可以分为财务预测、财务决策、财务预算、财务控制和财务分析五个方面：

1. 财务预测

财务预测是指利用企业财务活动的历史和现实的资料，对企业未来的财务状况作出有科学依据的判断的方法。它是财务决策的基础，也是编制财务预算的前提。旅游景区财务预测的内容包括：

（1）资金预测。如资金需要量及其来源的预测、资金市场预测、投资收益预测。

（2）成本费用预测。如旅游景区主营产品成本预测、期间费用的预测等。

（3）收益预测。如旅游景区销售预测、盈利预测等。

预测的方法一般有定性预测法和定量预测法两种。定性预测法主要包括意见汇集法、专家预测法、头脑风暴法；定量预测法主要包括因果关系法（销售百分比法）、趋势外推法（时间序列预测法，可分为简单平均法、移动平均法、指数平滑法和季节系数法）和统计规律法。在实际工作当中，这两种方法各有优劣，应结合起来运用。

2. 财务决策

财务决策是指根据企业财务目标的要求，从若干个可供选择的方案中选出最优方案的分析判断过程。旅游景区财务决策是财务管理的核心，主要包括筹资决策、投资决策、成本费用决策、收益决策等。旅游景区财务决策程序的流程包括：

（1）确定财务目标。怎样确定目标和确定什么样的目标是决策的根本问题。注意目标必须明确具体、论证充分，具有可行性。

（2）搜集资料、拟订方案。充分搜集国内外的相关信息资料，进行科学的整理、分析，拟订各种可供选择的方案。

（3）选定最优方案。通过定性和定量的比较分析，在多个可供选择的方案中进行最终综合性评价。

3. 财务预算

财务预算是一系列专门反映企业未来一定期限内预计财务状况和经营成果，以及现金收支等价值指标的预算的总称。它是落实旅游景区财务决策的一种行动计划，是旅游景区财务预测和财务决策的数量化和具体化，主要包括经营性预算、资本性预算、现金收支预算等。预算编制可以采取平衡法、推算法、比例法、定额法、因素法等方法计算确定。

4. 财务控制

财务控制是指利用有关信息和手段，对企业财务活动所产生的影响进行调节的一种方法，包括收入控制和成本费用控制两个方面。为了保证旅游景区财务活动按照既定的计划进行，必须对旅游景区整个财务活动过程开展检查、核算、监督、考核、调节和引导。旅游景区财务控制的方法主要有三种：防护性控制，又称排除干扰控制；前瞻性控制，又称补偿干扰控制；反馈控制，又称平衡偏差控制。

5. 财务分析

财务分析是运用财务报表及其他相关信息，通过一定的财务指标进行对比，以评价企业过去的财务状况和经营成果，并揭示其未来财务活动趋势及规律的方法。常用的财务分析方法有对比分析法、比率分析法、趋势分析法和因素分析法等。

第二节　旅游景区资金管理

旅游景区资金管理是对旅游景区资金来源和资金使用进行计划、控制、监督、考核的总称。旅游景区资金管理包括筹资管理、投资管理和资产管理等内容。

一、旅游景区筹资管理

旅游景区筹资管理是指旅游景区通过筹资渠道和资本市场，运用筹资方式，为旅游景区筹集所需资本（金）的财务活动。筹集适当的资金是旅游景区生存和发展的基础。

（一）旅游景区筹资数额预测

1. 旅游景区筹资数额预测步骤

旅游景区筹集资金的数量，必须以对资金量的合理预测为基础。旅游景区有类型和淡旺季之分，这也使得其所需资金有较大的差异性和波动性。因此，资金预测对旅游景区尤为重要。具体的预测步骤如下：

（1）旅游景区需预测其销售量及销售收入，根据近年来销售状况及变化趋势作出合理性预测。

（2）预测旅游景区的投资数额，主要考虑旅游人数的增长对旅游景区规模扩大产生的影响，以及旅游景区服务质量提高对旅游景区软硬件设施建设产生的影响。

（3）预计成本费用开支，包括固定费用和变动费用。

（4）预测利润和留存收益。

（5）根据以上四个方面的预测，得出最后的筹资款项预测数额。

2. 旅游景区筹资数额预测方法

（1）现金收支法。

通过预测旅游景区现金的流入量和流出量来预计旅游景区现金的富余或不足，从而确定旅游景区是否需要筹集资金及所筹资金的数额。

（2）调整净损益法。

调整净损益法的步骤如下：

①以权责发生制原则为基础，计算预测期内旅游景区经营的净收益；

②以现金收付制原则为基础，调整预测期内与收支无关的现金收入和支出；

③利用与现金收支无关的现金收入和支出调整旅游景区经营净收益，确定现金的富余

与不足。

(3) 销售比率法。

销售比率法的步骤如下：

①根据旅游景区销售预测、流动资产与销售量的比例关系以及固定资产与经营能力的变化关系，合理预计旅游景区为满足经营能力所需的流动资产与固定资产总额；

②根据应付账款和应计费用与销售量的比例关系，预计企业负债总额；

③计算留存收益净增加额及预计股东权益：

留存收益净增加额 = 预计销售额 × 销售净利率 ×（1 – 股利支付率）

④计算旅游景区所需筹资数额：

企业筹资总额 = 预计总资产 – 预计总负债 – 预计总股东权益

（二）旅游景区筹资渠道与筹资方式

资金筹集需要一定的渠道和方式。筹资渠道是指资金的来源和途径，分为内部筹资和外部筹资；筹资方式是指获得资金的具体方法和形式。同一筹集渠道的资金可以采用不同的筹资方式获得，而同一筹资方式又可以筹集到不同渠道的资金。二者之间可以相互配合，如表 12 – 2 所示。

表 12 – 2 筹资渠道与筹资方式的配合

筹资渠道	筹资方式						
	吸收直接投资	发行股票	发行债券	银行借款	商业信用	国家租赁	发行融资券
财政资金	○						
银行信贷资金		○		○			
非银行金融机构资金				○		○	
其他法人单位资金	○	○	○		○		○
民间资金	○	○	○				
旅游景区内部资金	○	○					○
境外资金	○	○	○		○	○	○

注：每一个椭圆都代表着一种筹资渠道与筹资方式的配合。

旅游景区的资金有自有资金和借入资金之分。自有资金是指旅游景区接受投资者投入资本金及内部积累资金，主要包括资本金、发行股票、内部资本积累等；而借入资金则指负债筹资，是旅游景区向债权人借入资金以实现筹资的目的。资金的种类因资金的筹集渠道不同而有所差别，两者又有着密切的联系，如图 12 – 1 所示。

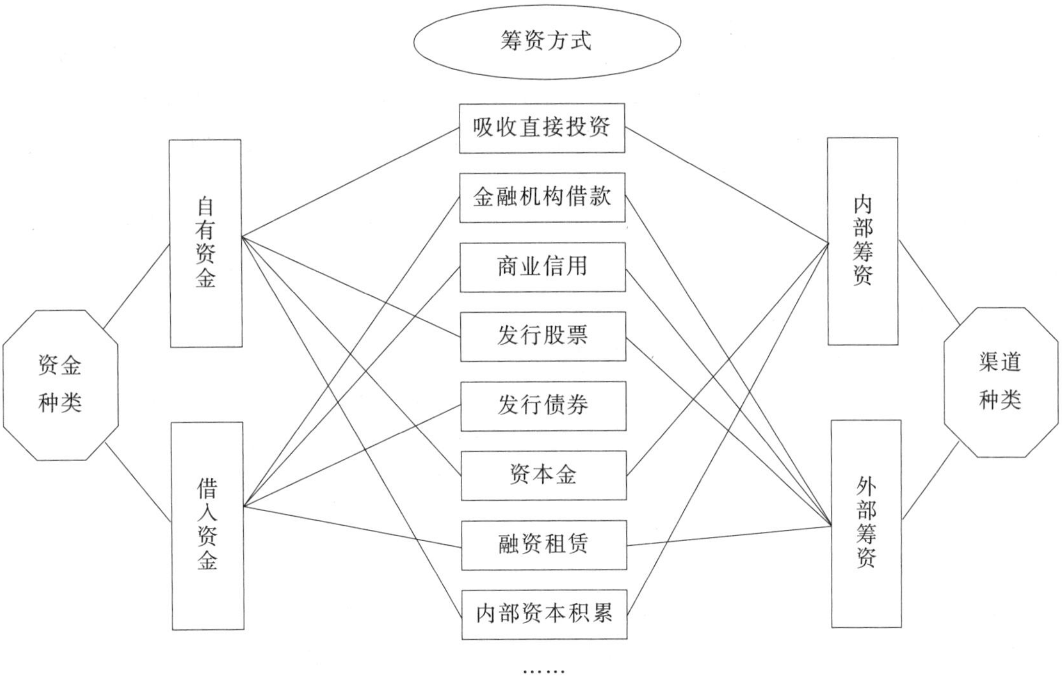

图 12－1　资金种类与筹集资金渠道的关系

无论是自有资金，还是借入资金，无论是通过内部筹资获得，还是通过外部筹资获取，每一种筹资方式都有其特定的规则。

1. 自有资金

（1）资本金。

旅游景区的资本金是指在行政管理部门登记的注册资金。注册资金是国家授予企业法人经营管理的财产或者企业法人自有财产的数额体现。按照投资主体的不同，可分为国家资本金、法人资本金、个人资本金及外商资本金。

旅游景区可以根据国家法律、法规的规定，采取吸收国家投资、发行股票等方式筹集资本金。采取发行股票方式筹集资本金的，股本按照股票面值计价。投资者可以用现金、实物、无形资产等形式向旅游景区投资，但需按照评估确认，或按合同、协议规定的金额计价。

旅游景区资本金可以一次性或分期筹集。一次性筹集的，从营业执照签发之日起 6 个月内筹足；分期筹集的，第一次筹集的资金不得低于投资者应缴出资额的 15%，并且应在营业执照签发之日起 3 个月内缴清。

（2）发行股票。

股票是股份有限公司为筹集自有资金而发行的有价证券，是公司股东持有公司股份的入股凭证。旅游景区通过发行股票的方式筹集资金，是获取大量社会闲散资金的最佳方式，同时能有效提高旅游景区的知名度。

股票按照不同的分类标准可以划分为不同的种类，如按照股东权力不同分为普通股和优先股；按照投资主体不同分为国家股、法人股、个人股和外商股；按照发行对象和上市地区不同分为A股、B股、H股、N股等。

股票的发行价格是指股票在发行时所使用的价格，也就是投资者认购股票时所支付的价格。股票的发行价格取决于多种因素，如发行与购买的供求关系、公司业绩、股票的预期收益，以及社会资金供求状况和市场利率等。根据发行价格与股票面额的关系，股票发行又可以分为平价发行、溢价发行和折价发行，这里主要介绍前两种。

平价发行也称为等额发行或面额发行，是指发行人以票面金额作为发行价格。平价发行方式较为简单易行，但其主要缺陷是发行人筹集资金量较少，多在证券市场不发达的国家和地区采用。

溢价发行是指发行人按高于面额的价格发行股票。溢价发行可使公司用较少的股份筹集到较多的资金，还可降低筹资成本。溢价发行又可分为时价发行和中间价发行。时价发行也称市价发行，是指以同种或同类股票的流通价格为基准来确定股票发行价格，股票公开发行通常采用这种形式。折价发行是指以低于面额的价格来发行股票，在我国是不允许的。

2．借入资金

旅游景区的借入资金是一种负债筹资，旅游景区负债经营时，利益和风险并存。只有正确运用财务杠杆，权衡利弊，才能取得比较好的经济效益。借入资金的种类和筹集方式的关系如图12－2所示。

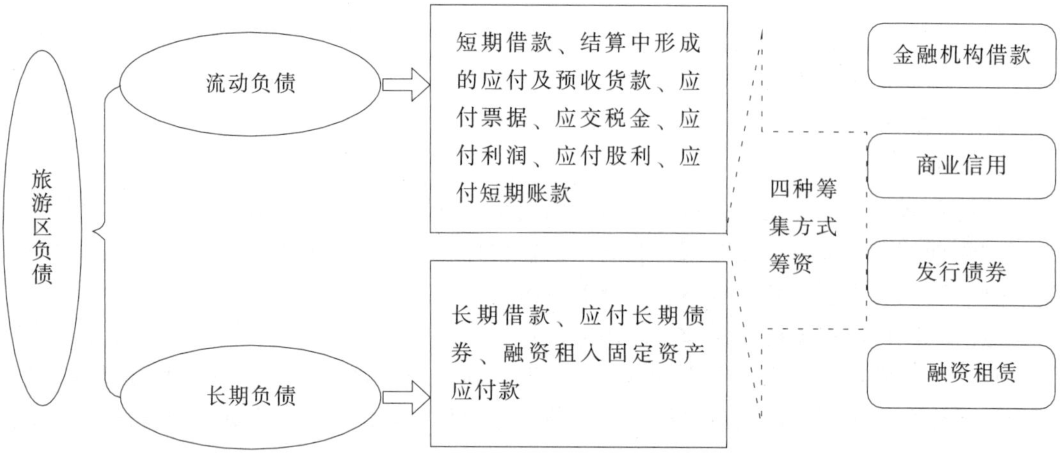

图12－2　借入资金的种类和筹资方式关系

（三）资金成本

资金成本是企业为筹集资金和使用资金而付出的代价，是支付给资金投入者的一种报酬。不同来源的资金成本是不一样的，其表现形式也不同，旅游景区要根据资金成本来进行筹资决策。通过外部渠道筹集资金，资金成本即为支付利息、股息，表现为货币成本；通过内部渠道筹集资金，其成本表现为机会成本，无须支付货币成本。此外，在筹集资金的过程中发生的委托金融机构代理发行股票、债券的手续费、管理费、注册费等，均被称为筹资费，虽然不属于资金成本，但在计算成本时应予以考虑。

在财务管理学上，绝对数和相对数均可以用来表示资金成本，不同筹资方式的资金成本的计算方法也不一样。通常把资金成本额与所提供的资金之间的比率称为资金成本率。其计算公式为：

资金成本率＝利息额×（1－所得税税额）/筹资总额×（1－筹资费率）

二、旅游景区投资管理

旅游景区投资管理是指旅游景区对资本（金）投入使用的财务管理行为。旅游景区投资是投资活动的重要领域，对于旅游景区发展有着重要的影响。旅游景区每一项资产都是资金的占用，也就是“投资”。

（一）旅游景区投资的特点

旅游景区和一般企业的投资行为具有共通性，目的是获得相应的效益回报，即期望投入一定数量资金后获得回报。但是，旅游行业的特殊性决定了旅游景区投资具有以下自身行业的特点。

（1）投资金额大与持续回报。

旅游景区的筹备、开发、推广及日常营运维护等各个环节都需要大量的资金作为基础。即使旅游景区规模不大，但若要成功地推出旅游产品，也需要一大笔资金进行相关的基础设施建设、旅游产品营销和正常的运营维护。这就决定了旅游景区的财务状况和现金流量在财务报表中直观地表现出投资金额大的特点。旅游景区一旦投资开发建成，就可以在适度的维护下长期运营，投资得到持续的效益回报。

（2）投资回收期长。

一个旅游景区的投资分布在众多项目中，如基础建设项目、旅游产品的开发项目、旅游产品的推广项目等。项目的不同导致旅游景区的投资回收期也不一样。在一般的经营状况下，旅游景区投入游憩类项目的回收需要5～10年，而像旅游景区基础建设等固定资产的投资回收则需要数十年，且投资人为了旅游景区长远的发展，需源源不断地追加资金。这无疑又增加了旅游景区总的投资额，延长了旅游景区投资的回收期。

（3）投资变现效益不明显。

从旅游景区的投资额及回收期来看，旅游景区的投资变现效益存在太多的不确定性。例如，一个旅游景区能否推出比较成功或成熟的旅游产品，能否吸引足够多的游客等。此外，旅游景区较大的固定资产投资金额也让投资人对投资变现能力有所怀疑。还有外界的影响因素，如自然灾害也会导致旅游景区的投资收益大打折扣。由此可知，旅游景区的投资具有较高的风险性和不确定性。

（二）旅游景区投资的分类

根据不同的投资分类方法，旅游景区投资可以分为不同的类型。常见的分类方法与类型划分如表12－3所示。

表 12 – 3　旅游景区投资的分类方法与类型划分

序号	旅游景区投资的分类方法	旅游景区投资的类型
1	按照投资景区项目的类型划分	自然旅游资源开发项目投资
		历史文化资源开发项目投资
		人造景观开发项目投资
2	按照投资项目性质划分	新建项目投资
		改建项目投资
		扩建项目投资
		恢复建设项目投资
3	按照资金来源划分	国有投资
		民营投资
		合资投资
		股份制投资
4	按照投资对象划分	硬件投资
		软件投资
5	按照投资规模划分	大型投资
		中型投资
		小型投资
6	按照投资方式划分	直接投资
		间接投资
7	按照投资时间长短划分	长期投资
		短期投资

（三）旅游景区投资的基本流程

旅游景区投资是一件严谨的事情，投资过程需要谨慎而行。一般而言，旅游景区的投资可以按照以下流程进行，如图 12 – 3 所示。

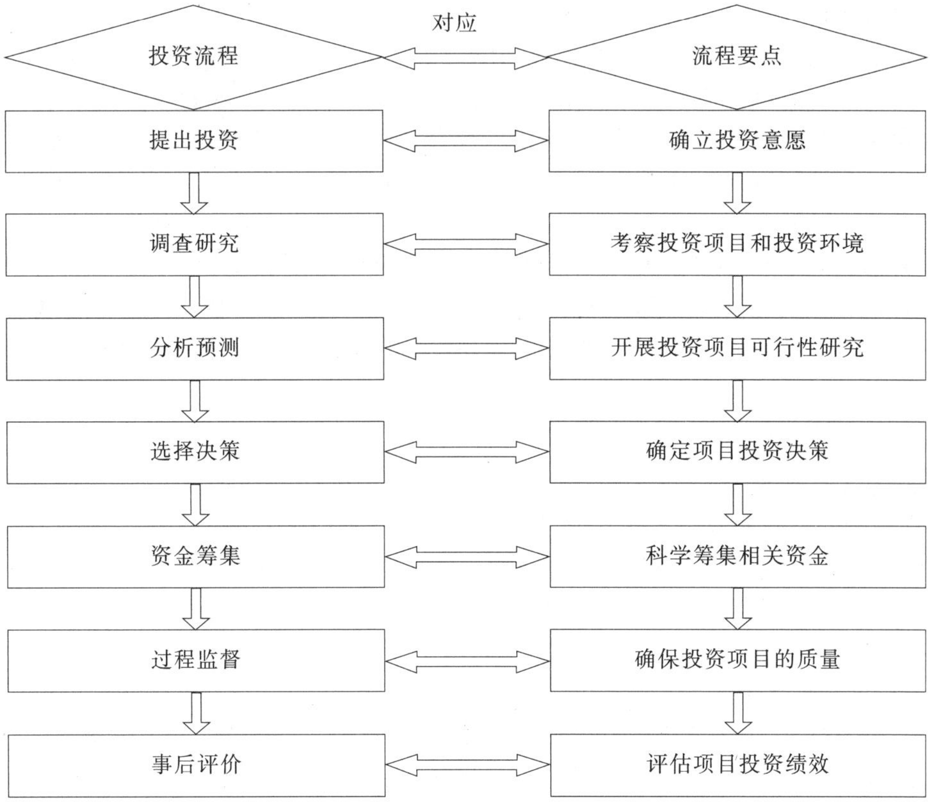

图 12－3 旅游景区项目投资的基本流程

（四）旅游景区投资的风险与规避

1. 投资的风险

投资的目的是获得效益回报，而任何投资都存在着一定的风险。风险是客观存在的，每个旅游景区在期望投资获得丰厚回报的同时必须正视风险发生的潜在性与不确定性，这些与旅游景区投资的规模、内容等内部因素以及政治、经济、环境等外部因素有相当大的关联。一般而言，旅游景区投资存在着外部和内部的风险。

（1）外部风险。

旅游景区投资项目，从提出投资到整个项目正式开业期间，外部环境的任何变化都可能给旅游景区投资带来风险，最常见的风险有国际政治风险、金融危机风险、资金汇兑风险、特殊事件风险、国家政策和法规变化风险、市场风险、自然灾害风险等。例如，2020年新冠疫情冲击了旅游市场，给旅游投资带来了很大风险。因此，旅游景区投资必须关注外部风险，作出审慎的评估。

（2）内部风险。

旅游景区在对投资项目进行评估的过程中，还必须面对企业本身的变化给旅游景区的正常建设与营运带来的风险。常见的内部风险有内部员工的人员道德风险、投资企业的财务风险等。

2. 风险的规避

投资风险往往是不可预知的，但可以提前进行防范。因风险的情况而异，一般采取的风险规避措施有：

（1）选择投资环境。好的开始是成功的一半，因此，对投资环境进行正确评估与选择，有利于识别旅游景区项目投资风险，规避风险大的投资项目或做好应对准备。投资环境的因素主要有国家或地区的政治、经济、社会文化因素，项目地的基础条件等。

（2）做好投资预测。外部环境因素对投资的决策影响有着太多的不确定性，因此，旅游景区在投资伊始就应该对未来投资风险因素作出详细、科学、全面的预测，防患于未然。投资风险来源于投资市场需求的潜在变化、投资环境的可能变化等。

（3）进行多元化投资。随着旅游景区主体业务的确立，可以尝试走多元化战略道路，开发多元化的旅游产品，以规避旅游市场敏感性、脆弱性所带来的投资风险。

三、旅游景区资产管理

旅游景区资产管理是指旅游景区对投资项目的各种资产进行经营运作的财务行为。旅游景区拟建后，从前期准备工作到项目开发结束后所发生的全部费用，以及所需流动资金的总和都可以概括为旅游景区的资产。随着时间的推延，旅游景区品牌逐渐形成，旅游景区的资产总和也在不断增加，如无形资产、延伸资产等。旅游景区的资产管理主要包括固定资产管理、流动资产管理和无形资产管理。

（一）固定资产管理

旅游景区的固定资产是指使用年限在一年以上的房屋、建筑物、机器、器械、运输工具和其他与生产经营有关的设备、器具、工具等。不属于生产经营主要设备的物品，单价在2 000元以上，并且使用期限超过两年的，也应被视为固定资产。旅游景区的固定资产主要包括工程运输费、设备购置费、固定资产投资方向调节税、土地征用费、其他建设费、建设期投资贷款利息、不可预知费等。

固定资产的价值并非一成不变，如何正确计量固定资产的价值是固定资产管理中重要的一环，即固定资产折旧。所谓固定资产折旧，是指固定资产在使用过程中，由于损耗而转移到营业费用中去的那部分价值。折旧是固定资金运动的一种方式。旅游景区固定资产在使用过程中，其价值会随着固定资产的损耗而逐渐转移到商品和服务中去，以折旧费的形式作为成本费用的一部分。固定资产原始价值、预计净残值和预计使用年限是影响固定资产折旧的主要因素。一般情况下，固定资产折旧可以采取的计算方法有平均年限法、工作量法、双倍余额递减法和年数总和法。

另外，固定资产的日常管理也是旅游景区行政管理部门不容忽视的内容，因为固定资产的日常管理可以起到保证固定资产的安全完整、提高固定资产的利用效率的作用。固定资产日常管理的主要内容如下：

（1）建立健全固定资产管理责任制度，实行归口分级管理。旅游景区固定资产的管理必须在总经理或财务总监的统一领导下，实行归口分级管理。将旅游景区全部固定资产归口列入有关部门，同时根据“谁用谁管”的原则，实行责任挂钩制度。

（2）根据旅游景区业务经营状况，合理进行固定资产配置。旅游景区在增加新的固定资产前，应进行充分的可行性研究，分析其是否符合旅游景区业务经营的需要，购入能否带来合理的效益回报。

（3）做好固定资产的维修保养，提高固定资产的完好率和利用率。为了保证旅游景区业务经营活动的顺利开展，使固定资产处于良好的运转状态，固定资产的使用保管部门要负责固定资产的维修保养工作，定期进行固定资产的大修和全面检查，以防止意外事故发生，给旅游景区造成不良影响以及带来不必要的损失。

（4）建立定期盘点清查制度。旅游景区的固定资产种类繁多，占用资金数额较大，且分布在各个管理部门，因此在“谁用谁管”的前提下，旅游景区应定期对固定资产进行盘点清查，摸清固定资产的使用现状。

（二）流动资产管理

流动资产是指旅游景区能够在一年内或超过一年的一个经营周期内变现或耗费的资产，一般包括现金、银行存款和存货三部分。它是旅游景区正常经营和运转的必备条件。旅游景区先付款后服务的操作方式也决定了旅游景区流动资产管理中货币资产占主要位置，因此，旅游景区流动资产的管理主要是对旅游景区货币资产的管理。

1. 现金管理

现金是流动性比较大的货币资金，是可以立即投入流通领域的交换媒介。旅游景区所提供的各种服务基本上是以实时现金支付的形式进行的，所以其现金管理要求既要保证交易所需现金的流量，降低风险，又不能占用太多的闲散资金。

旅游景区现金管理主要包括：制订现金的收支计划；在现金的日常管理中严格限制现金的使用范围；确定最佳的现金余额，一般以 3 ~ 5 天的零星开支为限。

2. 银行存款管理

旅游景区银行存款管理的主要内容有：库存限额以下的所有货币资金必须列入银行的结算账户；除现金外的其他所有货币资金的收付必须通过银行结算；根据不同结算方式规定的适用范围、凭证手续、结算时间办理结算，不得签发空头支票、远期支票；采购员携带转账支票外出采购时，禁止携带没有填写限额的支票。

3. 存货管理

旅游景区的存货是指为销售或耗用而储存的各种资产。此类资产经常处于不断销售、重置或耗用、重置中，具有鲜明的流动性，包括各种原材料、燃料、物料用品、低值易耗品等。存货一般按实际成本计价，如购入的原材料、燃料、物料用品、低值易耗品等都按原始进价和企业可直接认定的运输费等计价；自制的存货，以制造过程中各项实际支出计价。旅游景区在存货的日常管理中，还应采取明确的存货责任管理制度，实行定额控制，改进物资的进货方式，尽量节约采购成本和仓储成本，定期对存货进行盘查和处理。

（三）无形资产管理

无形资产是指企业长期使用而没有实物形态的资产，包括专利权、商标权、著作权、土地使用权、非专利技术、商誉等。旅游景区的无形资产主要是商誉和商标权，还可以延伸到其他方面。无形资产虽然没有实质性物体存在，却有相当的经济价值，但也存在不确定性和非稳定性因素。因此，对无形资产进行正确的评估，以价值形式对无形资产进行管理就显得尤为重要。一般情况下，无形资产的计价按照实际成本计价，同时考虑相关因素对无形资产的影响，如使用无形资产给旅游景区带来的经济效益、社会效益、环境效益等。

无形资产的计价方法主要是成本计价法。投资者作为资本或合作条件转入的无形资产，按评估确认或按合同、协议确定的金额计价；外购的无形资产，应以实际支付的买入价、手续费及其他资本性支出作为入账价值；自行开发的依据法律认可的无形资产，以开发过程中的实际支出计价；接受捐赠的固定资产，应按所付单据的金额入账或参照同类无形资产的市场价计价；投资者投入的无形资产，应按协议规定的金额计价。但上述无形资产在计价时，需具备相关的详细资料，包括所有证书的复印件、计价的依据和标准等，其中，非专利技术和商誉的计价应由法定评估机构确认。

无形资产在计价入账后，应从开始之日起，在有效期限内采用平均的方式摊销，计入管理费中。无形资产在摊销时应充分考虑各种因素，使其价值适时、合理地从营业收入中得到补偿，且应遵循无形资产摊销期限的相关规定：法律、合同和企业有关申请书中分别规定了有效期限和受益年限的，按法定有效期限与合同规定的受益年限孰短原则确定；法律未规定有效期限，但合同规定了受益年限的，则按照合同规定的受益年限确定；法律和合同既没有有效期限，也没有受益年限的，按照不少于10年的期限摊销。

第三节　旅游景区成本费用管理

旅游景区成本费用管理是指关于旅游景区向游客提供旅游产品和劳务过程中发生的各种支出和耗费实施的财务管理活动。旅游景区在一定时期内的业务经营活动中所发生的一切人力、财力、物力耗费的货币表现，形成了成本费用。成本费用是经营耗费的最低界限，是制定价格的基础，也是管理者进行经营决策的重要依据。所以，成本费用管理是财务管理的重要组成部分，在节约开支、提高效益、增加税收等方面有较大的促进作用。

一、旅游景区成本费用的内涵

旅游景区的成本费用是指旅游景区在向游客提供服务的业务经营过程中发生的各项直接支出和耗费。成本是指购进商品和雇用劳动者时发生的支出；而费用是指某个时期获取收入时的耗费。旅游景区常见的各种支出项目有工资、培训、招聘、经营成本，有雇主支付的保险金、出差与补助、商品进货、设施设备新建和维护、服装、擦玻璃、洗衣等服务、运输、广告促销、维修、汽油、照明、供热、供水、供气、清扫、行政管理、电话与邮资、网络与平台费用、租金、营业执照、偿还债务与贷款、税款、保险、折旧、专业费用等。旅游景区的成本费用将上述支出项目分为营业成本、营业费用、管理费用和财务费用四部分。

（一）营业成本

旅游景区在经营过程中发生的各项直接支出称为营业成本。营业成本主要包括下列内容：

（1）原材料耗用成本。即旅游景区投资直接耗用的原材料、调料、配料、辅料、燃料等，如旅游景区餐馆或饭店耗用的原材料、调料等，以及餐馆、浴室等耗费的燃料成本等都属于此类。

（2）采购成本。采购成本分为国内采购商品进价成本和国外采购商品进价成本。国内采购商品进价成本是指购进商品原价；国外采购商品进价成本是指购进过程中发生的实际成本，如进价、进口关税、购进外汇差价、支付委托外贸部门代理进口的手续费等。

(3) 其他方面需支出的成本。如出售无形资产（不包括商品）的实际成本。

（二）营业费用

营业费用是旅游景区各营业部门在经营过程中发生的各项费用，包括运输费、装卸费、包装费、保管费、保险费、燃料费、水电费、展览费、广告宣传费、邮电费、网络流量费、平台使用费、差旅费、洗涤费、清洁卫生费、低值易耗品摊销、物料消耗、经营人员的工资（含奖金、津贴和补贴）、外包演艺费、员工福利费、工作餐费、服装费及其他经营费用。

（三）管理费用

管理费用是指旅游景区为组织和管理经营活动而发生的费用以及由旅游景区统一负担的费用，包括企业经费、工会经费、员工教育经费、员工五险一金费用、董事会费、外事费、租赁费、咨询费（经济技术顾问与法律顾问等费用）、审计费、诉讼费、排污费、绿化费、土地使用费、土地损失补偿费、技术转让费、研究开发费、税金、燃料费、水电费、折旧费、修理费、无形资产摊销、低值易耗品摊销、开办费摊销、交际应酬费、坏账损失、库存商品盘亏、上级管理费及其他管理费用。

（四）财务费用

财务费用是指旅游景区为筹集经营所需资金等而发生的费用。财务费用具体包括利息净支出（利息支出减利息收入后的差额）、汇兑净损失（汇兑损失减汇兑收益的差额）、金融机构手续费以及筹集资金过程中发生的其他费用等。

二、旅游景区成本费用的预算

成本费用预算是以货币的形式预先确定企业在预算期内成本费用开支标准和降低成本费用的任务。旅游景区具有高度季节性、敏感性等市场特征，其成本费用预算可以清楚地从现金流量表中了解到何时资金充裕、何时资金不足，并相应地制定出应对策略。

旅游景区成本费用预算包括六个步骤：①评估旅游景区现有的预算；②根据以往经验和未来规划需要，在部门内和部门间讨论对预算可能要做的修改；③依据目前的主要限制，如投资者要求的投资回报率、政策控制、地方预算而需要进行的预算削减等，检查预算草案；④批准预算；⑤通过预算控制实施预算；⑥监测预算执行情况，确认变化因素，采取补救措施。

旅游景区成本费用预算是一项比较艰巨的工作，经常会遇到各种问题。比方说，成本费用预算的依据通常是过去的经验和先例，但未来并非过去的简单重复，所以预算得到的结果未必准确。尤其在不稳定的旅游市场环境下，以门票所得作为主要收入来源的旅游景区的预算难度是相当大的。此外，影响预算的许多因素也不是旅游景区所能控制的，如政治法制因素变化、国际汇率调整、自然灾害发生等，这些都是旅游景区成本费用预算过程中无法预料的因素。

三、旅游景区成本费用的控制

成本费用控制是指在成本费用形成的过程中，按照国家成本费用制度的有关规定和成本费用预算的要求，通过经常性监督和及时纠正偏差，把各项费用的发生和成本的形成控制在成本预算之内，以实现成本费用不断降低的一种管理方法。旅游景区要搞好成本费用的管理，就必须实施有效的成本费用控制。旅游景区成本费用控制可以从以下三个方面入手：

（1）人员配置方面，降低劳动力成本。

旅游景区的人员控制可以从绝对数量和相对数量两个方面开展，即全面提高员工效率的同时减少员工人数。旅游景区可以采取一些激励手段促使员工认真工作，提升员工的工作热情，也可以多聘用“一专多能”的员工，以达到减少员工总数的目的。此外，依靠技术进步，也能减少劳动用工人数。

旅游景区降低劳动力成本常用的方法有：仅雇用较少的员工；雇用临时工；减少培训支出；降低员工工资；将某些工作对外承包。但执行这些方法可能会带来一定的风险，有可能打击员工的积极性，导致物极必反的后果。

（2）进货方面，降低采购成本。

旅游景区主要是通过控制或减少零售店和餐饮店的进货成本降低采购成本。例如，通过大批量购进周转速度快的商品得到最低购入价；利用供应商之间的竞争获取最优价格；根据商品销售情况，采用代销或经销的方式采购商品，减少退回商品的费用和隐形的存货成本；采用“即需即送”的采购方式，降低旅游景区的仓储成本；尽量推迟所采购商品的交款日期，在保证旅游景区商誉的前提下有助于现金的流动；加强安全措施，尽可能降低因物品丢失或变质而带来的损耗；做好计划，尽可能减少食品浪费。

（3）其他方面，控制和削减日常费用。

例如，降低电话费、邮资、网络等费用；削减水、电、煤气等的使用费；调整总能源成本；出售无用的资产，减轻景区压力；当租用比购买划算时，选择租用设备；将一些服务项目承包给最优惠价格的供应商；利用实物赞助为赞助商做宣传；重新制定偿还贷款的时间表；在淡季缩短开放时间或减少开放景区内的设施设备使用。

旅游景区在实施成本费用控制的过程中应注意以下四个问题：第一，削减成本可能会影响景区服务质量，降低游客满意度，进而导致未来游客数量的下降；第二，大多数旅游景区的固定成本相对较高，大大限制了削减成本的可能；第三，旅游景区的许多成本不是经营管理者所能控制的，如税金、折旧费；第四，削减成本费用必须有成本效益，不必花费大成本来降低小成本。

第四节　旅游景区营业收入、利润及利润分配管理

旅游景区营业收入管理主要是对旅游景区营业收入进行内部控制，并根据相关的要求和原则设计出适合旅游景区内部控制的技术方法。旅游景区利润分配管理则是旅游景区对利润的所有权和占有权进行划分，保证利润合理归属和运用的管理过程。

一、旅游景区营业收入管理

旅游景区的营业收入是旅游景区给游客提供相关游览服务及销售相关产品等而获得的收入。根据不同服务内容和服务项目，旅游景区的营业收入可以分为：

（1）门票收入。即游客为参观旅游景区所购买的凭证而获得的收入，是许多旅游景区营业收入中所占比例最大的收入来源。

（2）商品销售收入。即旅游景区的特色购物中心、小卖部、售货机等向游客出售纪念品、玩具等商品和文创产品所获得的收入，是旅游景区开发经营中值得潜心钻研的收入来源。

（3）餐饮收入。即旅游景区向游客提供餐饮服务所获得的收入。

（4）导游和翻译收入。即旅游景区向游客提供导游讲解和语言翻译服务所获得的收入。

（5）娱乐项目收入。即旅游景区向游客提供娱乐游乐服务所获得的收入。

（6）其他项目收入。即旅游景区提供的不属于以上各项的其他各种收入，如照相、录制影音、出租会议室、房屋出租特许经营权和租地经营权、拨款、赞助、设施使用费、咨询服务、特殊活动等方面的收入。

按照《旅游、饮食服务行业财务制度》的规定，只要同时满足旅游景区劳务已提供或者商品已发出，以及已经收讫价款或取得收取价款权利证据这两个条件，就可以确定为旅游景区营业收入的获得。

旅游景区在成本费用控制的过程中会遇到一定的困难，因此，如何增加旅游景区的经营收入成为旅游景区经营运转过程中的重要环节。主要的创收渠道有：

（1）吸引更多的游客。通过增加促销活动、改进促销手段、开发新产品、组合产品、安排有特殊主题的活动等各种市场营销策略吸引更多游客光顾，增加旅游景区的营业收入。

（2）制定不同的价格吸引更多游客。采用定价组合策略，吸引更多的游客进入景区游览。例如，淡季降低门票的价格，向低收入者如学生让利推出低价位团体票，采取打折促销如买一送一、家庭票，采取免费停车、套票等减少游园总消费等方式。

（3）增加游客消费。从商店、餐饮店、导游及翻译服务、企业用户服务等多个角度增加游客的消费额。常用的吸引企业用户的做法有出租房屋与场地、为企业举办招待活动、利用景点作为企业新产品的“场景”、吸引企业来旅游景区举办会议或庆典活动等。

（4）通过其他渠道获得收入。如房屋租金、特许经营权与租地营业权、信息服务、咨询服务、获得拨款、赞助费等。

此外，最大限度地使用人力、场地和财政资源，通过商业综合化和赊销控制等方法也能使旅游景区获得一部分营业收入。

二、旅游景区利润管理

旅游景区的利润是旅游景区在一定时期内全部收入减去全部支出后的余额，是旅游景区在这个时期内经营活动的财务成果。利润的大小取决于收入的多少和成本费用的高低，因此，它作为一项综合指标也是考核旅游景区投资决策、经营决策和经营管理水平的重要依据。

旅游景区利润的构成可以用以下几个公式来划分：

主营业务利润＝主营业务收入－主营业务成本－主营业务税金及附加

营业利润＝主营业务利润＋其他业务利润－营业费用－管理费用－财务费用
利润总额＝营业利润＋投资收益＋营业外收入－营业外支出
净利润＝利润总额－所得税

其中，投资收益是指旅游景区对外投资分得的利润、股票和利息等扣除投资损失后的净额；营业外收入是指旅游景区发生的与经营业务无直接关系的各项收入，包括固定资产盘盈、处理固定资产净收益、处置无形资产净收益、罚款净收入、礼品折价收入等；营业外支出是指旅游景区发生的与经营业务无直接关系的各项支出，包括固定资产盘亏、债务重组损失、赔偿金、违约金、罚息、非常损失等。

除了上述反映利润的构成指标外，还有一些企业用利润率来反映。如：

主营业务利润率＝利润总额/营业收入净值×100%
资金利润率＝利润总额/资金总额×100%
成本利润率＝利润总额/成本费用总额×100%

其中，主营业务利润率是衡量营业收入盈利的主要指标；资金利润率用以考核资金使用的效果；成本利润率则反映成本费用与利润的关系。

旅游景区加强利润管理可以采取以下三种具体措施来实施：

（1）开展利润预测。根据财务预算和对客观情况的分析，预先对可能影响旅游景区财务的各项指标进行预测。在利润预测的基础上，选择最优方案，编制利润预算，以此作为经营的目标。一旦客观条件发生变化，需立即修改原来的利润预测，以符合实际情况。

（2）实行利润分级管理。旅游景区把利润分解到各部门实行分级管理，以主营业务经营利润各项指标的分级标准作为基础。

（3）进行保本分析。对旅游景区各部门都进行全面的保本分析、预测，以此衡量最终的利润效果。

三、旅游景区利润分配管理

利润分配是企业再生产过程的重要环节，是生产关系的一个方面，关系着国家、投资者、企业和员工四方面的切身利益，因此必须兼顾各方面的关系以更好地进行利润分配管理。旅游景区利润分配应该严格遵守有关政策法规，依法按时足额缴纳各种税金和应缴款项。

缴纳所得税后的利润按照以下顺序分配：

第一，支付被没收财产损失和各项税收的滞纳金、罚款。

第二，弥补亏损。

第三，提取法定盈余公积金，比例为当年税后利润的10%，当盈余公积金已达注册资金的50%时可不再提取。

第四，提取公益金，主要用于员工集体福利、设施建设支出。

第五，提取任意盈余公积金。

第六，向投资者分配利润。

旅游景区当年没有利润时，不得向投资者分配利润。分配应严格按照以上顺序进行，在前一步尚未完成时，不能进入下一步的利润分配。

第五节　旅游景区财务分析

旅游景区财务分析是运用财务报表及其他相关信息，通过一定的财务指标进行对比，以评价旅游景区过去的财务状况和经营成果，揭示其未来财务活动趋势及规律的方法。财务分析以会计报表和其他资料为依据和起点，采用专门方法，系统介绍和评价景区过去和现在的经营成果、财务状况及其变动，目的是了解过去、评价现在、预测未来，帮助景区利益关系集团作出准确决策。

一、旅游景区财务分析的内容

旅游景区财务分析以旅游景区的财务核算资料（主要是财务报表）为主要依据，包括以下四个方面的内容：

第一，分析旅游景区资产状况与负债的结构情况，用以评价其偿债能力。

第二，分析旅游景区资产的分布和周转情况，用以评价其资产的运营能力。

第三，分析旅游景区利润目标实现及不同时期内获利水平的变动情况，用以评价其获利情况。

第四，分析旅游景区资金实力的变动情况，用以评价其整个财务状况。

二、旅游景区财务分析的方法

若要对旅游景区的会计报表进行比较全面、深入的分析，以获得客观、有效的信息，就必须掌握相关的专业知识，选择合理的分析方法。常见的分析方法有比较分析法、比率分析法、趋势分析法和因素分析法。

1. 比较分析法

比较分析法是通过对指标数值变化进行对比，找出差异，以评价企业财务状况、经营成果及现金流转等情况的一种分析方法。在运用比较分析法时，要注意指标的可比性。一般采用的比较分析形式有以下三个：

第一，实际指标与预算指标的比较，用来考核预算的完成情况。

第二，实际指标与上年同期指标或者历史最高水平指标的比较，用来了解旅游景区经营活动的发展趋势。

第三，旅游景区的各类指标与同行业相关指标的比较，用来评价本景区在整个行业中的地位，并制定相应的经营对策。

2. 比率分析法

比率分析法是利用指标间的相互关系，通过计算比率进行对比和分析，用以评价企业财务状况和经营成果的一种分析方法。比率是相对数，根据分析的内容和要求的不同，比率分析法又可分为相关比率分析和构成比率分析。

相关比率分析是指根据旅游景区在整个经济活动过程中客观存在的相互依存、相互联系的关系，将性质不同但相互关联的指标进行对比，从而得出相应的数据。

构成比率分析是指通过计算某项经济指标各个组成部分占总体的比重，以了解旅游景区经营的变化趋势。

3. 趋势分析法

趋势分析法是将旅游景区连续数期会计报表的有关项目进行比较，以揭示财务状况和经营成果变动趋势的一种分析方法。

4. 因素分析法

因素分析法是将一项综合性的指标分解成各个构成要素，按照一定的顺序用各个因素的实际数替换基期数，以计算各因素的变动对综合性指标影响程度的一种分析方法。因素分析法的目的在于找出问题的症结，为企业制定经营决策提供依据。

三、旅游景区财务指标

（一）旅游景区偿债能力分析

1. 流动比率

流动比率是流动资产对流动负债的比率，用来衡量企业流动资产在短期债务到期前可以变为现金用于偿还负债的能力。流动比率表示企业每承担一元流动负债，可有多少元流动资产用于担保偿付。从债权人的角度而言，流动比率越大，债权的安全程度越高；从债务人的角度而言，流动比率越大，企业的偿债能力越强。但过高的流动比率往往说明企业资产的利用效率低。其计算公式为：

$$流动比率 = 流动资产/流动负债 \times 100\%$$

2. 速动比率

速动比率是指速动资产对流动负债的比率。它是衡量企业流动资产中可以立即变现用于偿还流动负债的能力。速动比率表示企业每承担一元流动负债，可有多少元速动资产用于担保偿付。速动比率的高低能直接反映企业短期偿债能力的强弱，它是对流动比率的补充，并且比流动比率更加直观可信。通常认为，速动比率为 1 的情况比较理想，这样，每一元流动负债都有一元速动资产用于偿付。其计算公式为：

$$速动比率 = （流动资产 - 存货 - 待摊费用）/流动负债 \times 100\%$$

3. 负债比率

负债比率也称为资产负债率，是将企业全部负债和全部资产相比的结果，表示企业通过负债方式所筹集到的资产占全部资产的比重。其计算公式为：

$$负债比率 = 负债总额/资产总额 \times 100\%$$

（二）旅游景区资产运营能力分析

1. 应收账款周转率

应收账款周转率也称应收账款周转次数，表明在一定时期内应收账款变现的次数。其计算公式为：

应收账款周转率 = 销售净额/平均应收账款总额 ×100%

应收账款周转天数 = 360/应收账款周转率

= 应收账款平均余额 ×360/销售净额

平均应收账款余额 = （期初应收账款余额 + 期末应收账款余额）/2

应收账款周转率越高，应收账款周转天数越少，说明应收账款回收速度越快；反之则越慢。

2. 存货周转率

其计算公式为：

存货周转率 = 营业成本/存货平均余额 ×100%

存货平均余额 = （期初存货 + 期末存货）/2

3. 固定资产周转率

固定资产周转率是衡量固定资产利用效率的指标。一般而言，固定资产周转率越高，企业固定资产利用越充分，该企业的固定资产投资结构可能也越合理。其计算公式为：

固定资产周转率 = 销售收入净额/固定资产平均净额 ×100%

（三）旅游景区获利能力分析

1. 主营业务利润率

主营业务利润率反映出企业每一百元主营业务收入所能带来的利润的大小，是反映企业基本获利能力的指标。其计算公式为：

主营业务利润率 = 主营业务利润总额/主营业务净收入 ×100%

2. 资本金利润率

资本金利润率是投资者用于考核其所投入资金获利能力的重要指标。资本金利润率的高低直接影响投资者的信心。其计算公式为：

资本金利润率 = 利润总额/资本金平均余额 ×100%

3. 成本利润率

成本利润率用于反映成本费用与利润的关系。其计算公式为：

$$成本利润率 = 利润总额/成本费用总额 \times 100\%$$

【本章小结】

旅游景区财务管理与一般企业的财务管理相似，包含旅游景区资金的筹集、运用、回笼、控制及分配等各方面的工作，根据资金运动的规律，按照国家的有关政策、法令、规章制度，保证旅游景区有足够的资金维持其正常的运营，并能获得一定的财务回报。旅游景区财务管理的目标是实现旅游景区利润最大化及旅游景区相关集团利益最大化与旅游景区价值最大化。旅游景区投资具有投资金额大、投资回收期长和投资变现效益不明显三个特征，要采取一定的措施规避投资所带来的风险。要加强旅游景区资产管理、成本费用管理、营业收入和利润管理与财务分析，努力增加收入，降低支出。

【拓展阅读】

旅游景区如何增加收入？

如今，旅游逐渐成为人们休闲娱乐的主流选择，旅游市场的扩大给景区带来了前所未有的发展空间。但是很多景区出现了流量大、盈收难的问题。那么景区应该如何突破困境，增加收入呢？

首先应该了解景区收入的来源和目前存在的问题。景区给游客提供游览、观赏、娱乐等项目，从而收取相关的服务费，其营收来源主要包括门票收入、游乐设施收入、商品销售收入、餐饮服务收入、导游服务收入及其他服务项目收入。目前大部分景区过分依赖门票收入，比例严重失衡，造成营收结构单一。

过度依赖门票经济的景区，在旅游旺季时尚能做到收支平衡并获得一些利润，但是淡季时则会直接亏本，入不敷出。同时，由于营收结构单一，在客流量一定的背景下，景区想提高利润只能依靠票价提升，而这样的做法又会提高游客游览的门槛，造成客流量下降的不良循环。那么景区应如何摆脱收入微薄的困境，增加营收能力呢？

1. 寻找多元利润点，平衡收入结构

无论哪个行业，如果收入过于单一都会造成财务风险，面临破产，景区也一样。除了门票收入，景区还可发展美食、住宿、文创产品、表演、夜间娱乐、服务、集体活动等其他收入来源，丰富景区产品链条，刺激游客消费欲望。

2. 加强文旅产品开发，刺激二次消费

景区如果仅局限于游览观光层面，没有文化价值的沉淀，游客则只能进行“走马观花式”的旅游，很难产生二次消费。文旅结合是旅游业的一大动向，文化的沉淀、文创 IP 的引用，可以加深景区文化内涵，延伸产业链条。文旅结合可以塑造景区品牌、提高知名度，吸引更多的游客进行二次消费。

3. 借助分销平台，扩大销售渠道

过度依赖门票经济固然不可行，但不可否认的是，门票收入依然是景区营收的重要来源，且其他收入均建立在游客购买门票之上。一些知名度小的景区，宣传力度不够，很难吸引更大区域的游客。景区选择票务分销系统，对接美团、途牛、去哪儿等 OTA 平台，帮助景区扩展销售渠道，同时也是增加收入的重要途径。

4. 塑造景区价值，观光游向体验游过渡

景区本身的性质属于一次性消费，打卡观光式的旅游占据主要地位，景区重游率低，难以产生多次消费，产业链条延伸困难。“走马观花式”旅游的原因在于景区缺乏特色，同质化严重，流于表面，没有内涵价值的支撑。在旅游品质要求更高的市场中，景区都应塑造自身价值，比如文化渊源、历史典故、名人故乡等，开发特色鲜明的体验项目，从观光游向体验游、深层游转换。

随着人们生活水平的提高，生存消费逐渐向享受消费过度，对服务品质要求加强，旅游消费队伍扩大，旅游市场前景广阔。景区应抓住市场风向，创造营收。景区除了以上增加收入的方式外，最根本的还是要为游客提供高质量的产品和体验，回归景区建设初心，良好的景区形象才是增加盈收的活招牌。

（资料来源：根据梦旅程智慧景区机构的资料整理）

说一说：

1. 旅游景区除了门票收入，还可从哪些方面创收？
2. 旅游景区如何提高营收能力？

【思考与练习】

1. 简述旅游景区财务管理的内容及目标。
2. 简述旅游景区资产管理的内容。
3. 试述旅游景区成本费用的管理方法。
4. 如何提高旅游景区的经济效益？

参考文献

[1] 戈尔德耐等. 旅游业教程——旅游业原理、方法和实践 [M]. 贾秀海, 译. 8 版. 大连: 大连理工大学出版社, 2003.

[2] 约翰逊. 旅游业人力资源管理 [M]. 朱虹, 译. 北京: 电子工业出版社, 2004.

[3] 斯沃布鲁克. 旅游景区开发与管理 [M]. 龙江智, 李淼, 译. 2 版. 北京: 旅游教育出版社, 2006.

[4] 董观志. 景区经营管理 [M]. 广州: 中山大学出版社, 2007.

[5] 董观志. 景区运营管理 [M]. 武汉: 华中科技大学出版社, 2019.

[6] 方小燕. 景区服务与管理 [M]. 北京: 清华大学出版社, 2015.

[7] 郭亚军, 曹卓. 旅游景区运营管理 [M]. 北京: 清华大学出版社, 2017.

[8] 黄翔. 旅游区管理. 武汉: 武汉大学出版社, 2004.

[9] 李洪波. 旅游景区管理 [M]. 北京: 中国科学技术出版社, 2004.

[10] 李长秋. 旅游景区管理 [M]. 北京: 旅游教育出版社, 2015.

[11] 李志飞, 汪绘琴. 旅游景区管理——案例、理论与方法 [M]. 武汉: 武汉大学出版社, 2013.

[12] 马勇, 李玺. 旅游景区管理 [M]. 北京: 中国旅游出版社, 2006.

[13] 彭德成. 中国旅游景区治理模式 [M]. 北京: 中国旅游出版社, 2003.

[14] 彭淑清. 景区服务与管理 [M]. 北京: 电子工业出版社, 2010.

[15] 宋玉蓉, 姜锐. 景区管理与实务 [M]. 北京: 中国人民大学出版社, 2006.

[16] 魏卫. 旅游企业管理 [M]. 北京: 清华大学出版社, 2006.

[17] 温燕. 旅游景区服务与管理 [M]. 武汉: 华中科技大学出版社, 2017.

[18] 谢彦君. 旅游体验研究: 一种现象学的视角 [M]. 天津: 南开大学出版社, 2005.

[19] 徐静. 旅游景区服务与管理 [M]. 天津: 南开大学出版社, 2013.

[20] 杨桂华. 旅游景区管理 [M]. 北京: 科学出版社, 2006.

[21] 杨絮飞, 蔡维英. 旅游景区管理 [M]. 2 版. 北京: 北京大学出版社, 2015.

[22] 岳怀仁. 风景旅游区经营与管理 [M]. 昆明: 云南大学出版社, 1998.

[23] 张帆. 旅游景区管理 [M]. 福州: 福建人民出版社, 2006.

[24] 张河清. 旅游景区管理 [M]. 重庆: 重庆大学出版社, 2018.

[25] 张凌云. 旅游景区管理 [M]. 4 版. 北京: 旅游教育出版社, 2009.

[26] 章平, 李晓光. 旅游景区管理 [M]. 北京: 科学出版社, 2006.

[27] 赵黎明, 黄安民, 张立明. 旅游景区管理学 [M]. 天津: 南开大学出版

社，2002.

［28］周玲强，等. 旅游景区经营管理［M］. 杭州：浙江大学出版社，2006.

［29］周书云，胡秋红，杨丽春. 旅游景区运营管理［M］. 广州：广东高等教育出版社，2017.

［30］邹统钎. 中国旅游景区管理模式研究［M］. 天津：南开大学出版社，2006.

［31］邹统钎. 旅游景区开发与管理［M］. 5 版. 北京：清华大学出版社，2021.